中国人民政治协商会议四川省荣县委员会办公室　编著

西南交通大学出版社

·成　都·

图书在版编目（ＣＩＰ）数据

苏轼 黄庭坚与荣州义门王氏 / 中国人民政治协商
会议四川省荣县委员会办公室编著. -- 成都：西南交通
大学出版社，2024.12 -- ISBN 978-7-5774-0276-5

Ⅰ. K820.9

中国国家版本馆 CIP 数据核字第 2024G9R816 号

Sushi　Huangtingjian yu Rongzhou Yimen Wangshi

苏轼　黄庭坚与荣州义门王氏

编著／
中国人民政治协商会议
四川省荣县委员会办公室

策划编辑／黄庆斌　胡　军　韩　林
责任编辑／吴启威
责任校对／左凌涛
封面设计／荣县优优图文广告印务有限公司

西南交通大学出版社出版发行
（四川省成都市金牛区二环路北一段 111 号西南交通大学创新大厦 21 楼　610031）
营销部电话：028-87600564　　028-87600533
网址：https://www.xnjdcbs.com
印刷：成都六桂印务有限公司

成品尺寸　170 mm×240 mm
印张　18　　字数　284 千
版次　2024 年 12 月第 1 版　　印次　2024 年 12 月第 1 次

书号　ISBN 978-7-5774-0276-5
定价　186.00 元

《苏轼黄庭坚与荣州义门王氏》
编纂委员会

顾　　问	易　冬	赵　磊	吴永红	
主　　任	陈伯於			
副 主 任	吉　飞	胡爱华	钟永平	代少书
	陈永禄	杨泽荣	罗晓鹏	
委　　员	朱和能	张胜涛	张丽萍	吴京梅
	范义军	李　明	邹尼平	李国权
	邹涛蔚	唐圣勇	朱　刃	蒋亚楠
	夏　军	张茂松	梅友贵	吴坤学

主　　编	陈永禄			
副 主 编	温顺富	祝维华		
执 行 主 编	钟学惠			
执行副主编	李焕军	曾　德		
编　　务	陈秋旭	杨　羽	刘晓东	李功文
	朱　毅	林　籽	周　琴	陈时伟

序

地方史志乃国史之羽翼，赖地方史料为其根基。如果说地方史志是活的地方乡思乡愁文化的教科书，那么，乡土史料就是它的丰殖养料。乡土史料为载体展现的地灵与人杰，便是它的活的灵魂。

《苏轼黄庭坚与荣州义门王氏》正是一册这种性质的佳书。这本书是荣县政协组织当地学者广泛搜集罕见史料，经过披沙拣金的选择，并适当加以新的解读而编写出来的，可谓宋代荣州最有代表性的学术家族的文史风雅史实粹编集成。我曾任四川省政协文史委副主任，也是一个老政协人，"天下政协为一家"，故不揣浅陋，作为该书第一读者，乐于书前写这篇序，谈一谈该书的主旨和特点。

南宋邵博曾云："天下山水之观在蜀，蜀之胜曰嘉州。"古荣州邻于嘉州，因境内荣德山得州名、县名。荣德山，又称"老君山"，相传太上老君曾在此修习《道德经》，有修道石室二十四洞天。宋代又有《太极图》复兴鼎新的开拓者陈抟（871—989）复在此修真养道，故荣州乡土后人赓续老子至陈抟仙道文脉，建有老君祠、希夷观，现今成为荣县历史文脉，以仙儒合一为根、崇尚道德为荣的优秀特色的文化坐标。县内主山荣德山，更是历代巴蜀人明德引领、风雅为尚的标识性文化符号。再加上大佛山坐标，荣县是以德为荣的儒释道会通的一个重要生长地。荣县明、清属嘉定府，我们可以接着上引邵博的话来说："嘉州山水之形胜，曰一嘉二荣也。"荣州，是当今中国式万千气象众多巴山蜀水中一个重要的文化体验地。

先说巴蜀生态，其神奇之美的特色，自古闻名于世界。"初唐四杰"之王勃首赞剑南山水乃"宇宙之绝观"，杜甫赞巴蜀乃"天路看殊俗"。巴蜀绝佳的宇宙天路景观，既然其胜在嘉州，那么，古嘉州绝佳景观自然在钟灵毓秀各具个性特色的乐山和荣州了。古荣州即今荣县，现属自贡市，其地望乃在乐山与自贡之间，不仅自古即有巴蜀之"地奥物繁"，有史前恐龙鼻祖"荣县峨眉龙"化石遗骸，还有因自然资源而形成的历史文物遗产：三国荣威穹窿铁山冶铁土窑遗址；一城宏伟摩崖坐拥大佛二佛三佛凿石刻像；还有古巴人盐泉特色发展出来的卓筒钻井、汲卤制盐这一百味之源，这是荣县人的骄傲。

这样的骄傲和自豪情感与家国情怀，千百年来植根入魂于荣州人，宋代义门王氏家族是其杰出代表。他们作为蜀中名吏乡绅，在该家族的诗文书信中，总是自然流露着对于家乡海棠香国、鞯鄂棠棣、千叶莲花的热爱，彰显出对于荣州"龙（洞）凤（凰山）和鸣、相连如画屏"的美丽乡愁的深厚家国情怀。荣州义门王氏就是土生土长的家国同构"荣德文化"的结晶。它充分体现在荣州人亲山爱水的荣德心灵之中，是留给我们心灵享受美学境界的宝贵历史遗产。这是本书展现出的第一个特点。

再说巴蜀文态。陈寅恪先生曾立卓论："华夏民族之文化，历数千载之演进，造极于赵宋之世。"两宋时期是以数千年礼乐文明、国家治理文明、龙文化信仰为内涵的中华优秀传统文化历史文脉连续不断发展进程中第一个革故鼎新的高峰。荣县优良的地方文明传统的亮点，正是在宋代突显出来的。

陆游给荣州的第一顶"造极于赵宋之时"的文化桂冠就是"郁然诗书乡"，浓郁天然自在诗书之乡，这种书香荣德的优雅风习深深感染着陆游心田，才能使他发出这样的赞美。陆游还对眉州有同样特别的厚爱。他赞眉州为"孕奇蓄秀当此地，郁然千载诗书城"，山水孕奇，英才蓄秀，又是一座浓郁天然香国诗书之城。他诗颂荣州"其民简朴士甚良，千里郁为诗书乡"，民风简朴，士人良嘉，还是一座浓郁天然荣德诗书之乡。这两顶桂冠组成眉荣两城城乡一体诗意书香的独有特色，这是荣县人又一自豪和骄傲。它证明川南也如西蜀一样，在文雅造极的宋代已是"诗意书香，有城有乡，遍布巴蜀"，从物质文明到精神家园，皆城乡浑然一体蓬勃发展。

早在汉代，好文雅就已是巴蜀特色，故《汉书·循吏传》说："巴蜀好文雅，文翁之化也。"从汉唐到宋代，巴蜀城乡已遍布诗意栖居、书香人家。其中，眉州是"千载诗书城"的典范，荣州是"千里诗书乡"的典范。

这两个一城一乡的典范是巴蜀文化的标识性特色，是巴蜀"惟蜀有材，奇瑰磊落"（孙中山语）的英才教化经过层累式沉淀、累积的结果。宋代荣州

"千里诗书乡"的出现，是荣县素有文士雅集的团队和风习的产物，是义门王氏、苏轼、黄庭坚、陆游、张商英、陈希亮等文人雅士和融交往、互相转益多师、荣德引领、书诗互益，促进荣州"荣德诗书文化"不断升华和创新的丰硕成果。他们都是四川历史名人星空中颗颗光芒闪耀、多元百态的文化星辰。他们承传"文宗在蜀"的薪火，爰发懿德，彰显巴蜀文宗第一人司马相如的诗书祖源灵光之辉煌而射斗牛。他们有卓于荣德之道，传承发展天府"耕读传家"、城乡一体之优越历史财富以竞秀冠。

这就是巴蜀，也是荣县在中华文明诗教、礼教、乐教熏陶指引下，成为诗意书香、荣德栖居的乡贤乡绅文脉标识地的秘诀之所在，这是值得荣县人自豪的历史文化，更是当今新时代荣县人为巴蜀成渝双城经济圈"垂耀井络，城乡比肩会昌。丰殖天下，民祉协合建福"的宏伟发展愿景，对中华民族现代文明做出反哺性贡献的重要时刻。这是本书第二个特点。

本书第三个特点是以"义门王氏"为个案，彰显巴蜀富于学术家族和清白家族的家风家教传统。

宋代巴蜀是诗书传家的学术家族造极鼎盛的时代。据元人费著《氏族谱》记载，宋代巴蜀范镇、范祖禹，宇文虚中，吕陶，广都费氏等书香学术家族，皆清白廉洁持家，达数十家之多。与荣州有关系的，其记载有宋昌宗家族。但"义门王氏"失载，未在其内。不过，这并不影响义门王氏作为清白学术家族对荣州"千里诗书乡"文脉的开源性和奠基性贡献。

从本书可以看出唐宋义门王氏的诗脉、经脉、画脉、艺脉，在荣州呈现出绵延不绝的子孙相继、多元多彩景象。尤其是通过义门王氏交往而联系起来的宋代天下文宗的学族与家族，如：苏轼及其"苏门四学士"，宋代文杰黄庭坚，青神三俊陈希亮，新津文杰张商英、张唐英，等等，或翰墨往来，或此君轩交往，或仙友雅集……他们对荣州历史遗产、历史遗存、历史遗址、历史遗迹、历史文物的各种各样的关注和保护，又是搜寻，又是命名，又是题刻，又是标志建造，其重视地名文化的热情，至今都是我们效法的榜样。

"清白家族"是巴蜀为官做人的家风家教家训四千年文脉传承发展、守正创新的集中体现。"义门王氏"家族清廉为官，有公忠体国的政绩，故被敕封为"义门"。清白文化教育是巴蜀传习华夏家风家教文脉形成的主要特点。

华夏第一家训是蜀人大禹创立的，其名称叫作"大禹之戒"，其根本精神是"皇祖有训：民可近，不可下。民为邦本，本固邦宁。"亲近人民，爱戴人民，人民是国家的根本。中华民族"皇祖之训"就在重民生重民用重民彝。它关乎家国荣辱兴衰，需要代代传承。"大禹之戒"的家训，因为历代传习和发展而成为家国同构情怀的"国训"。大禹是国家文明始祖，"大禹之戒"就是华夏第一家训。它为中华四千年家教文化种下了根，为中华四千年家风文脉传习发展植入了魂，成为每个中国人内心从家族到民族共同价值观的文化认同、思想认同的行为准绳。

历代巴蜀人对薪火相传的华夏四千年家风家教文脉，以自己的特色，不断做出了反哺性的贡献。这个特色就是清白文化教育，清清白白做人，干干净净做事，清正廉洁，正德为荣。北宋铁面御史赵抃四次入蜀，两次做成都知府，一琴一鹤，身无长物，经过成都湔江，发誓"吾志如此江清白，虽万类混淆其中，不少浊也。"这段湔江因此而改名"清白江"，为巴蜀廉洁文化留下了光辉的坐标，清白文化教育遂成为巴蜀廉洁家风家教示范的最大特色。

苏轼是继赵抃之后，对巴蜀清白家风传习与培铸的又一典范。苏轼自幼受其母程氏夫人的经史家教，其母以汉代清流范滂母子一生反对贪腐阉宦、自励坚贞的气节教育故事为榜样，教育苏轼。苏轼则一生谨遵母训，践行母教，虽屡受挫折贬官打击，仍"秉持初心"，抱持家国情怀，从不失其清白节操。他为官"不羡千金买歌舞"，只以民生为重，在杭州、黄州、儋州为民解决水患，分别修筑了三个"西湖"。他为官清白的理念和志向凸显在《赤壁赋》中："惟江上之清风，与山间之明月"是"造物者之无尽藏"给予我与朋友共享共食的最高生活美学境界心灵享受，是人类与大自然共同体给予我们的"无尽藏"享受，可以成为"泠然洗我心""回薄万古"的初心。而民脂民膏，"物各有主"，"苟非吾之所有，虽一毫而莫取"。

由此可见，家教如明月浩然，家风似清风隽永，苏轼是在这样的清白家庭环境中成长起来的，他又以自己的元贞和智慧进一步提升和升华了巴蜀清白家风教育的境界。

义门王氏与苏轼、黄庭坚的"清白"交往，便是清风的"清"、明月的"白"这样的性质。本书对作为宋代清白家风家教的家族典范之一的义门王氏，加以窥密考据和阐释，让我们更清晰地看到了荣县以清白廉洁文化为荣德的千年历史文脉，享受到了荣州荣县高尚的家教文化润泽心灵的丰富思想养料，难怪荣州荣县要以"荣"为州县之名。

本书第四个特点是对荣县传承中华优秀传统文化薪火，开拓"五彩荣州"新路所作出的探索。

中华优秀传统文化儒释道三大主干，在荣县都留下了许多代表性的文化符号和标识性的文化地标，这是宝贵的历史遗产、历史财富和历史优势。

儒有荣德山、荣黎山、莲宇山、横溪阁、范公祠、此君轩等地标。尤其是"此君轩"，来自"宁可食无肉，不可居无竹""不可一日无此君"的竹文化。竹文化从《诗经》"竹苞""淇水竹"开其源；苏轼、文同创其新，以"胸有成竹"开拓文人淡墨写意画派；下传巴蜀画派，表现"未出土时先有节，到凌云处总虚心"的民族脊梁担当与高贵气节品德。竹文化历史脉络长达三千年，这正是义门王氏屡建"此君轩"的本质原因。今天当赓续"此君"文脉，有新的展示和创造。

道有古蜀仙道至天师道教的各种遗迹，如老君祠、希夷观等遗迹。尤其是二十四仙人石室，实是张道陵传天师正一盟威之道所建"二十四治"教团组织之一。

释文化则有举世闻名的大佛山（亦称真如岩，陆游诗称"东山"），半山之上石刻世界第一大释迦牟尼如来坐佛（现世佛）佛像，世称荣县大佛，与乐山大佛比肩而立。位于大佛山湾的龙洞（亦称罗汉洞）洞口峭崖摩天如立壁，崖壁有唐宋造像和题刻。

上述儒释道遗产，以儒为本，会通释道，贯穿诸子百家，下及琴棋书画、百科六艺，这正是荣县优秀传统文化的历史资源，是构建青色恐龙、金色大佛、红色玉章、绿色农耕、墨色诗书之"五彩荣州"的历史根脉和文化内涵，当好好梳理，做出历史文明形态在今天中国式现代化建设中展现的新形态。

荣县历史文脉传承到近代，更有了辉煌的创造性革新与发展。辛亥革命时期荣县脱离清政府宣布独立，先于武昌起义时间半个月，是开辛亥革命先声的创举，"首义实先天下"（孙中山语）。荣县英杰志士赵熙和吴玉章是近代巴蜀名人星空中，在启蒙时代和觉醒时代闪耀着创新创造精神光芒的杰出代表性人物。赵熙对巴蜀文学艺术的革新和创新，对巴蜀历史遗址、历史遗存的保护和热爱；吴玉章从革命党人成长为共产党人，既是保路运动、辛亥革命中先于武昌起义的荣县首义的策划者之一，又是建党时期先行组织"社会主义青年团"的组织者。他们身上彰显着巴蜀"非常之人"的创新创造精神。

司马相如称赞蜀中父老："盖世必有非常之人，然后有非常之事；有非常之事，然后有非常之功。"敢于承担"非常之事"，敢为人先，敢于创造创新的"非常之举"，这就是巴蜀人的精神，是巴蜀人传承文脉薪火、开拓新路的文化基因。荣县人在文化遗产和非物遗产方面的创新创造，如："大佛石窟保护利用学术研讨""陶韵荣州·陶行天下展陈体验"，让大佛寺、古陶器放射新光彩；荣州麻辣鸡、茶、陶亮相 2024 香港美食博览会，荣州陶入展国家版本馆、三苏祠、金牛宾馆、熊猫基地，国家首期文化数字资产"一澄东坡文人壶"在北京、纽约上市交易，影响力日增；宋代苏轼在《蜀盐说》中有关于卓筒井的记述，"蜀始创'筒井'"，均彰显着敢为人先的非常创新创造之人的精神。这正是今日构建"五彩荣州"，为川渝文化融入旅游走廊作出新贡献的根本。本书不仅分析和阐释了荣县的优秀历史文化遗产，更为利用与活化历史遗产提出了引人瞩目、发人思考的创意建议。

文化产业的发展，当今面临着一大困境，即"形式产业"兴盛，因为能快速拿来和学来别人的科技手段；而"内容产业"贫乏，因为要靠本土文化的创意。解开这一困境，在于"创意产业"的非常之举，殷望这本书有广泛的读者，能引起对荣县历史遗产的保护传承、赓脉守正、创意创新的新思考新践行，让"五彩荣州"早日绽放出新的光彩！

谭继和

2024.11.2.

谭继和：男，汉族，1940 年 3 月生，中共党员，四川开县（现重庆开州）人。天府广场文化景观总顾问、锦江（府南河）文化景观工程顾问，巴蜀文化学首席专家、《巴蜀文化通史》主编、终身享受国务院特殊津贴专家，省政府文史研究馆资深馆员、省政协文史委原第一副主任、省社科院杰出研究员、省历史学会名誉会长。

目 录

第一章

义门王氏家族考释

荣县地处四川盆地南部，属自贡市管辖，东邻威远、贡井，南界宜宾，西连井研、犍为，北接仁寿。地处长江上游、沱江、岷江水系之间的低山丘陵区。荣县历史悠久，相传轩辕黄帝之子青阳封于荣地，荣地为青阳封国；又传荣地为古夜郎国。秦为蜀郡南安县地，西汉时属犍为郡南安县，晋置为冶官县，隋设大牢县，唐设旭川县，宋改县名为"荣德"，明代起称"荣县"至今。

荣县城北，风景秀丽的双溪湖坐落在耸云山与望儿山之间。耸云山腰有一石窟，名叫讲教洞。南麓，双溪之滨，曾有横溪阁。城北还有一口塘，叫王序塘；有一个村，叫王序塘村。这些都与北宋荣州义门王氏的重要人物王庠、王序有关。

"义门王氏"是宋代在荣州兴盛长达300余年的仕宦大家族。王氏一族鼎盛时期，族人王庠与苏轼、黄庭坚交往甚密，其卓著的才华、高尚的品格、优良的家风、显赫的家族，为后世景仰，令无数文人墨客吟诗作赋，仁人志士抚今追昔。

望儿山、乌龟石、仗义执言、乞邻救城等关于义门王氏的许多故事在荣县人一代代的口耳相传中流传千年。义门王氏曾经的府邸、交游场所以及墓葬至今还留有不少遗迹。《宋故陈氏墓志铭》历久弥新，《王梦易墓表》虽然字迹已经风化到几近消匿，但仍然高大巍峨地矗立在荣县人民心中；讲教洞洞天依然，诉说着当年王庠、王序兄弟读书的往事；蒙泉汩汩泉涌，润泽着荣县儿女；王梦易非罪失官，修建的归来亭，因东坡先生驾临布道，被后人尊作东坡讲学亭；王序致仕修建的横溪阁，光耀后世；南宋陆游摄知荣州，留下三十余首不朽诗章。石龟山（宋以后称耸云山）下归来亭、讲教洞、横溪阁，赫然成为义门王氏文化乃至荣县历史文化的重要地标，历代文人雅士、达官贵人无不登临游览，此处也被列为荣州十二景之一——双溪书阁。

义门王氏从何而来，义门王氏何以今古闻名，我们通过对已有的文献资料和遗址遗迹进行考察、发掘、研究，基本探明了义门王氏的兴衰脉络。这个大家族的出现以及所留下的家族文化遗产、地域文化对荣州乃至今天荣县历史文化影响深远。我们尽可能揭开古老的面纱，还原历史的真相，以期对梳理荣县文脉、传承优秀的地方传统文化、助力荣县发展起到积极作用。

然而，由于历史的原因，荣县唐宋以前留存的文献极为稀少，关于宋代荣州义门王氏的文献也留存不多。这些文献主要留存于从清康熙到民国的各版本县志和《苏轼文集》《山谷集》《全宋文》等文集之中，其他信息则只鳞片爪地散见于不同的文史典籍之中。其中《全宋文》[①]转录南宋庆元三年（1197）书隐斋刻本《新刊国朝二百四十家名贤文萃》辑录的王庠的 22 篇书信、策论，以及《宋史·王庠传》《大宋故赠通议大夫王公墓表》《宋故文安郡开国侯王徽学墓志铭》《宋故忠南太守奉直王公墓志铭》等文献蕴含着丰富的信息，是研究义门王氏家族文化和北宋荣州文化的重要文献。在近期的专题研究中，作者又不断发现一些与义门王氏有关的史料。相信在不久的将来，通过对文献的不断挖掘，我们还会得到更多的相关信息。

---

① 曾枣庄，刘琳. 全宋文[M]. 上海：上海辞书出版社，合肥：安徽教育出版社，2006.

第一节

义门王氏家族源谱系流及重要成员

根据已知文献考释，荣州义门王氏家族谱系及事迹记载较多的是王梦易一脉，对其他支系仅有只言片语的记载。因此，我们只能以王梦易及子孙三代为核心对义门王氏家族谱系进行考察梳理。

"其先京兆人，六世祖知珏，唐广明时差知荣州和义县，因家焉。"（朱承《宋故文安郡开国侯王徽学墓志铭》）"王氏，长安人。唐末有知珏者，为荣州和义令。秩满，始家于荣。"（马骐《宋故忠南太守奉直王公墓志铭》）王序、王兴孙父子的墓志铭表明，义门王氏祖籍长安（今陕西省西安市），始祖王知珏受任荣州和义县令，任期满后，并未返回祖籍，而是举家定居于此。此后繁衍生息，到第五代王长钧、王长锐时开始发达。刻于天禧四年（1020）的《宋王长史转念功德碑》，比宣和五年（1123）的《王梦易墓表》早 103 年，是目前发现的有关义门王氏最早的碑刻，也是荣县发现的早期宋代碑刻之一，对于研究义门王氏乃至荣县历史文化具有重要的参考价值。碑刻记载官至长史的王长锐去世后，请三十余名僧人做了一个多月的大型道场，抄写的念唱经书数量巨大。无论当年荣州有多么崇尚礼佛，这种大型祭祀活动，绝对只有显赫人家才能举办。

王氏家族第五、六代，王长钧之子"伯琪与其母□□□□居四十年，雍穆无间语。有三子：长梦禾，仲梦得，先生季也，俱以孝友闻，能世其家法。御史陈谕美之，以'韡鄂'书其亭之颜，荣人号为'义门王氏'，州上其行，乞加旌表。"（张商英《王梦易墓表》）义门王氏家庭和睦，孝亲敬友，能够世代传承优良家风，被当时御史陈谕赐匾"韡鄂"。《诗经·小雅·常棣》："常棣之华，鄂不韡韡。"郑玄笺："承华者曰鄂，'不'当作柎；柎，鄂足也。"鄂，通"萼"。"韡萼"谓明盛的花萼，比喻浮华的文才，韡鄂是官方对王氏家族的极高赞誉。同时，州府借地方百姓对王氏家族的褒誉，上奏朝廷请求旌表王氏家族为"义门王氏"。这个相当于全国"最美家庭"的荣誉称号，是王氏家族被称誉为"义门王氏"的来源。从此"义门王氏"的美誉代代相传，流传至今。

王梦易不仅在皇祐元年（1049）进士及第，受到包拯、李畋、陈希亮甚至王安石等名臣的认可和举荐，而且娶了兆宗名臣、宰相向敏中的孙女，生下了后来对荣州乃至对巴蜀地区都有影响力的王庠、王序两兄弟。可谓"忠厚传家久，诗书继世长"。义门王氏到王庠、王序兄弟一代，从家族发展到社会地位，从地域影响到思想文化的成熟都达到了巅峰。

其后，虽然王氏子孙繁衍昌盛，王序的儿子王兴孙还做到忠州刺史，其子女还能与门当户对的官宦贵族联姻，但其余后人得到的多是恩荫，后世逐渐式微，以致虽然民国县志称王知珏为王姓入荣始祖，但从掌握的资料和家谱调查来看，目前荣县王氏族人几乎均为明清时期湖广填川迁徙而来，与王知珏一脉无涉。有一个成都人王某，据称为当代著名杂文家、股评家、投资人，在微博里主动对王梦易认祖归宗，称其为先祖，未知是否传承有据。究其原因，一方面义门王氏显赫以后，如王知珏一样，官做到哪里，就定居到哪里，前几代还落叶归根，安葬荣县孙村（今王序塘村）凤凰原（又作凤凰山、凤皇山），到后来就逐渐远离故土，另辟宗祠；另一方面，宋元、元明、明清之际，在朝代更替的时候，荣州（今荣县）都遭遇战乱，本地人死亡和流徙较多。位于东兴的荣、威两县的界山荣德山上的《绍熙判府曹公保守碑记》和遍布威远、荣县的数十座寨堡以及康熙以来的《荣县志》、残存的《牛峰寨志》都成为还原当年那段历史的佐证。

今移置于荣县大佛寺内的《王梦易墓表》信息量大，对于研究义门王氏及荣县历史文化具有重要的史料价值。可惜碑文已几近磨灭，只能通过志书等文献来了解碑文内容。然而，自康熙以来的各版本县志录入的碑文与《金石苑》《全宋文》记载出入较大，县志明显删减了杨天惠《双溪先生传》的全部内容、张商英的评论和补充的后代谱系名录等文献资料。尽管如此，从研究《王梦易墓表》和王梦易一代前后的传承脉络开始，仍然是研究义门王氏的最佳切入点。

《王梦易墓表》载："太常博士王潜夫，元丰末非辜失官，元祐丙寅八月十五日，以宣德郎终于南荣私第。终之日，其夫人向氏年三十六。三男子：长曰廱；次曰庠，年十六；次曰序，年十四。""元祐丙寅"即1086年，王梦易卒。元丰（1078—1085）是宋神宗赵顼的一个年号，共计8年。"元丰末"应该是1085年或前一两年，即王梦易在失官归乡后一两年便去世。由于墓表未记王梦易享年，故其生年无考，其生卒年为（？—1086）。天禧四年（1020）《宋王长史转念功德碑》仅记到王梦易父亲王伯琪一代。宋代中进士平均年龄约35岁，若按王梦易25～30岁中进士推算，其生年大致在1019至1024年，则王梦易卒年60余岁。

"其夫人向氏年三十六"，推知向氏生于1050年，即生于宋仁宗皇祐二年。《王庠传》又有"大观庚寅（1110），行舍法于天下，州复以庠应诏。庠曰：'昔以母年五十二求侍养，不复愿仕，今母年六十。'"由此也可推知，向氏生于1050年。而民国版《荣县志》载"向硕人，皇祐三年生"，即1051年生，王梦易卒年向氏36岁则为虚岁。无论向氏生于1050年还是1051年，都比王梦易小20岁以上。结合杨天惠《双溪先生传》，王梦易"皇祐元年及进士第"，即1049年进士及第，此时向氏尚未出生，墓表未记王廱年岁，而《宋双溪记》有"长子廱教源年已踰冠"语，即王廱已超过20岁了。《宋故忠南太守奉直王公墓志铭》载，王梦易"姚陈氏，累赠新平郡夫人；向氏，累赠安康郡夫人"，则王廱应为原配陈氏之子。王梦易应在1069年或此前一两年娶向氏，向氏1070年（约20岁）生王庠，1072年（约22岁）生王序。向氏生于皇祐二年（1050），卒于政和五年（1115），享年65岁，祔葬于王梦易墓。

关于义门王氏的聚族而居之地，根据《王梦易墓表》《宋故忠南太守奉直王公墓志铭》，王蕴舒、王长锐父子在宋乾德和淳化年间，有两次"完城之仁"，故王氏家族最初应住在荣州城内，即今荣县老城区。后随着家族发达，各种文献和遗迹皆把义门王氏的新聚居之地指向荣县城北。具体应有两个地方，一是城北寿水与东川水汇流处的石龟山南麓，二是距双溪数里的孙村凤凰原一带。

王梦易父子先后在石龟山麓修筑归来亭、讲教洞和横溪阁。

1. 归来亭

元丰末，王梦易"……被谪还家。潜夫治归来亭于徙居双溪上，坐客常满……"即王梦易被罢职归乡后，在石龟山麓双溪汇合处建归来亭，并徙居于这里，还常常在这里接待宾客。归来亭是王梦易晚年的交游之所，应是以此亭为标志的一处居所，不应是我们现在所指的只有一个亭子。

2. 讲教洞

《王梦易墓表》有向夫人"于是专室静居，命诸孤从贤师学"。这个读书的"专室"，就是现在尚存的讲教洞。这是向夫人教育王庠、王序二子使之成才成名的地方。洞宽 6.5 米、高 2.5 米、深 3.8 米，左右各有一个长方形的神龛，长 1.1 米、宽

讲教洞（钟学惠/摄）

0.6 米。洞内有烟熏火燎的痕迹，内壁原刻有三个字，被人用錾子打掉，只留下一点印记。有人认为是"讲教洞"，有人认为是"警觉阁"，这三个字究竟是"警觉阁"还是"讲教洞"，有待进一步考证。因王庠、王序兄弟在此静居苦读，最终学业有成，被当地人敬重，受后世景仰。洞内有多处后人嵌碑的痕迹，但早已碑去室空。因为风化及闲人涂鸦，洞内其他图案及文字已难辨识。民国版《荣县志·金石》载："地仙洞，陆放翁《别荣州》诗'仙穴寻梅雨垫巾'。自注：'双溪，王氏有石穴，黄太史（黄庭坚）榜曰地仙洞'。又宋人笔记：'王周彦请名洞，山谷题曰地仙。义取向夫人永寿。周彦大喜，谋因岩为楼，张榜高明之所。'至南宋，黄书佚。按，今俗称讲教洞。邹学山误为北郊何地，沿里人语也。"因此，讲教洞又称地仙洞。清代邑人重修讲教洞，移除乡人在洞内塑的川主、牛王神像，石壁残碑半段，笔意类坡（苏东坡）

公，旧志称为地仙洞断碑。清代进士曾省三题铭"宋王庠王序读书处"于洞侧，并撰《重修讲教洞记》。如今洞龛空空如也。从"因岩为楼""上有石阁"等史料表述来看，讲教洞外原应搭有阁楼，现石洞上方残留的洞眼有可能是当年为搭建阁楼而凿。

讲教洞对岸为望儿山。光绪版《荣县志》载："望儿山，县北三里，与讲教洞对，相传王庠、王序幼时读书洞中，母向夫人尝登此山望之，故名。"当然，这段记载可能只是一个美丽的传说。王庠、王序在洞中读书时，其母与兄弟二人同居石龟山，不可能尝登对岸山望之。赵熙在民国版《荣县志》中也认为是"村翁乡姬之谈，虚构事实，愚者述之"。民间传说苏东坡曾经在双溪书阁讲学，一母亲每天送儿子到山上，目送儿子过河后才返回。放学时，又到山上，待儿子过河后接他回家。那时没有桥，儿子便骑着一块乌龟石渡河。在今双龙桥上游约两丈处，河中确有一块石头形似乌龟，1977 年修建红旗水库时被毁。至于"耸云山"古称"石龟山"是因山形似龟，还是缘于乌龟石的传说则莫衷一是。

民国版《荣县志·金石》又载："蒙泉，井在耸云山，由地仙洞上不半里。水清冽，虽旱不涸。字大六七寸，意周彦书也。"地灵乃人杰，人杰亦地灵。正对双溪湖大坝的耸云山半山上，高于湖面百米的地方，有一股泉水常年不断地涌出，附近居民用砖石将其砌成水池，以水管导出，取用的市民络绎不绝。从位置和距离判断，这眼泉水就是王庠、王序兄弟静居苦读，赖以饮用的蒙泉。泉上疑似王庠所书的题刻"蒙泉"，今已不存。

3. 横溪阁

横溪阁是王序以文安侯的爵位致仕归乡后所筑的陈列御赐诏书和其他书籍等宝贝，以光耀门庭并待客宴饮的别墅。王序官至三品，其建筑规模和级别都应高于归来亭和讲教洞。"公既归，乃阁藏前后所赐御书，纶名湛恩，焜耀蜀道。治第舍池馆，日与宾客以诗酒自娱。"（《宋故文安郡开国侯王徽学墓志铭》）横溪阁因地处寿水、东川两水汇流处，"一从西来，其水浊；一从东来，其水清。"（《方舆胜览》）寿水与东川水在赵家堰（今赵家坝附近）汇合，始称双溪，所以横溪阁后来又俗称"双溪书阁"。归来亭、横溪阁均坐落在双溪汇流形成的一个美丽半岛上，远山环抱、景色绮丽。三角沙汀上，昔时松竹并茂，蜡梅满地；水边桃花杨柳，古树参天；溪内水波荡漾，渔舟唱晚。此地被后世命名为荣州十二景之一——双溪书阁。

清光绪年间，县人揣度旧址重建坐北向南的单檐悬山式木结构建筑一幢，占地面积 230 平方米，面阔五间 25 米，进深五间 7 米，中间建楼为书阁，四面为走廊，供游人游览。书阁北面对联一副："大宋小宋，大苏小苏，一朝难弟难兄，此地有二王合传；古文今文，古体今体，独占好山好水，何人更高阁藏书。"书阁的南门正中一块大匾，上刻"横溪阁"三字，两边柱上对联："北宋古书阁，东坡同党人。"两副对联均为赵熙撰书。民国版《荣县志·人士》载："城居有李三余者，勤于治生，有田在城北双龙桥，宋王周彦居近焉。光绪中，县人戴福珊约表耆献，规复横溪阁全址，悉三余捐地。赵熙诗曰：'山僧说法不忘疲，真解悭囊是我师。是事非钱无办法，大悲第一学财思。'"经考证，双龙桥即今尚存于双溪湖大坝下通往耸云山的那座桥，因赵熙（字尧生，号香宋）故里宋坝位于附近（今被双溪湖淹没），又叫香宋桥。

民国 28 年（1939），县政府将横溪阁改建成"荣县忠烈祠及纪念碑塔国殇墓园"。民国 36 年（1947）呈文称："查本县城北里许横溪阁，为宋儒苏东坡藏书之所。"明确表明大文豪苏轼曾藏书于此。虽然这个判断存疑，但位置当位于今烈士陵园下方，靠近水岸一边是没有问题的。

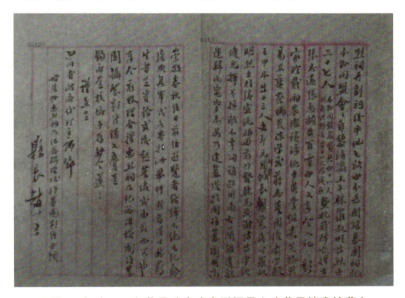

民国 36 年（1947）荣县政府建忠烈祠呈文（荣县档案馆藏）

《呈（建）本县忠烈祠暨纪念碑塔国殇墓园》释文：

前因：奉此。查本县城北里许横溪阁，为宋儒苏东坡藏书之所，群山环拱，两溪合流，古木时花别饶幽趣。[七·七]周年纪念，曾前县长德威①就原址改建忠烈祠，并划祠后平地七亩四分为国殇墓园，祠祀本县同盟会会员黎靖瀛、王子骧、罗叔明等烈士三十七人（本县同盟会员共四十八人，现有但懋辛等十一人尚健在），暨抗战阵亡将士张志远、张忠颎等百零四人。又奉令入祀：彭家珍、戴雨农、徐积璋、姚中英、李绍嘉、黄梅兴、易安华、蔡炳炎、陈学武、蒋志英、周复、齐学毅、王甲本等十三人。去年元月，刘前县长觉民以罗叔明烈士于清宣统初与前川督熊克武、谢持等率领健儿挥戈扫敌，不幸殉难于川南古蔺，虽遗骸运归，而窀穸未安，乃建墓塔于国殇墓园，用示崇敬。春秋佳日，前往游览者络绎不绝。凡纪念庆典，集军民各界于此举行。逝者得以慰藉，生者足资矜式，后起董后或由兹而兴也！奉令前因，理合将忠烈祠及纪念碑塔、国殇墓园摄制影片。随文赍呈钧府鉴核，俯予存转令遵！

谨呈

四川省政府代理主席邓

附荣县忠烈祠及纪念碑塔国殇墓园影片四帧

县长赵 △△②

1946 年 2 月 15 日，吴玉章在重庆参加政治协商会议后，在其外孙女婿、周恩来警卫员颜泰龙陪同下回荣县，在双溪书阁参加罗叔明（罗鼎）烈士迁葬仪式并讲话。

1953 年，以罗叔明烈士墓为基础，改建为荣县烈士陵园。1987 年，曾规划建设双溪书阁公园，因故未能实施。

---

① 曾德威，民国 26 年（1937）11 月 5 日至民国 30 年（1941）5 月 14 日任职荣县县长。
② 时任县长赵濂，民国 35 年（1946）9 月 1 日至民国 37 年（1948）9 月 1 日在任。

双溪书阁旧照（张政治/摄）

由于历史和人为因素，归来亭和横溪阁早已不存。但以王梦易父子为代表的义门王氏让双溪书阁成为荣县著名的文化地标，不仅有当年留下的疑为苏轼题刻的石碑，黄庭坚题铭的"地仙洞"，以及宋宣和癸卯（1123）孟冬初五日，摄理荣州政的唐安任宗易（字从简）率友人袁申之、何悫、杨□臣、陈亨道、郭纯中等亲临双溪拜谒王庠，并作的《宋双溪记》，还有不少后人的题诗歌咏。宋人高予文作《讲教洞》诗："一官羁绊混黄埃，壮抱雄怀久未开。我若有山如此好，挂冠即日赋归来。"南宋陆游官荣七十天，多次到访横溪阁，题《晚登横溪阁》诗二首、《沁园春·三荣横溪阁小宴》词一首，《别荣州》诗一首也提到此地。双溪书阁是历代文人、官员寻访荣县历史文化的必到之处。

曾省三"宋王庠王序读书处"题刻（钟学惠/摄）

　　义门王氏第二个聚居地——孙村。孙村即今王序塘村，孙家坝（又叫龚家坝）在梧桐水下游，距县城更远。前往孙家坝、双河口水库，途经位于虎洞背面的一个叫王序塘的自然村，村落左侧山坡就是凤凰原，即义门王氏的第二个居所。结合王梦易"以宣德郎终于南荣私第"，其私第可能就在这里。王序致仕后，大手笔建造徽猷阁府邸。作为三品朝臣府邸，自然规模宏大，气势雄伟，蔚为壮观。据当地居民讲，"破四旧"前，那里还有许多石牛石马，孩子们需要跳跃才能爬上去玩，但后来这些高大精美的石像被村民打做屋基和猪圈石了，只剩下水沟边两尊因没有利用价值而被遗弃的石羊见证着义门王氏的兴衰。

王序塘义门王氏墓地石羊（一）（钟学惠/摄）

王序塘义门王氏墓地石羊（二）（钟学惠/摄）

民国版《荣县志·山脉》："一为城主山，曰凤凰山，原曰高城，原义门王氏墓。此王氏者，北宋太常博士梦易，廉逊处士庠，徽猷阁直学士序，群子姓附之，前曰王序塘。"自王梦易父子以后，这里就成为义门王氏的墓园。王序塘宋墓群位于旭阳镇王序塘村 3 组，小地名乌龟坝。山上凤凰原，山下乌龟坝，山前王序塘，这里景色秀丽，山水环抱，是一块难得的风水宝地。

《全宋文》（卷二八九七）载李新《王朝奉诔》称"皇宋政和三年八月庚申，举故朝奉王公先生葬于紫川凤凰台之原"。《王梦易墓表》碑是 1983 年年底从这里一路边的竹林里迁移到荣县大佛寺内安放的。《宋故文安郡开国侯王徽学墓志铭》称"公（王序）之丧于荣德县荣川乡凤凰原"。《宋故忠南太守奉直王公墓志铭》记载王兴孙安葬之事则称"曾崇将以淳熙七年十月十五日葬于荣德县凤凰山之原"。《王兴孙墓表》载"越二年，庚子十月十五日（王兴孙）葬于荣州凤凰山高城原"。名称略有不同，但明显都是在"凤凰原"。清代文良修、陈尧采纂《嘉定府志》（同治）卷十七记载宋代墓葬，有"王梦易墓，县北四里。靖节王庠墓……"。民国版《荣县志》编者按："（王梦易）墓在县东北四里凤凰山孙村，龟趾，今立人家隙地。"近代赵熙《由双溪至凤凰原》诗曰："得地兼村郭，花时步屦徐。齐民谙要术，古洞少奇书。便访高人墓，还巾下泽车。春塘群鸭泛，王序旧时居。"诗歌明确"凤凰原"就是"高人墓""王序旧时居"。赵熙还作《金人捧露盘·王文安公墓瓦俑，以宋绍兴八年葬，去今七百六十二年出土》则称"宋陶留像，凤凰原穴土花腥。同时旧侣，杜鹃啼，翁仲无声"。《赵熙集》编者按："王序字商彦，官至徽猷阁直学士，以绍兴六年卒。墓在荣县东郊凤凰原，一九一六年于墓道中得朱承撰《宋故文安郡开国侯王徽学墓志铭》及瓦俑。文载民国《荣县志》。"这些由宋朝至近代的文献，有关石碑的出土地点和碑文的记载完全吻合，"义门王氏"的私第和墓地都是"凤凰原"。嘉庆《四川通志·舆地·陵墓》（卷 46）关于"嘉定府"部分的记载称："王梦易墓在县北四里""王庠墓在县治""王典（兴）孙墓在县治"，但只是位置不够具体而已，与碑文并不矛盾。清乾隆黄大本纂修《荣县志》（卷二）"坟墓附义冢"部分载有"宋赐号廉逊先生谥靖节朝散大夫王庠墓"未注明具体位置。清雍正黄廷桂纂修、张晋生编纂的《四川通志》（卷二十九）上记载稍异，"王梦易墓在荣县北四里……王庠墓在荣县南二十里，宋朝散大夫，赐号廉逊，谥靖节，人呼为靖节墓"，称王庠墓在荣县南二十里，与各志记载大相径庭，应是误记。

令人遗憾的是，自淳熙七年（1180）的马骐《王兴孙墓表》、王敦诗《宋故忠南太守奉直王公墓志铭》及1190年后度正的《奉送三荣王子文游益昌》诗四首后，数百年间就没有关于义门王氏的文献记载了，直到清乾嘉时期才出现纪念、赞颂义门王氏的诗歌和重修此君轩、讲教洞、横溪阁的记述。其中有义门王氏渐渐式微的原因，也有朝代更替的因素。虽然如此，但直到现在，凤凰原前面那一口池塘仍然叫王序塘，那一带的地名也叫王序塘，只是有部分村民把它误叫为"黄序塘"，那里所属的行政村依然叫王序塘村。义门王氏给荣县留下的痕迹并没有被抹去，义门王氏的文化精神更是深深地植根于荣县人的血脉之中。

根据已有史料，我们梳理出王梦易、向夫人、王庠、王序、王兴孙等义门王氏的主要人物生平事迹，分列于后。

宋开禧二年（1206）荣州
进士碑，碑载王梦易

● 王梦易

王梦易，字潜夫，王知珏第六代孙。高祖王□德，曾祖王蕴舒，祖父王长钧，父王伯琪，除高祖名字缺损外，世代传承较为清晰。

皇祐元年（1049）进士及第后，王梦易调任绵州（今四川省绵阳市）法掾（即州司法参军）。刚到绵州就任，"摄兴州，改川茶运"，代理兴州（今陕西省略阳县）知事，后改任四川茶运使。转运使拿出巴西县（今四川省巴中市）数百件积案，要求他处理，王梦易雷厉风行，果敢干脆，很快就办妥了。转运使感到非常意外，认为他很有才能，就跟同僚一起推荐他，于是王梦易被提拔为石照（今重庆市合川区）县令。据墓表"殿中公衔冤先逝"推知，不久他遭家母丧，解职丁母忧。丧期满，调知遂州青石县（今重庆市潼南区西北）。王安石《临川先生文集》（卷五十二）有《王梦易试大理评事充永兴军节推知遂州青石县事制》："敕某：朕尝命汝以幕府之官，使长百里之民。而汝以丧自解，今除之矣，其就故官。有社与民，往其思勉。可。"

《临川文集》卷五十二载王梦易任命诏令

张商英在《王梦易墓表》中记述了他在石照县令任上的机智果断、法理兼用的两个故事。第一个故事讲的是，有个姓卫的人，要挟自己的亲生母亲一起欺负同父异母的哥哥，估计是强占家里田产、家财之类。案情本来并不复杂，但当地百姓有买通官府、枉断官司的坏风气，贪官受贿以后便久拖不决。王梦易接手这个案子后，查明事实真相，认为可以调解结案，于是对双方当事人动之以情、晓之以理、明之以法，最后，母子兄弟握手言和。第二个故事讲的是王梦易破获的一件杀人藏尸案。有一家三人，利用夜晚在附近的峡口打鱼，估计收获不小，却被"棒老二"盯上了，意欲打劫。这家三个人，不是兄弟就是叔侄、父子，当然不肯就范，哪知"棒老二"是吃"专业"饭的，把三个夜渔人打死了。杀人偿命，人命面前"棒老二"还是心虚的，于是把三具尸体藏起来，丢下渔船跑了。王梦易接到报案后，沿江摸排，详细调查。抓来几名嫌疑人，听他们陈述，看他们脸色表情，经过筛查，怀疑是两个有案底的恶少干的，就把他们拘押到一间密室里，派人暗中观察，并不时放出一两只老鼠，表示附近没有人。两个嫌疑人就悄悄商量说："暂时忍耐着吧，忍下去就不会被处死了。"暗中监视的人听到之后，突然出现，指证他们。两人紧张之余，只得认罪伏法。此外，墓表还记载了王梦易在石照令任上做的其他几件惠民利政的事情：一是清理无户籍人口，使徭役变得公平；二是清理纠正军籍人口，把有出入的地方统一起来；三是遇到饥荒瘟疫，他以身垂范，带头出钱储备药物，设点免费施粥，此举让许多老百姓活下来。这些事情还被当地文人写成《惠政录》铭刻在石碑上。

后因开封府尹傅求推荐，王梦易被提拔为右军巡判官，审理了数起冤案，官升一级，担任果州（今四川省南充市）通判。由于果州知府空缺，王梦易长期代理知府。文献记载，果州任上他干了两件利州利民的好事：一是大兴学堂，振兴教育，名震全川，吸引大量外地学子慕名而来。墓表记载"大兴泮宫，邻郡皆有来学之士，盛闻四川"；二是果州地处涪江之滨，河水长期侵蚀城墙，以致造成灾害，王梦易便在西面筑二里城墙，并在城墙上增加州府直管的楼观。这些都是功在当代、利在后世的德政工程。

熙宁年间，王梦易因税制改革得罪"在势者"被免。时任宰相王安石知道他的才能，欲用为变法之助，授兴元府（今陕西省汉中市）南郑县令，接着升任兴州（今陕西省略阳县）知府。两地均在茶运古道上，每年从四川运往三秦的茶叶不仅需要耗费大量民力，而且滞留和被侵吞的茶叶数以万计。王梦易上书力陈公私弊端，建议设置铺递，通过驿传的方法解决茶运问题，奏章得到朝廷认可，从此百姓少受干扰，得到休养生息的机会。

义门王氏为家乡荣州干得最漂亮的一件事是，祖孙三代接力上书减轻当地百姓的盐税负担。《王庠传》曰："祖伯琪，以义声著于乡州。有盐井，籍民煎输，多至破产，惟有禄之家得免。伯琪请于州，均之官户，而仕者诬诉之，赍恨以殁。父梦易，登皇祐第，力成父志，言于州县不听，言于刺史，言于三司，三司以闻，还籍没者三百一十五家，蠲岁额三十万斤。"荣州自古产盐，盐业发达，百姓生活安宁。一直以来，都是按照人头计征盐税，盐卤充沛的时候倒也相安无事，但随着开采的年岁久远，一些盐井的盐卤就变淡甚至枯竭，失去开发价值，而有18口这样的盐井的盐税却没有得到减征，以致盐户食不果腹、衣不蔽体；而那些家中有人在官府领俸禄的家庭却没有受到影响。后蜀明道（934—937）年间，荣州太守李畋就已经担心盐税制度影响社会稳定了。王梦易的祖父、父亲和伯父，率领盐户到州府申诉。根据前引"伯琪请于州，均之官户"。按照当时的税法，官户人家免除了到官府当差的色役，而不免除官府加派的临时税额科配。他们请求按照官户的人口均摊盐税，从而缓解荣州盐户的困苦。李畋还朝以后，竭力向宰相孙抃汇报，孙抃作序称赞王氏"抗意恤民，古君子也"。李畋将荣州盐税的弊端痛陈于朝廷，但是他的上诉如石沉大海。其后，那些既得利益的官员们提起诉讼，枉法中伤王氏，王伯琪衔冤而逝，兄长也冤死狱中。为此，乡邻们哀痛万分。敢于直言的蜀人范镇对乡党王梦易的遭遇也颇为同情，"范蜀公尝赠以诗"（《宋史·潼川府路·绍熙府》卷六十四）。

墓表中提到的"官户"这个概念，这里有必要介绍一下。"官户"早在南朝时期就已经出现，指的是犯罪者及其家属都被没入官府强制服劳役，而这些服劳役的家庭，就会被编入特殊户籍，即"官户"。

"官户"的概念，直到宋代的时候才发生改变。宋朝的时候，"官户"指的就是官员的家庭、家族。根据《宋史》记载，只要是入了品级的官员，其家族都可以算作"官户"。陆游的《老学庵笔记》中也有记载——"童贯平方寇时，受富民献遗。文臣曰'上书可采'，武臣曰'军前有劳'，并补官，仍许磨勘，封赠为官户。"童贯因为平定流寇有功，所以得以补官入仕，其家人就成了官户。

想要当官，最常见的有两种方式：一种是通过科举入仕，另一种则是继承祖上的家业，靠着官僚祖辈的门荫入仕。另外，由于宋代经济发达，当时还有一种特殊的捐官制度，就是通过出钱或者纳粮买官入仕，而通过这种方式想让其家族成为官户的，官员品级必须在正七品以上。

官户可以享受到宋代朝廷规定的各种福利。如官户虽然要像常人一样缴税纳粮，但是可以免除绝大部分徭役差役，因此人就不用受苦了。另外，官户在触犯刑法等法律的时候，还可以按照不同的品级实行不同的宽免政策，其中包含议、请、减、赎、当等方法。与官户相对的就是客户，又称为野户。义门王氏请求的就是免除野户的盐税。

王梦易少年时，大哥王梦禾、二哥王梦得都鼓励他求取功名。他考中进士出仕后，自己一家人的盐税得到免除，但他仍然哭着说："我父亲出于公心，衔冤而死。我要让他在九泉之下都能得到洗雪。"于是他从县到州到御史再到三省六部，逐级上访，最后上书到了丞相那里。当时供职朝廷三司户部勾院判官兼开拆司的眉山人陈希亮处理此事，他将奏疏转到勾院办理。判决按户籍征收的三百一十五家退税。接着又减免荣州税盐每年三十万斤。王氏祖孙数代接力为民请命，终使荣州盐户税赋减轻，民生得到恢复。

王梦易最终因税制改革问题得罪权贵，"非辜失官"。"时当职果怒潜夫专达，诬以私役保正，被谪还家。"（《王梦易墓表》）"私役保正"，就是假公济私，利用政府资源，使唤下属为自己服务。"保正"，相当于现在的村组长。王梦易回乡以后，在石龟山下筑归来亭。王梦易夫妻"徙居双溪上，坐客常满"，过着陶渊明一样隐居田园的生活。故后世称王梦易为"双溪先生"。"元祐丙寅八月十五日，以宣德郎终于南荣私第。"1086 年的中秋节，王梦易在左朝奉郎、太常博士、宣德郎的职位上寿终于荣县的自家宅院。后以王庠、王序恩赠太中大夫、通议大夫。

● 向夫人

向夫人为宋朝名相向敏中的孙女，但康熙版《荣县志》有误，记为"王梦易妻，丞相向敏中之孙，少师传之女"，即"少师传师"漏刻为"少师传"。少师，官职名，即太子少师。传师为向敏中第四子，官至殿中丞。向夫人十多岁便嫁给了王梦易，当时王梦易已是中年，至于为什么向氏会嫁给王梦易，除了王氏在荣州声势煊赫，王梦易本人进士及第外，估计跟张商英有一定关系。王氏一族毕竟是荣州和义郡的名门望族，即便攀上皇亲的向氏来到荣县，仍勤勤恳恳地为人妻为人母，日子过得倒也滋润。谁知天有不测风云，政坛本来充满险恶，向皇后再关照这个堂姑父也顶不住既得利益权臣的非难，加之王梦易性格过于正直，因为盐税、茶税的事情得罪了不少权贵，最终不明不白地被罢官还乡。还好，毕竟王梦易是荣州少有的进士，修归来亭作为宴集之所，常与乡党朋友在这里聚会，过上了陶渊明一样的生活。

康熙版《荣县志》载向氏

可是人算不如天算，在王庠 16 岁、王序 14 岁的时候，王梦易突然撒手人寰。向氏面对未成年的儿子和被罢官含恨而死的丈夫，"执二子手泣于枢前，曰：'未亡人不能雪吾夫之横逆，复夫之官。庠、序未有成立，终不葬此枢也。'于是专室静居，命诸孤从贤师学"（《王梦易墓表》）。发誓要抚育王庠、王序兄弟成才，雪夫之耻。她在石龟山下，归来亭之上建讲教洞，引蒙泉之水供他们日常生活饮用，遍请远近名师如眉山程遵海、周伯远等辅导他们。王梦易朋友圈中的苏轼、苏辙、黄庭坚、范纯仁、吕陶等都很器重这两个孩子，尤其是苏轼、黄庭坚，有大量跟王庠、王序兄弟的书信来往，众人的关照对两兄弟的进步也大有裨益。两个孩子也很争气。一个尽孝，被赐予廉逊处士；一个尽忠，官至徽猷阁直学士。王庠、王序兄弟完成母亲夙愿，让父亲获赠通议大夫后，请求母亲同意安葬父亲。然而安葬王梦易不久，向夫人也随亡夫而去。

受人景仰的向夫人后来被朝廷旌表为安康郡夫人。仙井（今四川省仁寿县）人李新为之作《吊安康郡君词（并序）》，后世有诸多赞美向夫人嘉德懿行的诗篇，甚至把她与孟母并论，如龚巽的《冶官杂诗》（其五）："洞门烟水石粼粼，绛幔传经此涧滨。一孝一忠名盖代，向夫人并仉夫人。"

● 王 颖

康熙版《荣县志》雁塔题名碑（进士碑）载王颖

"王颖，梦禾子，登熙宁（1068—1077）进士，以才行名，官翰林学士，与苏轼友善。承诏上时事，忤权贵，入党籍。绍兴六年（1136）推其直，特赠大中大夫。子廷坚，官至右朝奉大夫，通判岷州河东制置司机宜。"（嘉庆版、民国版《荣县志·人物》）熙宁共有熙宁三年（1070）、六年（1073）、九年（1076）三届进士。"杨九泽、杨镛、王颖、王华，元丰二年（1079）

时彦榜四人同升。"（康熙版、嘉庆版《荣县志》）同一志书又在进士目录里称王颙为"元丰二年时彦榜"进士，前后矛盾。查询相关史料，应是元丰进士。时彦榜中还有一位名人，那就是后来成为"苏门四学士"之一的晁补之，这是题外话。由县志可知，王颙官至翰林学士，赠太中大夫；其父为王梦禾；其子王廷坚，官至右朝奉大夫，通判岷州河东制置司机宜。王梦易一代前后，义门王氏家族在诗书、仕宦等方面都是荣州名副其实的名门望族。

● 王庄叔、王鹰

《赵熙集·题王虞仲碑十首》按："庄叔、教源为王庠异母兄，早卒。教源名鹰，见《地仙洞断碑》。"按这个注释，教源为长子，则庄叔应为王鹰同母弟弟，但与其他资料不能印证。也有人认为庄叔为王鹰及王庠、王序兄弟族兄。王鹰除有《题三学山》诗一首及黄庭坚《与王鹰提学书》外，暂无其他文献发现。庄叔的有关行迹，只在苏轼《与王庄叔》书信二首和黄庭坚《与王鹰提学书》中提到。王庄叔和王庠、王序兄弟一样对苏轼流徙海隅非常关切，并且如王庠一样派人赍礼致书问候。从书信内容看，庄叔在义门王氏也有一定地位和威望，与苏、黄等名流有不少交往，只是缺乏其具体行迹记录和更多文献佐证。

● 王祖元

王祖元，王庠、王序从兄，为荣州嘉祐寺僧，即今凤鸣山文昌宫旧址。"能用五行书察人休祥，性尤嗜琴"（宋濂《宋学士集》），"紫衣僧祖元亦周彦之族兄，抱琴种竹，有潇洒之趣，以星历推休咎，常得十之七八"［黄庭坚《与荣州薛使君书（其三）》］。王祖元善于根据人的五行属性、生辰八字看相算命，而且准确度达到七八成。还能弹东坡《醉翁操》。元符二年（1099）闰九月初，黄庭坚自黔移戎，有《寄题荣州祖元大师此君轩》《戏用题元上人此君轩诗韵奉答周彦公起予之作，病眼空花，句不及律，书不成字》《元师自荣州来，追送余于泸之江安绵水驿，因复用旧所赋此君轩诗韵赠之，并简元师从弟周彦公》等三首此君轩同韵诗。

祖元大师与黄庭坚因此君轩诗留下的一段佳话，本书将另章叙述。

• 王 庠

王庠在同辈中年龄小于王颙、王廱、王祖元，但他却是义门王氏唯一进入正史，也是荣州以及后来的荣县少数几个进入正史的名人。以《宋史·王庠传》为核心的史料和一些民间传说，让我们对王庠的生平事迹有了比较丰富的认识。

王庠，生于熙宁四年（1071），字周彦，荣州人。

王庠自幼聪颖懂事，7 岁就能作文，而且文笔老练，俨然一个成年人。16 岁时父亲去世，他十分哀痛悲愤，对弟弟王序说："父亲因为正直被排挤，母亲抚着父亲的灵柩发誓，期望我们兄弟长大成人得到父亲那样的官职，才允许归葬祖坟，我们兄弟要为此相互勉励。况且考科举也是先父的遗志，我是有志于这样做的。"《宋史·王庠传》记载王庠丧父时年龄是 13 岁，而《王梦易墓表》记载丧父时王庠 16 岁，王序 14 岁。《王梦易墓表》是王庠、王序兄弟亲自请张商英撰写的，且义门王氏的碑铭表诔等均沿用此据，应当采信。王庠、王序兄弟在母亲向氏的监护下，闭门谢客，读遍经史书传集注等著作，还到百里之外寻访名师，探究到宗旨后才回家。苏轼《答黄鲁直（二）》就有"眉山有程遵诲者，亦奇士，文益老，王郎盖师之"的说法。宋濂《跋黄山谷书赠祖元师诗后》有黄庭坚《寄题荣州祖元大师此君轩》序："周彦公，名庠，皇祐进士梦易之子，师之群从弟程遵诲之门人。"《苏轼集》卷八十三《与李端伯宝文三首（之三）》载："邑子每来，稔闻岂弟之政，西南泰然，不肖与受赐多矣。幸甚！幸甚！小侄千之初官，得在麾下，想蒙教诲成就也。曾拜闻眉士程遵诲者，文词气节，皆有可取。不知曾请见否？"这通写给时任成都路转运使李端伯的信，不仅有苏轼为侄子苏千之说情的信息，还有苏千之师从眉山程遵诲的信息。几则资料相互印证了王庠师从程遵诲并由苏轼介绍王庠千里之外往黔州请教黄庭坚的史实。王庠在《见黄鲁直书》里更是虔诚和坚定地表达了师从黄庭坚的态度。

　　王庠娶苏轼侄女，在苏轼与黄庭坚、义门王氏及其他书信中均能见到相关信息。苏轼《答黄鲁直（二）》载："某有侄婿王郎，名庠，荣州人。"黄庭坚《与王观复书》（其二）载："此君（王庠）又东坡之兄婿也，故亦有渊源耳。"这些均表述王庠系苏轼侄女婿，至于这个侄女究竟是谁，目前没有定论。《经进东坡文集事略》（苏轼著，郎晔注）甚至直接判断"庠乃子由婿"，认为王庠之妻是苏辙（字子由）的女儿，若是，则为苏轼亲侄女。但苏辙妻子眉山史氏（1037—1117）生五女三子，五女分别嫁给文务光、王适、曹焕、王浚明、曾纵，没有王庠（或王周彦）。据笔者在眉山青神县中岩寺考察时听闻，苏辙还另有两女，一女五岁早夭，一女近二十岁早逝，这早逝之女已到婚嫁年龄，是否是此女许配或嫁与王庠呢？又有人认为是苏不欺之女，孔凡礼依据黄庭坚的说法，认为王庠"当为不欺等堂兄之婿"[1]。而据吕陶《静安县君蒲氏墓志铭》载："女三人，长适乡贡进士任忠弼；次适承奉郎监杭州洞霄宫蒲澈；次适进士雍缉。"不管苏辙还是苏不欺，其女婿均无王庠。在眉山文史调查中，三苏祠博物馆文物部主任、文博副研究馆员徐丽告诉我们，苏不欺有四个女儿，有一个不知为何没有记入家谱。如果是这样的话，王庠夫人也有可能是这个没有进入家谱的女子。另据苏辙《伯父（苏涣）墓表》载苏涣孙女十人，家谱仅载苏不欺女三人，其余无记载。王庠夫人或为未记载者之一。四川大学曾枣庄教授猜测王庠是苏轼姻亲侄女婿。而有关王庠的文献中未见有其妻儿的记载，也无王庠墓志铭可考。但可以确定的是，苏轼能明确表明王庠为其侄婿并力荐他，说明他们关系非常亲近。

　　元祐年间（1086—1094），时任中书舍人的眉山彭山人吕陶用"贤良方正、直言极谏"科制举荐王庠，王庠却以乡贤宋邦杰学业有成而没人举荐，推让宋邦杰先就功名，吕陶听说后更加敬佩他。但不久后，绍圣年间（1094—1098），改革派主政，曾一度废科举，专以三舍法取士。王庠感叹说："命运啊，无愧于先人的遗训，按照先父的遗训做就足够了。"

　　"三舍法"是北宋王安石变法科目之一，即用学校教育取代科举考试；其法分太学为外舍、内舍、上舍，别生员为三等而置之。依一定年限和条

---

① 孔凡礼. 苏轼年谱[M]. 北京：中华书局，1998：1204.

件，由外舍升入内舍继而升上舍。最后按科举考试法，分别规定其出身并授以官职。在舍以读经为主，以济当时科举偏重文词之不足。官员子弟可以免考试即时入学，而平民子弟须经考试合格方可入学。宣和三年（1121），诏罢此法。

崇宁壬午（1102）年，王庠应"能书"试，被推荐为一等。当时京城遭遇蝗灾，王庠上书讨论时政得失，说："朝廷内外壅塞蒙蔽，将要产生戎狄入侵的祸患。"在朝廷做监察御史的元祐党人张舜民见到这篇奏疏，认为他的言论非常危险，容易招惹是非。果然王庠复试时就落榜了。王庠想到家里还有老母，一气之下径直归家，一面侍奉亲人，一面颐养情志，八年不应科举。

大观庚寅（1110）年，朝廷继续推行三舍法取士，州府又推举王庠应诏，王庠说："此前母亲五十二岁时我请求奉养，不再愿意出仕。现在母亲六十岁，却奉诏应举，难道是我的本意吗？"当时元祐党人遭到打击，朝廷禁止官员结党为朋，王庠自己陈述说："苏轼、苏辙、范纯仁是我的知己，吕陶、王吉曾经举荐过我，黄庭坚、张舜民、王巩、任伯雨是我结交的朋友，因此我不能参加科举谋求官职，愿意归隐乡里。"他把自己归为元祐党人，让弟弟王序出去做官，自己隐居乡里。

守制结束后，王庠又参加了八行科考试，太学大司成考定王庠为天下第一名，朝廷下诏表彰他的家族，但他并没有因此而有积极出仕的愿望。朝廷知道他不能屈就，于是赐给他"廉逊处士"称号。不久改任他为潼川府教授，并赐进士出身和着章服待遇。一天之中四道任命同时到达，他竟然坚辞不受。向皇太后顾念她的姑姑，曾经想让他出来做官，王庠却把这些都辞让给了弟弟、侄子和外甥。不仅如此，他还把自己的田地分给了庶兄和前母的姐姐。遇到乡邻有困难，他也不计后果地去周济他们，以致他家负债很多，还是弟弟王序致仕以后才还清债务。

王庠把苏轼、苏辙引为知己，二苏对他也呵护备至，一则王庠是苏轼侄婿，二则其为人受人敬重，苏轼与王庠有多封书信来往，表达出对晚辈的爱惜之情、拳拳之心。

黄庭坚也曾向荣州薛刺史极力推荐王庠："贵州士人，唯周彦衣冠之领袖也，其人深中笃厚，虽中州不易得也。"黄庭坚谪居戎州（今四川省宜宾市）期间，王庠与之有密切的诗书往来，黄庭坚后有《寄题荣州祖元大师此君轩》等三首同韵诗存世，王庠也有两首同韵和诗。黄庭坚多次书写此君轩组诗，其中《寄题荣州祖元大师此君轩》一首行书册页，今存国家博物馆，成为传世书法经典，被定为国家一级文物。

王庠把自己所处的荣州定义为陋邦，"江山遗爱之国"（《上范丞相论治体书》）。"前日执事至自万里，陋邦之人争先睹之为快"（《见王巩书》），"大江之南，荣为东蜀之陋邦"（《上范丞相论治体书》）。但即使身居山林，远离朝廷，他也在与朋友唱和赋诗吟咏中，表现出爱君忧国的情怀。

《宋史·艺文志》载王庠有《王庠文集》五十卷，可惜今已不存。所幸，王庠的文章包括书信、策论，收入《新刊国朝二百家名贤文粹》22篇，这是宋庆元三年（1197）眉山书隐斋刻本。《全宋文》也收录了这些文章。

王庠的著述表现出非常典型的儒道思想，他的策论大多在儒礼的基础上立论，如《礼义论》《仲尼日月论》《述行》等。因此，《王庠传》评价他早年上书范纯仁、苏辙、张商英等请求教益，"皆持中立不倚之论"。《上范丞相论治体书》《再上范丞相论事书》《上东坡论君子小人进用书》《与东坡手书》《上颖滨论治体士风书》等书信策论，表达了王庠对时事的关切，对前贤执政的希冀，并随寄自己的习作诗文希望得到指点。吕陶、苏辙都器重他。他还曾经拿一篇《经说》投寄给苏轼，文中说："尧、舜二帝，夏禹、商汤、文王三王的大臣都志在行道，唯独他们自己难以得道，所以守道极其坚定。自从孔子作'六经'以后，那道才有了一定的说法，现在士人的修养，反而不及古人，这才知道后世的人见到'六经'容易，而忽略了它，没有得到推行啊！"苏轼回复说："《经说》一文说的，实在是这样。""六经"是指经过孔子整理而传授的六部先秦古籍，即《诗》《书》《礼》《乐》《易》《春秋》的合称，始见于《庄子·天运篇》。这六部经典著作的全名依次为《诗经》《书经》（即《尚书》）《仪礼》《乐经》《易经》（即《周易》）《春秋》。

由于王庠长期远离政治，尤其是远离政治中心，书信极为谦恭，文论极为中肯，但理想化色彩比较浓重。还有人认为他晚年名节操守不如青壮年时期，这可能与他长期的隐居经历有一定关系。但王庠留给后世的诗文仍然是我们研究荣县历史文化珍贵而稀缺的文献。

绍兴六年（1136），王庠去世，享年66岁。淳熙元年（1174），宋孝宗赐予他"贤节"的谥号，世称贤节先生。

附：《宋史·王庠传》

王庠字周彦，荣州人。累世同居，号"义门王氏"。祖伯琪，以义声著于乡州。有盐井籍民煎输，多至破产，惟有禄之家得免。伯琪请于州，均之官户，而仕者诬诉之，赍恨以殁。父梦易，登皇祐第，力成父志，言于州县不听，言于刺史，言于三司，三司以闻，还籍没者三百五十五家①，蠲岁额三十万斤。尝摄兴州，改川茶运，置茶铺免役民，岁课亦办。部刺史恨其议不出己，以他事中之，镌三秩，罢归而卒。母向氏，钦圣宪肃后之姑也。

庠幼颖悟，七岁能属文，俨如成人。年十三②，居父丧，哀愤深切，谓弟序曰："父以直道见挤，母抚柩誓言，期我兄弟成立，赠复父官，乃许归葬，相与勉之。且制科先君之遗意也，吾有志焉。"遂闭户，穷经史百家书传注之学，寻师千里，究其旨归。蚤岁上范纯仁、苏辙、张商英书，皆持中立不倚之论，吕陶、苏辙皆器重之。尝以《经说》寄苏轼，谓："二帝三王之臣皆志于道，惟其自得之难，故守之至坚。自孔、孟作六经，斯道有一定之论，士之所养，反不逮古，乃知后世见六经之易，忽之不行也。"轼复曰："《经说》一篇，诚哉是言。"

元祐中，吕陶以贤良方正直言极谏科荐之，庠以宋邦杰学成未有荐者，推使先就，陶闻而益加敬。未几，当绍圣诸臣用事，遂罢制科，庠叹曰："命也，无愧先训，以之行己足矣。"

崇宁壬午岁，应能书，为首选。京师蝗，庠上书论时政得失，谓："中外壅蔽，将生寇戎之患。"张舜民见之，叹其危言。下第径归，奉亲养志，不应举者八年。

① 《王梦易墓表》中记为"三百一十五家"，本书采用墓表之记叙。
② 编者注：《王梦易墓表》、李新《王朝奉诔》记述为十六岁。

大观庚寅，行舍法于天下，州复以庠应诏。庠曰："昔以母年五十二求侍养，不复愿仕，今母年六十，乃奉诏，岂本心乎？"时严元祐党禁，庠自陈："苏轼、苏辙、范纯仁为知己，吕陶、王吉尝荐举，黄庭坚、张舜民、王巩、任伯雨为交游，不可入举求仕，愿屏居田里。"以弟序升朝，赠父官，始克葬，葬而母卒。

终丧复举八行，事下太学，大司成考定为天下第一，诏旌其门。朝廷知其不可屈，赐号"处士"。寻改潼川府教授，赐出身及章服，一日四命俱至，竟力辞不受。虽处山林，唱酬赋咏，皆爱君忧国之言。太后念其姑，尝欲官，庠以逊其弟、侄及甥，且以田均给庶兄及前母之姊。庠卒，孝宗谥曰贤节。

序，宣和间以恩幸至徽猷阁直学士。庠浮沉其间，各建大第，或者谓其晚节隐操少衰云。

（《宋史·列传第一百三十六》[①]）

● 王 序

王庠、王序兄弟无疑是义门王氏的中心人物，《王梦易墓表》中有"吾弗隐，谁侍吾母？子弗仕，孰大吾户？"王庠这句话非常准确地诠释了王庠、王序兄弟在王家的角色。他们一个尽孝，一个尽忠，都做得非常称职，非常出色。

王序，字商彦。父亲去世时，王序仅 14 岁，在母亲的悉心培养下，学业有成。崇宁初年，即 1102—1103 年，王序与兄长王庠都被推荐做官，王庠立志奉养母亲，坚决推辞，不愿出仕，但劝弟弟说："弟不仕，无以光门户。"于是，王序决定出仕，"序两献文，入等。"初授云安县（今广东省云浮市云安区）令，未赴任，又改任监东惠民局（宋代主管医药销售和疫情防控的管理机构）。后官员们又推举他任宣教郎，从此走上步步高升的仕途。

大观二年（1108）前后，吴玠担任都水使，治理塘堤，选拔王序任都水

---

① （元）脱脱. 宋史[M]. 北京：中华书局，2000.

监丞。按照当时的惯例，修筑塘泊还有作为防御工事的作用，水部是一个重要的权力机构。当时因黄河水向北改道，使御河断流，御河流域泥沙淤塞河道，逐渐变成平原。王序受命修复河道，他用三年时间全部完工，上至官员，下至百姓都称赞他治理有方。于是王序一路得到升迁，一直升到中奉大夫等职务。"三岁五迁，至朝奉大夫，遂封赠潜夫朝奉郎。"王序在三年中五次得到升迁，并且让父亲获赠朝奉郎职衔。后来，以直秘阁身份出任河阳（今河南省孟州市西）知府。

因朱承的墓志铭年份处缺失，三年五迁的具体情况不详。只是在《宋会要辑稿》中，检索到的五条关于王序的信息，其中三条涉及王序的职务和升迁的信息：

> 王序治郡有方，除待制再任。（序知河阳府，并宣和二年）
>
> ——职官六一

> （宣和三年）十二月十三日，诏通议大夫、充徽猷阁待制、知河阳王序特赐进士出身。
>
> ——选举九

> （宣和）二年八月二十日，诏曰："开修广武直河，分夺南岸生滩，埽岸无虞，省减劳费，功和利为大。当职官暴露郊野，日冒大暑，委有勤瘁，与常例恩赏不同。可特依此推恩，内减年人依文武臣比折，选人依条施行。提领措置官保和殿学士、银青光禄大夫孟昌龄，兴德军节度使王仍，各转一官回授；漕臣并两州知州各应办钱粮，同京西转运副使时道陈、河北转运副使胡直孺、李孝昌，知河阳王序，知怀州李罕，各进职一等。"
>
> ——方域一五

至宣和三年（1121），王序仍然在河阳知府的位置上，并娶三城（古城名，在今陕西省延安市东南）人陈永静为妾。"建炎三年，诏除银青光禄大夫，徽猷阁直学士□□。"（《宋故文安郡开国侯王徽学墓志铭》）银青光禄大夫，隋朝以为正三品散官，炀帝改为从三品。唐朝为从三品文散官，宋代以后废。徽猷阁直学士，北宋徽宗大观二年（1108）始置，从三品，为高级文官赐衔。位在学士、待制上，无职守，无所掌，只供侍从顾问。王序的仕途达到巅峰。

但是第二年便被免，而且降官两级，开始担任"提举崇福宫"的闲职。建炎四年（1130）"七月三日，徽猷阁直学士、银青光禄大夫王序落职，又诏降两官。十二日，有旨特降授宣奉大夫、提举西京嵩山崇福宫"。被免原因，墓志铭也做了比较清楚的介绍："公以主上蒙尘，非可偷安闾里，即日就道。次成都，属丞相张公用武臣，诏以马祐昌代。言者遂劾公辞难，褫职，宫观如故。"王序认为，主上蒙尘，不能在家乡苟且偷安，接到诏书的当天就上路赴京。可他驻扎在成都时，上书丞相张浚，认为北伐应该任用武将，于是朝廷下诏令马祐昌代替王序之职。但是言官却不认同，弹劾他逃避国难，夺去现职，仍然回到原来的提举崇福宫的闲职。

河阳知县任上，王序做了几件治军为民的大事。河阳属于京西特别贫瘠的地区，但是每年秋冬之交，仍然要拿出本郡的税收援助附近的郑州、滑州。王序请求将税收留下来解决本郡的困难，百姓因此得到好处。当时盐业管制相当严苛，王序就下令招募农人耕种盐碱地，用减少税赋的方法调动他们的积极性，每年开垦和耕种盐碱地一万多亩，百姓税赋减少，收入增加，也不违犯禁令了。王序执政有方，皇帝亲自书写诏书褒扬赞美他，并赐进士出身，进职徽猷阁待制，重新恢复了银青光禄大夫、徽猷阁直学士的职务。

宣和年间，朝廷出兵北伐，夺取西燕，任命王序担任随军转运使，负责军队粮草保障。王序非常称职地完成了此次北伐的后勤保障工作。还朝述职，皇帝非常满意，赐佩金鱼袋，以徽猷阁直学士充任京兆府路安抚使，兼知京兆府，享受三品以上待遇。两年后，改任鄜延路经略安抚使。王序未雨绸缪，注重防御，耗工二十三万把防御壁垒修葺一新，所以靖康之变期间，鄜延路虽然在敌军入侵的要冲地带，却在最后才遭遇战争。

宣和七年（1125），夏朝使者到大宋朝廷贺皇帝生辰，听说他们与女真密谋侵略，王序请求暗中做好防范。第二年，女真举兵进犯，夏朝果然出兵协助攻打西部边境。王序夙夜指授，分兵守险，购买约二十万石小米，解决了边民和军队的粮草配给。不久女真军队分兵剽掠黄河以东，河阳郡邻近鄜延路。王序严守黄河防线，坚壁清野，严阵以待，敌人最终不敢侵犯，使大约数十万军民得到保全。在太原任蒲坂（今山西省永济市）太守的时候，抽调三万军士援助京城后，剩下的仅有几千人，而且都老弱不堪，王序也能应变制宜，最终没有影响防守和日常事务。

王序一开始走上仕途得益于表姐钦圣宪肃皇后，因而被那些不阿权贵的人看不起，但他在水利、政治、军事方面都表现出出众的才能，最终得到了同僚、百姓和朝廷的认可。

在提举崇福宫位上，王序回家在父亲的归来亭附近修建横溪阁（《明一统志》称横溪楼），陈列皇帝的御赐诏书，皇帝的恩惠显耀于巴蜀大地。这里后来成为荣州名流向往和宴集之所，并留下众多诗篇。大约在绍兴四年（1134），王序致仕。"公既归，乃阁藏前后所赐御书，纶名湛恩，焜耀蜀道。治第舍池馆，日与宾客以诗酒自娱。"

绍兴六年（1136）十月六日，王序去世，享年64岁。

王序的作品，仅留下为其早逝长子作的《宋故宣义郎王卿孙墓志铭》和侍妾陈永静作的《故宋陈氏夫人墓志铭》两篇，尤其是后者，碑刻文字清晰，尚保存在荣县文化遗产保护中心。其文朴实，其情真挚，这是义门王氏的重要代表人物留下的唯一真迹，弥足珍贵。

● 王兴孙

民国版《荣县志》记载："王兴孙，字陈仲，序季子，幼以父任授承务郎，积十四，迁至奉直大夫。初任某州税官。二兄前卒，父退居无侍，请改荣州税官以便养。父殁，执丧如礼。族党交称之。服除，改差四川都大提举茶马司干办公事。任满，辟汉州绵竹县丞，旋调普州监税，嗣为临邛县丞。任满，再除茶马司，调嘉州犍为知县。未几，通判潼川军府事。任满，就通判眉州。继除知忠州，以疾终于任所。年六十九，子六，孙五。历官各有能绩，于乡亦著义行。具详其宗弟敦诗所撰《墓志》。"这段文字记录了王兴孙的基本生平，结合王敦诗的《宋故忠南太守王公奉直志铭》和马骥的《王兴孙墓表》对其生平事迹整理如下。

王兴孙是王序第三子。他虽出生在富贵人家，但能谦虚谨慎地待人处事。自幼以父荫任承务郎，经历十四年磨砺，做到奉直大夫的职位。

王卿孙、王庆孙二兄早前去世。王序以文安侯的爵位致仕回乡后，因没有别的孩子在身边照顾，就请求朝廷恩准王兴孙为荣州税官。不久，王序去世，王兴孙按照当地礼数给父亲办丧事。守制未满，便收到朝廷任命书，但他并没有赴任。当时，位列三公的太保刘光世曾经被王序举荐任用，后来刘光世凭借立大功而跻身显要位置，于是访求王序的后人报恩。刘光世听说王兴孙贤能，就写信派人把他接走并向朝廷举荐，王兴孙得以改任四川都大提举茶马司干办公事。

当时任提举茶马司的贾思诚对下属官吏的管束非常严厉，而催办、取名等事，大多委托给王兴孙去办。王兴孙宽厚仁慈，没有像上司那样采取严苛的手段，也办好了事情。干办公事任满，王兴孙转任汉州绵竹县丞。当时官府专为茶叶行业设置了"牙侩市利钱"，即相当于茶叶市场经纪税这样的税种，有的茶园因不堪重负而破产。王兴孙就任后，一切宽怀处置，老百姓都很高兴。但朝廷使者来了后，特别暴戾凶悍，到处立案审查。有关部门的官员畏惧使者，也附和他的做法，被立案调查的人都没有得以幸免。王兴孙也因此被审查很久，但一直没有收获。

一天，王兴孙赶往皇帝巡行的地方述职，使者也恰好要转到其他地方任职，二人在小路上相遇。使者嫉恨之前对王兴孙弹劾不成，于是，搜遍他的行李，找他的罪证，最后以隐匿税收的罪名向皇帝报告。使者的奏章未到而王兴孙先期到达。又逢使者去世，有人便拿奏章的事情来要挟王兴孙，说他们能平息此事。王兴孙说："我宁可获罪，也不会被你们欺骗。"奏章报到皇帝那里，王兴孙被降一级俸禄。过了一年才官复原职，调任普州（今四川省安岳县）监税。

当时普州郡佐、县令都没有配齐，太守就让王兴孙代理。郡内冯氏兄弟因盐井纠纷引起诉讼，十多年都没有结案。王兴孙审阅卷宗后，很快就了断了此案，令冯氏兄弟感激佩服不已。

又有一天，马匹交易经纪人拿出交易佣金想酬谢王兴孙，他虽斥责且拒绝收纳，但仍被调任临邛县丞。临邛的水利灌溉都由县丞管理。临邛曾经有铁官和泉监，但都废除很久了，朝廷下旨重设，需要在辖区内修建几百间房屋。郡里发文要王兴孙负责，在官员不知劳累、百姓不被叨扰的情况下，这项工程不到一个月就完成了。郡里官仓每年入库的数量巨大，一些大户人家就仗着自己的势力上交质量差的粮食。这事交给王兴孙处理，他一律依法处置。这些大户不服，将他的做法上书到部廉，部廉官员查得实情后，对他不畏强权的行为大加赞赏，按照考核制度予以举荐。所以任满以后，王兴孙再次受任茶马司幕属，到甘肃宕昌买马。当时已经几个月没有买到马了，他却想方设法买到了。有人认为应该向上司要求增加采购数量，以便今后得到奖赏。他说："今天恰好采购得多，以后跟不上的话，就会遭到追究，到时候埋怨谁呢？"恰好朝廷也委托宣抚使司买马，并且提高价格来购买。但茶马司办事不力，马不能按时购得，部使者委托王兴孙到新安宣抚使司吴某那儿去告诉利害关系。王兴孙见到吴宣抚使后，把情况分析得清清楚楚。并且说："茶马司曾经依靠茶马交易为主，怎么能安稳地坐着就从茶马司那儿取得物力或人力以供需用呢？况且没有强行买卖的名头，使茶马司得以逃脱责任，这些都拜你所赐，你恩德无穷啊。"吴宣抚使答应了他的要求，不再高价买马。

后来王兴孙调任嘉州犍为知县。犍为县地处汉夷边界，夷人多次侵扰。王兴孙采用禁止汉族百姓进入夷界耕种砍柴的办法来缓解双方矛盾。王兴孙对内加强守备兵员训练，以备不时之需；对外显示恩信，让夷人不感到怀疑猜忌。让夷界内的冯阿秦等二十余个汉人回来，给他们修建住房，拿官田给他们种，租借牛羊牲畜给他们养，资助他们吃穿，使他们重新成为安居乐业的百姓。自此，夷人也响应归化，不再有抢劫掠夺的行为。此外，王兴孙在户籍管理、教育、社会救助等方面颇有政绩。不久，他升任通判潼川军府事，负责监察州郡的部刺史因王兴孙的才能而举荐他，但是没有下文。潼川军府事通判任满后，王兴孙就任眉州通判，继而被授予忠州知州。在忠州任上也有所建树。不久，王兴孙因病在忠州任上去世，享年 69 岁。淳熙七年（1180）十月十五日葬于荣德县凤凰山之原。

惜王兴孙墓志仅有政绩、行迹记述，没有诗书著述等记载，也可见此时义门王氏家族开始由盛转衰。

义门王氏家族成员中，赠通议大夫王梦易、翰林学士特赠大中大夫王顗、谥靖节先生王庠位列荣县文庙乡贤祠，王梦易妻向氏位列节孝祠。

义门王氏家族谱系考

通过对义门王氏各墓志墓表、康熙以来各版本《荣县志》的梳理，义门王氏的家族谱系大致如下：

第一代

王知珏，长安人，唐广明（880—881）中，任荣州和义县令，秩满家荣，子姓益大，为王氏入荣始祖。

第二代

王□德，从杨天惠《双溪先生传》"先生名梦易，字潜夫，其先京兆人，□□□德，曾祖蕴舒"推得。按墓志名讳书写通例，此中缺字或为"高祖□"。

第三代

王蕴舒，民国版《荣县志》载："王蕴舒，知珏孙。素以义侠自任。乾德中，县废入威远。时丧乱初平，余寇尚自纷扰。贼傅城，甚急。蕴舒夜缒城出，乞师邻境，救至，贼解。举县皆德之，而不自以为功。君子以是觇其后必大。子伯琪，孙梦易，曾孙麠、庠、序继显焉。"这段文字主要来自王敦诗《宋故忠南太守王公奉直志铭》。历史上有两个乾德年号，一是前蜀后主王衍的年号（919—924），共计6年；二是北宋太祖赵匡胤的年号（963—968），共计6年。查《威远县志》（嘉庆版），太祖乾德五年（967），和义县并入威远县。王蕴舒解救和义县城的壮举便发生在宋太祖时期。

《王梦易墓表》中也记载："方蜀盗引众围州，危甚，蕴舒夜缒出，乞邻救城以完，州人德之。""蜀盗"，疑指当时的农民起义。史载，宋太宗即位后，川陕天灾频仍，饿殍载道，民不聊生。淳化二年（991），以任诱为首的义军攻打昌州（今重庆市荣昌区）、合州（今重庆市合川区）。淳化三年（992），荣州、戎州（今四川省宜宾市）、资州（今四川省资中市及内江市资中县）、富顺相继爆发农民起义。

王蕴舒生长子王长钧，次子王长锐。

第四代

长子王长钧，不仕。生平不详。

次子王长锐，生平不详，《宋王长史转念功德碑》记载王长锐官至"摄长史"而逝。其葬礼道场规模宏大，为当时贵族所罕见。"当淳化（990—994）初顺贼扰略过荣，长锐又有完城之仁。"淳化四年（993），青城县民王小波聚徒起而为乱，谓其众曰："吾疾贫富不均，今为汝均之。"贫民附者益众。很快占领青城、彭山。不久，王小波负伤牺牲，李顺继为首领。次年占成都，建大蜀政权，控制四川大部。宋政府派兵镇压，攻陷成都，李顺遇害。余部坚持战斗，至995年失败。"顺贼"是当时宋政府对王小波、李顺农民起义军的蔑称。王长锐有过"完城之仁"，但当时怎样阻止义军攻城，保全荣州不受侵扰的，没有更多史料参考。

"长钧生伯琪，赠殿中丞。"（《王梦易墓表》）其实长钧不止生伯琪，《宋王长史转念功德碑》为王长锐做道场的除录有长锐二子伯珪、伯琠外，还有"侄男伯瑾、伯玥、伯琪"等信息，按照碑铭的排位规则，王长钧生长子伯瑾、次伯玥、次伯琪。

王蕴舒、王长锐父子两代见义勇为，救荣州人民于水火，使王氏家族被朝廷旌表为"义门王氏"。

第五代

王伯珪、王伯琠、王伯瑾、王伯玥、王伯琪。除王伯琪外均名不见经传。

王伯琪，王梦易父亲，不仕。恩赠殿中丞。《宋史·王庠传》载："祖伯琪，以义声著于乡州，有盐井，籍民煎输，多至破产。惟有禄之家得免。伯琪请于州，均之官户，而仕者诬诉之，赍恨以殁。"王伯琪请求州府将盐税均摊于官户，引起当地官员的不满而遭到诬告，含恨而死。《王梦易墓表》也有相关记载，"（王梦易）公之伯父及殿中公率众闻于州"，即因长期开采导致卤水变淡或枯竭造成几百家盐户破产的局面，王梦易父辈的兄弟们为盐税不公而率众上访。

"长钧生伯琪,赠殿中丞。"(《王梦易墓表》),应理解为(伯琪)"赠殿中丞",与王序《宋故宣义郎王卿孙墓志铭》"曾祖伯琪,殿中丞"一致。王伯琪获赠应该是其孙王序显达后请求朝廷所得,与请求封赠父母的时间一致,在宣和三年(1121)前。

第六代

王梦禾,生王颙,其余无考。

王梦得,无嗣。

王梦易,赐光禄大夫。原配陈氏,生王麠,赠新平郡夫人;继配向氏,钦圣宪肃皇后叔祖姑,生王庠、王序,赠安康郡夫人。女三人:长适□□朱立,次适中大夫鲜于之武,季适承议郎吕元淳。孙十三人:王凤宝、王环宝、王楚宝、王贤宝、王儒宝、王道宝早逝;王芹孙,迪功郎;王公孙、王桐孙、王卿孙,承奉郎;王槐孙、王庆孙,通仕郎;王兴孙,承务郎。曾孙四人:王曾慧、王曾光、王曾□、王曾封。

第七代

王梦禾支:

王颙,王梦禾子,元丰进士,官至翰林学士,生平不详。

王梦易支:

王麠,字教源,王庠、王序前母兄,官梓州路提学。有《题三学山》诗一首存世。

王庠,赐"廉逊处士",谥号"贤节"。原配苏氏,苏轼侄女。有诗文五十卷,已佚。

王序,官至银青光禄大夫、徽猷阁直学士、文安郡开国侯,赠金紫光禄大夫。原配成都府新繁县(今成都市新都区新繁镇)勾氏,封荣德县开国伯硕人,累赠河南郡夫人,生三子。姜陈氏(永静),无嗣。

旁系:

王祖元,荣州凤鸣山嘉祐寺僧,寺设霜钟堂、此君轩。黄庭坚与之交谊甚厚,曾题此君轩同韵诗三首。其余生平不详。

王庄叔,生平不详。苏轼有《答王庄叔》书信二首。

第八代

王颢支：

王廷坚，官至右朝奉大夫，通判岷州河东制置司机宜。

王庠支：

无考。

王序支：

王卿孙（1103—1126），字虞仲。生于成都府新繁县，卒于延安府治宇。靖康二年（1127）三月十二日，葬于荣州北郊孙村王序塘祖坟之侧。以宣义郎终。原配朱氏，无子女。

王庆孙，通仕郎。

王兴孙，承务郎，忠州刺史。

支脉无考：

王公孙、王桐孙，受郊恩，承奉郎，生平不详。

王芹孙，迪功郎。

王槐孙，通仕郎。

第九代

王凤宝、王环宝、王楚宝、王贤宝、王儒宝、王道宝，早逝。出于王麃、王庠、王序等何支不详。

王曾崇，王兴孙长子，儒林郎，泸州军节度判官。

王曾邵、王曾京、王曾延、王曾胄，王兴孙之子，生平不详。

王曾肇，尝与乡贡，与曾嵩皆前卒。

王曾点，淳熙中进士。

王曾慧、王曾光、王曾□、王曾封、王曾肇、王曾猷。其中，王曾慧、王曾光、王曾□、王曾封，生平无考。

王觉，王庠孙，受王序郊恩。生平不详。

王子文。按照王序墓志铭记载，王序有孙王曾劭、王曾京、王曾延、王曾胄、王曾崇共五人。王子文则是其孙中某人，子文当为其字。王曾崇在王兴孙时代比较活跃，王子文为王曾崇的可能性最大。根据《宋史·度正传》等资料，度正，亦称廙正，字周卿，四川合州巴川县乐活镇（今重庆市铜梁区少云镇）人；绍熙元年（1190）进士，拜理学家程颐学生郭忠孝为师；朱熹门人。绍熙二年（1191），度正授资州司户参军；庆元二年（1196），任遂宁府司户参军；次年夏，任利州教授；后知华阳县，通判嘉定府，知怀安军，夔州府路提刑兼知重庆军府事，入朝为国子监丞、军器少监、太常少卿、礼部侍郎，以朝议大夫守礼部侍郎致仕。

度正有《奉送三荣王子文游益昌》四首，其一有"廉逊先生袖手间，徽猷学士屡开藩"，这是说王庠隐居乡里，而王序出仕封爵，行藏有道，各显清名。其二三首主要歌颂南宋偏安的"盛世太平"和义门王氏后继有人。其四"徽学诸孙亦俊游，舌端造化挽洪流。慨然投笔从裘马，要学班超万里侯。"徽学，即官至徽猷阁学士的王序，这首诗写王序诸孙（此指王子文）喜欢快意游赏，擅长外交辞令，投笔从戎，学班超万里封侯。这首诗把他与班超相比，赞扬了王子文的外交和军事才能。表明在南宋偏安时期，王子文继承了祖辈的文韬武略，投身于兴复中原的大业中。这是历史文献中关于义门王氏最晚的记载。

按照度正履历，他出仕之初主要在巴蜀任职，离荣州最近的任职地点是嘉定府（今四川省乐山市）。度正应是在利州教授任上，即1197年后接待了王子文游访。益昌，即利州，今广元市利州区。利州以北出剑门关就是当年陆游参与抗金的南郑前线，那是投笔从戎、建功立业的地方。我们可以猜测王子文或许是受命北上抗金途中顺道游访利州，度正用诗歌记录了这段往事。当然度正此前就应该知道王子文是义门王氏王序之孙，这样义门王氏的影响力至少持续到1200年前后。可见义门王氏兴盛长达200余年。

今据诸墓志及《宋史》《建炎以来系年要录》《宋会要辑稿》等传世史料的记载，梳理王氏家族世系一览表如下：

第一代	王知珏（和义县令，生王□德）
第二代	王□德（生王蕴舒）
第三代	王蕴舒（生王长锐、王长钧）
第四代	王长锐（生王伯珪、王伯琔）；王长钧（生王伯瑾、王伯珝、王伯琪）

第五代	王伯琪（妻张氏，生王梦禾、王梦得、王梦易）
第六代	王梦禾（生王颙）、王梦得（无嗣）、王梦易（皇祐元年进士，妻陈氏、生女三：女三人，长适□□朱立，次适中大夫鲜于之武，季适承议郎吕元淳。生男王庄叔、王廱；妻向氏，生王庠、王序）
第七代	王祖元、王颙（元丰进士，官至翰林学士，生庭坚）、王庄叔、王廱、王庠（妻苏氏）、王序（妻勾氏，女五：长适左朝散郎、成都府路钤辖司干办公事杨舟；次适右从事郎、广安军新明县张昱；次适将仕郎钧蒙。二季在室。生男王卿孙、王庆孙、王兴孙。妾陈永静，无嗣）
第八代	王凤宝、王环宝、王楚宝、王贤宝、王儒宝、王道宝早逝；王芹孙，迪功郎；王公孙、王桐孙、王卿孙，承奉郎；王槐孙、王庆孙，通仕郎；王兴孙（承务郎，忠州刺史，生王曾劢、王曾京、王曾延、王曾胄、王曾崇等）。王庭坚，官至右朝奉大夫，通判岷州河东制置司机宜
第九代	王曾劢、王曾京、王曾延、王曾胄、王曾崇，王曾慧、王曾光、王曾觉、王曾封、王曾肇、王曾点。 王曾崇，王兴孙长子，儒林郎，泸州军节度判官。王曾肇，尝与乡贡，与王曾嵩皆前卒。王曾点，淳熙中进士。王觉，王庠孙，受王序郊恩。生平不详。 王觉，王庠孙。 王子文，王序孙，生平不详。度正有诗

第二章

苏轼与义门王氏的交游

第一节

交游概述

义门王氏自先祖王知珏定居荣州以来，至第三代王蕴舒开始显名，后历经数代发展，至王梦易父子时达到巅峰。其后数代仍有余绪。经过宋、元、明、清更替动荡，尤其是数次移民填川，荣县世居居民十存一二，已无义门王氏后人相关的明确记载，只有尚存的部分历史文献和遗迹，他们的交游情况只能通过这些进行探索、考察、整理。

义门王氏的交游，时间主要在集中在北宋后期到南宋初年，大约一百年，最为辉煌的时段在 1100 年前后约五十年；地域以荣州为核心，辐射到川南以及苏轼、黄庭坚贬谪之所惠州、儋州、戎州等地；人物以苏轼、黄庭坚为核心，涉及蜀中眉山等地人物和来到荣州的官员、名士。

苏轼与义门王氏的交游，避不开黄庭坚与苏轼的关系。

苏轼（1037—1101），四川眉山人，宋嘉祐二年（1057）进士；黄庭坚（1045—1105），江西修水人，宋治平四年（1067）进士。黄庭坚进士及第时苏轼的仕途还在起步阶段，"判登闻鼓院，直史馆"，且正守父丧。苏轼父子三人通过欧阳修的赏识和苏轼的应试作文《刑赏忠厚之至论》，早已名满京城。后来者黄庭坚不仅成为"苏门四学士"之一，而且他的诗以杜甫为宗，讲究遣词造句，强调"无一字无来处"，多写个人日常生活，风格奇崛，开创江西诗派。黄庭坚与苏轼并称"苏黄"，成为宋朝诗坛的双子星座。

那么，这对师友的关系是怎么建立起来的呢？原来，黄庭坚舅父李常、岳父孙觉均为苏轼至交。宋神宗熙宁五年（1072）十一月，杭州通判任上的苏轼，受转运司之命出差湖州，行前寄诗孙觉曰："江夏无双应未去，恨无文字相娱嬉。"（《再用前韵寄孙莘老》）句下自注："黄庭坚，莘老婿，能文。""江夏无双"典出《后汉书》：黄香博学经典，能文章，京师号曰"天下无双，江夏黄童"。这里即以黄香拟黄庭坚。苏轼的诗句表明，他不仅已知黄庭坚之名，且希望这次能够相见并相互唱酬。但苏轼来到孙觉府上并未如愿，反倒是孙觉拿出快婿黄庭坚诗书请苏轼赏评。苏轼阅后大为欣赏，"耸然异之，以为非今世之人也"，觉得黄庭坚的作品超逸绝尘，连声赞道："此人如精金美玉，不即人而人即之，将逃名而不可得，何以我称扬为！"（《苏轼集》卷七十三《答黄鲁直》）孙觉时任湖州知州，苏轼是名满天下的文豪，而黄庭坚却只是初啼黄莺，所以孙觉请苏轼为黄庭坚扬名。苏轼阅后大笑说，写出这样的文章想不出名都难，哪里还用得着我去给他扬名。苏轼对黄庭坚的高度揄扬很快让他名声大振。

熙宁十年（1077）正月，苏轼赴河中府任，途经济南与妻舅李常相会。对黄庭坚有了进一步的了解，"则见足下诗文愈多，而得其为人益详，意其超逸绝尘，独立万物之表，驭风骑气，以与造物者游"（《答黄鲁直》）。

元丰元年（1078），34岁的黄庭坚写了《古诗二首上苏子瞻》投寄给苏轼。

江梅有佳实，托根桃李场。桃李终不言，朝露借恩光。孤芳忌皎洁，冰雪空自香。古来和鼎实，此物升庙廊。岁月坐成晚，烟雨青已黄。得升桃李盘，以远初见尝。终然不可口，掷置官道傍。但使本根在，弃捐果何伤。

青松出涧壑，十里闻风声。上有百尺丝，下有千岁苓。自性得久要，为人制颓龄。小草有远志，相依在平生。医和不并世，深根且固蒂。人言可医国，可用太早计。小大材则殊，气味固相似。

前诗通过咏梅，赞美苏东坡独立不移的品格，并惋惜其遭遇。后诗以涧松喻苏轼，谓其虽大才而不得其用，却声名远播。又以菟丝自喻，希望自己能与青松长久相依。在这里表明黄庭坚虽为"小草"，却有远大的志向，与苏轼一样都具有"医国"的远大抱负。黄庭坚的诗歌真诚地表达了投赞问学的意愿。苏轼收到两首诗以后，非常高兴，也谦逊地回复了《次韵黄鲁直见赠古风二首》。

嘉谷卧风雨，稂莠登我场。陈前漫方丈，玉食惨无光。大哉天宇间，美恶更臭香。君看五六月，飞蚊殷回廊。兹时不少暇，俯仰霜叶黄。期君蟠桃枝，千岁终一尝。顾我如苦李，全生依路傍。纷纷不足愠，悄悄徒自伤。

空山学仙子，妄意笙箫声。千金得奇药，开视皆稀苓。不知市人中，自有安期生。今君已度世，坐阅霜中蒂。摩挲古铜人，岁月不可计。阆风安在哉，要君相指似。

前诗起笔讥讽当今小人胜君子的反常现象，但相信这种现象是不会长久的。接着以君子、蟠桃为喻，暗示黄庭坚必将大器晚成。不像自己如苦李一般，一生都在路旁而无所用处。尽管如此，自己也不会去记恨那些粉墨登场的群小，而是黯然自伤。

后诗用隐喻手法表达自己隐世脱俗之意，自谦地告诉黄庭坚，自己可能不如你想象得那么高大。你怀才不遇，不为人所知，但我们志同道合，愿结为终身朋友，共同追求遗世越俗之神仙境界。

作为和诗，苏轼仍用比喻手法，与赠诗唱和得体。这四首诗读起来有着对话般的亲切感，夸奖对方，谦虚自己，引经据典，表达含蓄。字里行间包含着两大文人的真心钦佩，惺惺相惜之情让人感同身受。

元丰二年（1079），苏轼因"乌台诗案"下狱，黄庭坚主动站队苏轼，还因此受到"罚金"（罚铜二十斤）的处分。

1085 年春，宋哲宗赵煦即位，苏、黄均被召到京师，这对相知相慕、朝思暮想、心神两契的诗星挚友，终于盼到了展晤之期。黄庭坚和苏轼在京师首次见面，步入终生最为快意的一段翰墨友谊生活。苏、黄在京供职相处三年有余，政暇雅集，讲道论艺，酬唱赠答，切磋诗文，鉴书赏画，大畅平生师友之情。后来苏轼被贬，黄庭坚也因《神宗实录》被弹劾贬谪，但这对师友仍然惺惺相惜。即使苏轼远谪惠州、儋州，乃至逝世后，黄庭坚始终不离不弃，保持弟子礼仪。

其中苏轼的一首《与黄鲁直》将王庠引荐给黄庭坚，牵起了苏、黄与荣州义门王氏之间的深情厚谊。民国版《荣县志》载："荣州与苏黄有连，皆因王氏之秀也。"苏轼非常欣赏王庠的才华和德行，即使在王梦易去世以后，还把侄女嫁给了王庠，这样苏轼家族就和荣州王氏有了姻亲关系。

我们通过有限的资料，尽量探寻他们与荣州尤其是义门王氏的那段尘封的往事。

苏轼一生坎坷，三次被贬。第一次（1080—1084）：元丰二年（1079），苏轼 43 岁，因"乌台诗案"，不仅锒铛入狱，出狱还被贬为黄州（今湖北省黄冈市）团练副使。第二次（1089—1091）：元祐四年（1089），苏轼 54岁，因不满司马光尽废新法，连章请郡，三月以龙图阁学士充两浙西路兵马铃辖知杭州军事。元祐六年（1091）三月，56 岁的苏轼短暂回京，任翰林学士，知制诰，兼侍读。八月即因罢废免役法事件与旧党发生分歧而被贬，出知颍州军州事。第三次（1094—1100）：因与章惇政见不合，绍圣元年（1094），苏轼 59 岁，四月以讽斥先朝罪名贬知英州。未至贬所，八月再贬远宁军节度副使、惠州安置，不得签署公事。绍圣四年（1097）时，苏轼已 62 岁，再次被贬到了儋州（琼州别驾、昌化军安置）。元符三年庚辰（1100）65 岁时，才改舒州团练副使，永州安置。赴任行至英州，得旨改任奉朝奉郎提举成都玉局观。徽宗建中靖国元年辛巳（1101）七月，苏轼 66 岁，归途中暴病，卒于常州。

苏轼尽管人生坎坷，却始终乐观旷达，泰然处之。他不颓废、不怨天尤人。在贬谪期间，不仅在诗词方面佳作不断，个人思想境界也得到升华。66 岁的苏轼从被贬之地海南岛儋州回中原的途中，经过润州（今江苏省镇江市润州区）的金山寺看到自己的画像，回顾自己的一生感慨万千，写下这首《自题金山画像》："心似已灰之木，身如不系之舟。问汝平生功业，黄州惠州儋州。"遗憾的是，写完这首诗两个月后苏轼就逝世了，所以这首诗可以说是他对自己一生自嘲式的评价和总结。

苏轼在惠州敦厚待民、重教兴文，沉淀出了惠州千百年崇文厚德、包容四海的文化风气。清代诗人江逢辰赞曰："一从坡公谪南海，天下不敢小惠州！"在儋州广开教化，不仅收下渡海投学的潮州吴子野、江阴葛延之，培养出琼州第一进士姜唐佐，还有苏轼教授过的无数弟子，他们读书明理，建设家乡，将知识的光辉广撒这个贫瘠之地。《琼台纪事录》中说："宋苏文忠公之谪儋耳，讲学明道，教化日兴。琼州人文之盛，实自公启之。"

苏轼与义门王氏的往来主要见诸书信，其中，《与王庠书》共六篇、《与王序书》一篇、《答王庄叔》两篇。《答黄鲁直》两篇、《答黄鲁直书》《与李端伯宝文三首（之三）》也与义门王氏有关联。

按 1086 年王梦易去世时王庠 16 岁、王序 14 岁计算，到 1091 年，王庠才 21 岁。苏轼前两次被贬时，王庠、王序兄弟尚幼或尚在穷经尽史求学问。而第三次被贬，王庠已经 24 岁，已娶苏轼侄女为妻，苏轼在信中多次称"侄婿""姻戚"。故苏轼与义门王氏的书信往来，多集中在苏轼第三次贬谪阶段，即贬惠州、儋州时。但《答王庄叔（其一）》则有所不同，它可能是我们见到的苏轼与义门王氏最早的书信。根据内容判断，这封书信大致作于1086年王梦易去世后，王庄叔去信告知苏轼，正在京师任翰林学士的苏轼感慨万千，乃有此回信。

书信传情，自古就有许多美好的传说。许多文人都有书信往来，以通问候、信息，报告情况或表达思念，尤其是家书。苏轼谪居惠州、儋州期间写给王庠等义门王氏晚辈的书信，主要内容有对晚辈派人专程看望的感激、对自己贬谪生活的报告、对王庄叔等人学业的肯定和指导，对后学成长的期盼，蕴含着长辈的温情关爱和为人处世的道理。

值得一提的是，苏轼中晚年患有严重的痔疾，有时甚至无法出门，在与黄庭坚、苏辙、程正辅、邓道安、南华辩老、王庠等书中十余次提到，痔疮发作，痛苦数日，甚至几百天。一旦病发，生活、工作大受影响。他的书信中不乏"数日来苦痔病""近日又苦痔疾，呻吟几百日""近苦痔疾，极无聊，看书笔砚之类，殆皆废也""杜门不见客，不看书，凡事皆废""某近苦痔，殊无聊，杜门谢客，几然坐忘尔""亦苦痔无情思耳"等语。苏轼久病成医，对痔疮进行过药物、病理和饮食治疗等多种尝试，如程正辅、王庠就给他带去过川芎等药物。他从《神仙传》中数十人因恶疾而得道成仙的志怪故事中受到启发。认为"痔有虫馆于吾后，滋味薰血，既以自养，亦以养虫，自今日以往，旦夕食淡面四两，犹复念食，则以胡麻、茯苓籹足之。饮食之外，不一物。主人枯槁，则客自弃去"。听从道士"去滋味，绝薰血，以清净胜之"的清静疗法，每天只以淡面、胡麻（芝麻）、茯苓为食。他还专门写了《医药杂志》，用《医者以意用药》《服茯苓法》《服地黄法》等短文介绍医理医药及食药疗法。苏轼使用的这些医药偏方虽时隔千年，仍然有参考价值。

苏轼在与义门王氏的书信中，在学习、修养方面的谆谆教诲至今让莘莘学子受益。在读书方面，他认为求取功名不能走捷径，"实无捷径必得之术"。"书富如入海，百货皆有之，人之精力，不能兼收尽取，但得其所欲求者耳。故愿学者每次作一意求之。"[《与王庠书（其六）》]人的精力有限，而书的数量是无限的，只要把想得到的东西学到就够了。他还认为，读书要各个击破，每读一次解决一个问题，日积月累，则全面掌握，即使八面受敌，也应对自如。"学者每次作一意求之。""而他日学成，八面受敌，与涉猎者不可同日而语也。"［《与王庠书（其六）》］苏轼自己用这种办法读《汉书》，用"八面受敌"读书法指导青年后学，让黄庭坚等苏门学士大受裨益，影响深远。连当代伟人毛泽东都极力赞扬，他在《关于农村调查》中说："苏东坡用'八面受敌'法研究历史，用'八面受敌'法研究宋朝，也是对的。今天我们研究中国社会，也要用个'四面受敌'法，把它分成政治的、经济的、文化的、军事的四个部分来研究，得出中国革命的结论。"①在写作方面，苏轼对孔子的"辞达而已矣"进行了多次具体的解释，认为写文章就是要把自己的内心、自己的观点准确地表达出来，"辞至于达，止矣，不可以有加矣。"他还要求王庠等学者写文章要言之有物，不要空谈历史，妄议人物，切忌"多空文而少实用"；写文章要有个性、有创新，反对"程试文字，千人一律"。［《与王庠书（其一）》］

除苏轼外，苏氏家族的其他成员包括王庠的岳父未见与义门王氏有书信往来。因后世文化遗存少且没有留下与义门王氏有关的信息可以理解，但是，查遍相关文献，与苏轼跟王庠关系完全相同的另一苏门大学士苏辙却没有留下与王庠和义门王氏有关的文化信息的只言片语，这就非常令人费解。王庠自陈苏辙为知己，也只留下一篇《上颍滨论治体士风书》一文与苏辙有关。一个热忱关怀，一个冷若冰霜，这个谜团可能会随着新的文献发现而迎刃而解，也可能成为千古不解之谜。

---

① 中共中央文献研究室. 毛泽东文集（第二卷）[M]. 北京：人民出版社，1993: 381.

第二节

苏轼与义门王氏的书信

1. 与王庠书（其一）

轼启。远蒙差人致书问安否，辅以药物，眷意甚厚。自二月二十五日至七月十三日，凡一百三十余日乃至，水陆盖万余里矣。罪戾远黜，既为亲友忧，又使此两人者，跋涉万里，比其还家，几尽此岁，此君爱我之过而重其罪也。但喜比来侍奉多暇，起居佳胜。轼罪大责薄，居此固宜，无足言者。瘴疠之邦，僵仆者相属于前，然亦皆有以取之。非寒暖失宜，则饥饱过度，苟不犯此者，亦未遽病也。若大期至，固不可逃，又非南北之故矣。以此居之泰然。不烦深念。前后所示著述文字，皆有古作者风力，大略能道意所欲言者。孔子曰："辞达而已矣。"辞至于达，止矣，不可以有加矣。《经说》一篇，诚哉是言也。西汉以来，以文设科而文始衰，自贾谊、司马迁，其文已不逮先秦古书，况其下者。文章犹尔，况所谓道德者乎？若所论周勃则恐不然。平、勃未尝一日忘汉，陆贾为之谋至矣。彼视禄、产犹几上肉，但将相和调，则大计自定。若如君言，先事经营，则吕后觉悟，诛两人，而汉亡矣。轼少时好议论古人，既老，涉世更变，往往悔其言之过，故乐以此告君也。儒者之病，多空文而少实用。贾谊、陆贽之学，殆不传于世。老病且死，独欲以此教子弟，岂意姻亲中，乃有王郎乎？三复来贶，喜抃不已。应举者志于得而已。今程试文字，千人一律，考官亦厌之，未必得也。如君自信不回，必不为时所弃也。又况得失有命，决不可移乎？勉守所学，以卒远业。相见无期，万万自重而已。人还，谨奉手启，少谢万一。

（《苏轼全集校注·文集七》①卷四九）

---

① 张光烈，马德富，周裕锴. 苏轼全集校注（文集七）[M]. 石家庄：河北人民出版社，2010：5306.

【简析】

这封信是绍圣元年（1094）苏轼贬谪惠州后，王庠大概于绍圣三年（1096）派两人前往探视，等到两人返回时苏轼给王庠的回信。"自二月二十五日至七月十三日，凡一百三十余日乃至，水陆盖万余里矣"指王庠的信使来路的行程。

本文按礼仪先对王庠远道派人致书问安并带来药物表达真挚感谢，接着曲意表达了对自己被贬谪岭南的坦然态度，即使"大期至"也无所谓。文中重点是通过对王庠的指导阐述自己的文史观点。

作者对王庠来文的评价是"前后所示著述文字，皆有古作者风力，大略能道意所欲言者"，肯定王庠的文章有古风，能把想表达的意思表达出来。但"大略"则明确表明王庠语言功力的不足。接着引孔子的话来表达自己的观点，孔子曰："辞达而已矣。"（《论语·卫灵公》）并加以解释，"辞至于达，止矣，不可以有加矣"。认为王庠随寄的《经说》一篇符合这个观点。《宋史·王庠传》引述了一段王庠《经说》篇的内容，但此文今已失传。

"辞达"是作文的基础。孔子说"言之不文，行而还远"，说话只能使身边之人听到，只有形成文，才能广为流传。而要成文，就要用"辞"联系起来，辞的作用就是达意，所以他说"辞达而已矣"。苏轼进一步发展了孔子的语言观，他在文章中多次提到"辞达"。除本文外，还在《答虔倅俞括奉议书》中说"孔子曰'辞达而已矣'。物固有是理，患不知，知之患不能达之于口与手。所谓文者，能达是而已"；在《答谢民师书》中说"求物之妙，如系风捕景，能使事物了然于心者，盖千万人而不一遇也。而况能使人了然于口与手乎？是之谓辞达，辞至于能达，则文不可胜用矣。"

本文还提出了"儒者之病，多空文而少实用"这一言之有物的观点。并用自己少时坐论古人的教训告诫王庠，不要写华而不实、坐而论道、千篇一律的文章。"如君自信不回，必不为时所弃也。"希望王庠坚守这些观念，坚持下去，定能为世所用，表达了对侄婿的殷殷之情。

2. 与王庠书（其二）

轼启。二卒远来，承手书累幅，问劳教诲，忧爱备尽。仍审侍奉多暇，起居万福，感愧深矣。轼罪责至重，上不忍诛，止窜岭海，感恩念咎之外，不知其他。来书开说过当，非亲朋相爱保全之道，悚息！悚息！

　　寄示高文新诗，词气比旧益见奇伟，粲然如珠贝溢目。非独乡闾，世不乏人为喜，又幸珍材异产，近出姻戚，数日读不释手。每执以告人曰："此吾家王郎之文也。"老朽废学久矣，近日尤不近笔砚，见少时所作文，如隔世事、他人文也。足下犹欲使议论其间，是顾千里于伏枥也。轼少时本欲逃窜山林，父兄不许，迫以婚宦，故汩没至今。南迁以来，便自处置生事，萧然无一物，大略似行脚僧也。近日又苦痔疾，呻吟几百日，缘此断荤血盐酪，日食淡面一斤而已。非独以愈疾，实务自枯槁，以求寂灭之乐耳。初欲独赴贬所，儿女辈涕泣求行，故与幼子过一人来，余分寓许下、浙中，散就衣食。既不在目前，便与之相忘，如本无有也。

　　足下过相爱，乃遣万里相问，无状自取，既为亲友忧及，又使此两人者蒙犯瘴雾，崎岖往来，吾罪大矣。寄遗药物并方，皆此中无有，芎尤奇味，得日食以御瘴也。轼为旧患痔，今颇发作，外无他故，不烦深念。会晤无期，惟万万以时保练。

　　　　　　　　　　　　　　（《苏轼全集校注·文集九》①卷六〇）

【简析】

　　本文回顾苏轼"赴贬所"的过程，应作于其贬儋州初期，即1098年前后。"与幼子过一人来"，与《苏轼年谱》记述一致。本文主要表达了对王庠从千里之外派两个家仆送来书信及治疗痔疮、抵御瘴疠之气的川芎等药物和处方的谢意。王庠派人一方面表示问候，另一方面带来"高文新诗"请大文豪指点。苏轼对其新作不仅加以肯定，而且拿着王庠的诗文向周围的人炫耀。对自己被贬海南也是曲意称谢："轼罪责至重，上不忍诛，止窜岭海，感恩念咎之外，不知其他。"

3. 与王庠书（其三）

　　轼启。前后所寄高文，无不达。日每见增叹，但恨老拙无以少答来贶。又流落海隅，不能少助声名于当时。然格力自天，要自有公论，虽欲不显扬，

---

① 张光烈，马德富，周裕锴. 苏轼全集校注（文集九）[M]. 石家庄：河北人民出版社，2010：6585-6586.

不可得也。程夫子尚困场屋，王贤良屈为州县，皆造物有不可晓者。

海隅风土不甚恶，亦有佳山水，而无佳寺院，无士人，无医药。杜门食淡，不饮酒，亦粗有味也。目昏，倦作书，又此信发书极多，不能详尽。察之！察之！

（《苏轼全集校注·文集九》^①卷六〇）

【简析】

从文中"流落海隅"看，本文作于海南。"前后所寄高文，无不达"，王庠几乎每次托人带信看望苏轼，都要带上自己的作品请教。其诚恳之情让苏轼大为感叹自己"流落海隅"，不能助佳婿一臂之力。"程夫子尚困场屋，王贤良屈为州县。"作者用两位怀才不遇的才俊为例，宽慰王庠。程夫子不知指何人，苏轼尺牍里有《与王贤良》一首："扬州还朝，近辱临访，连日纷冗，不及款奉。窃惟起居佳胜。宠示新作，感服至意。"按照《苏轼年谱》，元祐七年壬申（1092）在颍州。春，疏浚颍州西湖。被命移知扬州军州事。八月以兵部尚书召还，"扬州还朝"即指此事。最后介绍儋州贬所的恶劣环境和近况。"无佳寺院，无士人，无医药。杜门食淡，不饮酒，亦粗有味也。"从时间上看，这封信应在《与王庠书（其二）》之前，才有后来王庠送医送药的事。

4. 与王庠书（其四）

承示欲往黔南见黄鲁直。此古人所难，若果尔，真一段奇事也。然足下久违亲庭，远适更请熟虑。今谩写一书，若果行，即携去也。

（《苏轼全集校注·文集九》^②卷六〇）

【简析】

黄庭坚1095—1098年因指摘修《神宗实录》不实，被贬谪至黔州（今重庆市彭水县）。这封短书是苏轼对王庠欲前往黔州拜见黄庭坚的祝愿与叮嘱。

---

① 张光烈，马德富，周裕锴. 苏轼全集校注（文集九）[M]. 石家庄：河北人民出版社，2010：6587.
② 张光烈，马德富，周裕锴. 苏轼全集校注（文集九）[M]. 石家庄：河北人民出版社，2010：6588.

他劝告王庠，有母在，不远行。也许是听从了苏轼的劝告，王庠与黄庭坚相约黔州并未成行。同时，苏轼写了一封关于王庠的推荐信给黄庭坚。这封信为苏轼《与黄鲁直书》。

5. 与王庠书（其五）

念七娘远书，且喜侍奉外无恙。自十九郎迁逝，家门无空岁。三叔翁、大嫂继往，近日又闻柳家小姑凶讣，流落海隅，日有哀恸，此怀可知。兄与六郎却且安健，幸勿忧也。

因侍立阿家，略与道恳，不敢拜状也。

（《苏轼全集校注·文集九》①卷六〇）

【简析】

这是苏轼《与王庠书》中极少只谈家事的一首。转述"七娘"来信说"十九郎""三叔翁""大嫂"和"柳家小姑"相继去世的消息，并表达了"流落海隅"的他"日有哀恸"的情形。苏轼的亲姐姐是苏门女行中的"八娘"，七娘则应为比苏八娘年长的族姐。苏轼能直接转述七娘书信内容，说明七娘与王庠的关系非常亲近。苏轼大姐、二姐早天，三姐为苏八娘，七娘或为堂姐，即苏轼大伯苏澹或二伯苏涣之女，当为王庠夫人的姑姑。《与子由书》等也提到过"五娘、七娘近皆得书，与孙皆安"。说明苏轼晚年的时候，"五娘、七娘"等年纪虽然比他大，但身体还健康。

6. 与王庠书（其六）

别纸累幅过当。老病废忘，岂堪英俊如此责望耶？少年应科目时，记录名数、沿革及题目等，大略与近岁应举者同尔。亦有少节目文字，才尘忝后，便被举主取去，今日皆无有，然亦无用也。实无捷径必得之术。但如君高材强力，积学数年，自有可得之道，而其实皆命也。但卑意欲少年为学者，每

---

① 张光烈，马德富，周裕锴. 苏轼全集校注（文集九）[M]. 石家庄：河北人民出版社，2010：6589.

一书皆作数过尽之。书富如入海，百货皆有之，人之精力，不能兼收尽取，但得其所欲求者耳。故愿学者每次作一意求之。如欲求古人兴亡治乱圣贤作用，但作此意求之，勿生余念。又别作一次求事迹故实典章文物之类，亦如之。他皆仿此。此虽迂钝，而他日学成，八面受敌，与涉猎者不可同日而语也。甚非速化之术，可笑！可笑！

（《苏轼全集校注·文集九》^①卷六〇）

【简析】

本文主要内容为回答王庠请教读书应考之法。王庠来信请教参加科举考试时作文的速成"捷径"。苏轼不仅明白告诉他"实无捷径必得之术"，而且给他讲了一些专心读书、渐进积累的方法。其中心意思是说掌握的东西多了，不论应付什么样的文章题目，都能得心应手，面面都可以"受敌"。苏东坡在这里重点是讲读书方法，但用意却是总结和介绍写作经验，这是他在创作上取得辉煌成就的诀窍之一。

"每一书皆作数过尽之""每次作一意求之"，教导王庠一本书要读多遍，每次要集中理解和消化一个问题。在这一基础之上统领全篇，进行综合，做到融会贯通、"事事精核"。这样，既专且博，就能"八面受敌"（经得住各方面的挑战和考验），应对自如。

苏东坡的"八面受敌"法受到黄庭坚的推崇。他认为，写文章要想纵横驰骋，就要尽可能地增加自己的阅读量。黄庭坚将此法阐释为"长袖善舞、多钱善贾"。黄庭坚在《与王观复书》中如是说："所送新诗，皆兴寄高远。但语生硬，不谐律吕，或词气不逮初造意时。此病亦只是读书未精博耳。'长袖善舞，多钱善贾'，不虚语也！"

"八面受敌"读书法也得到一代伟人毛泽东的高度认可，他说："苏东坡用'八面受敌'法研究历史，用'八面受敌'法研究宋朝，也是对的。"

围绕如何读书，苏轼提出了"八面受敌""由博取约，厚积薄发""抄书法"，理论联系实际，完成了对后世产生深远影响的"海南三书"《东坡易传》《东坡书传》及《论语说》。

---

① 张光烈，马德富，周裕锴. 苏轼全集校注（文集九）[M]. 石家庄：河北人民出版社，2010：6590-6591.

7. 与王序书（又作《答王商彦书》）

某启。忝姻戚之末，未尝修问左右，又方得罪屏居，敢望存记及之。专人远来，辱笺教累幅，称述过重，慰劳加等，幸甚。即日履兹秋暑，尊体何似。

某仕不知止，临老窜逐，罪垢增积，玷污亲友。足下昆仲，曲敦风义，万里遣人问安否，此意何可忘。书词雅健，陈义甚高，但非不肖所当也。蜀、粤相望天末，何时会合，临书惘惘，未审授任何地？来岁科诏，伫闻峻擢，以慰愿望，未间，更乞若时自重。人还奉启，少谢万一，不宣。

（《苏轼全集校注·文集九》^①卷六〇）

【简析】

相去万里，不知何时相见，加上自己命运浮沉，不知道来年授任何地。按照回信揣测，大概王序在来年科考之前去信姻戚长辈苏轼，希望得到指点教益。"蜀、越相望天末"，则本文作于苏轼在惠州期间，即1094—1096年。此时的苏轼"未审授任何地"，对自己的前途"临书惘惘"，除了自卑"仕不知止，临老窜逐，罪垢增积，玷污亲友"和感谢王庠、王序兄弟"足下昆仲，曲敦风义，万里遣人问安否，此意何可忘"外，对王序的请求爱莫能助，只能以"来岁科诏，伫闻峻擢，以慰愿望"，祝愿王序科考顺利，自己能够早日得到王序兄弟金榜题名的喜讯。

8. 答王庄叔（其一）

远辱教书，具道三十年前都下与先人往还，伏读感涕。仁人念旧，手简见及，足矣，书辞累幅，礼意庄重，此何过也。伏审斩焉在疚，哀慕之余，起居如宜。某罪废远屏，有玷知识，重蒙奖饰，衰朽增光。会合未期，尚冀节哀自重。

（《苏文忠公全集》卷五九、《全宋文》^②卷一九一九）

---

① 张光烈，马德富，周裕锴. 苏轼全集校注（文集九）[M]. 石家庄：河北人民出版社，2010：6592.
② 曾枣庄，刘琳. 全宋文（第〇八八册）[M]. 上海：上海辞书出版社，合肥：安徽教育出版社：2006：391.

【简析】

本文首先简述王庄叔信中回顾的三十年前与先父在京都往来的情景，看到王庄叔附寄的其父过去的亲笔信件，感激涕零。接着虚写王庄叔伺候重病父亲及对友人去世后的哀伤思慕。第三层，自述因"乌台诗案"被贬黄州和重新启用的经历。最后以"尚冀节哀自重"作结，希望对方节哀。

《赵熙集·题王虞仲碑十首》按："庄叔、教源为王庠异母兄，早卒。教源名廱，见《地仙洞断碑》。"（编者按：将庄叔归为王庠异母兄的表述存疑）文中说："某罪废远屏，有玷知识，重蒙奖饰，衰朽增光。"符合王梦易去世的1086年到1089年间，苏轼废用沉浮的情形。苏轼于嘉祐二年（1057）进士及第，与早年进士王梦易在京应有往来，故信中提及"三十年前"。元丰二年（1079），苏轼因"乌台诗案"，贬黄州团练副使；元丰八年（1085）返京，任礼部郎中、起居舍人；元祐元年（1086）九月十二日，升任翰林学士、知制诰；元祐四年（1089），苏轼出知杭州。王梦易于元祐元年八月十五去世，这封信应为苏轼在京任职期间，极可能就是元祐元年给王庄叔告丧的书信的回函。由此判断，这是苏轼与义门王氏交游中最早的一篇书信。

有学者认为，此信谓王庄叔"斩焉在疚"，当非王梦易之丧，那么王庄叔就非王庠同父兄而为族兄。"与先人往还"，则王庄叔之父亦与苏轼有交往。此说大概忽略了"重蒙奖饰，衰朽增光"的内容。

9. 答王庄叔（其二）

某多病杜门，人事都绝，懒习已成，笔砚殆废。承长笺宠贶，裁谢苟简，愧负深矣。黄茅海瘴正坐于秋，蒸暑麾汗，不能尽意，恕之。

（《苏文忠公全集》卷五九、《全宋文》①卷一九一九）

【简析】

本文书短情长，介绍自己在"黄茅海瘴"的儋州贬所的生活状态。没有

---

① 曹枣庄，刘琳. 全宋文（第〇八八册）[M]. 上海：上海辞书出版社，合肥：安徽教育出版社：2006：391.

多余的客套话，这是交游双方特别相知才会有的情形。

宠贶：帝王的恩赐。用作称人赠予的敬辞。

裁谢：作书致谢。

苟简：苟且简略；草率简陋。

黄茅海瘴：黄茅瘴，亦作黄芒瘴。意思是我国岭南在秋季草木黄落时的瘴气。这里指苏轼贬所琼海瘴气。凭此，可断此书作于贬谪儋州时。

麾汗：洒汗。

10. 答黄鲁直（其一）

某启。方惠州遣人致所惠书，承中涂相见，尊候甚安。即日想已达黔中，不审起居何如，土风何似？或云大率似长沙，审尔，亦不甚恶也。惠州久已安之矣，度黔亦无不可处之道也。闻行囊无一钱，涂中颇有知义者，能相济否？某虽未至此，然亦近之矣。水到渠成，不须预虑。数日来苦痔疾，百药不效，遂断肉菜五味，日食淡面两碗，胡麻、茯苓麨数杯，其戒又严于鲁直。虽未能作自誓文，且日戒一日，庶几能终之。非特愈痔，所得多矣。子由得书，甚能有味于枯槁也。文潜在宣极安，少游谪居甚自得，淳父亦然，皆可喜。独元老奄忽，为之流涕。病剧久矣，想非由远谪也。隔绝，书问难继，惟倍祝保爱。不宣。

（《苏轼全集校注·文集八》①卷五二）

【简析】

这封信中"即日想已达黔中，不审起居何如，土风何似""惠州久已安之矣"等语表明，苏轼在惠州接到黄庭坚被贬黔州的消息，估计黄庭坚到达贬所后给他的一封信，时间应在1095年。

11. 答黄鲁直（其二）

某有侄婿王郎，名庠，荣州人。文行皆超然，笔力有余，出语不凡，可

———
① 张光烈，马德富，周裕锴. 苏轼全集校注（文集八）[M]. 石家庄：河北人民出版社，2010：5744.

收为吾党也。自蜀遣人来惠，云鲁直在黔，决当往见，求书为先容。嘉其有奇志，故为作书。然旧闻其太夫人多病，未易远去，谩为一言。眉人有程遵诲者，亦奇士，文益老，王郎盖师之。此两人有致穷之具，而与不肖为亲，又欲往求黄鲁直，其穷殆未易量也。

（《苏轼全集校注·文集八》[①]卷五二）

【简析】

这封信是苏轼向黄庭坚介绍王庠的推介信。文字少，但内容丰富，不仅介绍了王庠的文品、人品出众，"超然""有余""不凡"三词亮明了苏轼对王庠的评价，还介绍了王庠的生活、学习背景，最重要的是认为王庠"可收为吾党"，表达了苏轼对王庠的高度认同，因而引出后续王、黄之间密切的诗文往来。

12. 答黄鲁直书

轼顿首再拜鲁直教授长官足下：轼始见足下诗文于孙莘老之坐上，耸然异之，以为非今世之人也。莘老言："此人，人知之者尚少，子可为称扬其名。"轼笑曰："此人如精金美玉，不即人而人即之，将逃名而不可得，何以我称扬为！"

然观其文，以求其为人，必轻外物而自重者，今之君子莫能用也。其后过李公择于济南，则见足下之诗文愈多，而得其为人益详。意其超逸绝尘，独立万物之表，驭风骑气，以与造物者游。非独今世之君子所不能用，虽如轼之放浪自弃，与世阔疏者，亦莫得而友也。今者辱书词累幅，执礼恭甚，如见所畏者，何哉？轼方以此求交于足下，而惧其不可得，岂意得此于足下乎！喜愧之怀，殆不可胜！然自入夏以来，家人辈更卧病，忽忽至今，裁答甚缓，想未深讶也。《古风》二首，托物引类，真得古诗人之风，而轼非其人也。聊复次韵，以为一笑。秋暑，不审起居何如？未由会见，万万以时自重。

（《苏轼集》卷七十三）

---

① 张光烈，马德富，周裕锴. 苏轼全集校注（文集八）[M]. 石家庄：河北人民出版社，2010：5746-5747.

【简析】

这封信是作者收到黄庭坚的投赘书信和《古风》二首（即《古诗二首上苏子瞻》）后定交的一封回信。时间是 1074 年秋。苏轼"聊复次韵"即《次韵黄鲁直见赠古风二首》。作者陈述了神交黄庭坚的过程，并通过其文窥见其人，认为黄庭坚"超逸绝尘，独立万物之表，驭风骑气，以与造物者游"。不仅"今世之君子所不能用"，而且像自己那样"放浪自弃，与世阔疏者，亦莫得而友也。"充满"喜愧之怀"。言谈之间显然充满溢美之词，苏、黄自此结下终身师友情谊。

13. 与李端伯宝文三首（之三）

邑子每来，稔闻岂弟之政，西南泰然，不肖与受赐多矣。幸甚！幸甚！小侄千之初官，得在麾下，想蒙教诲成就也。曾拜闻眉士程遵诲者，文词气节，皆有可取。不知曾请见否？

（《苏轼全集校注・文集八》^①卷五十八）

【简析】

李端伯，名之纯，字端伯，沧州无棣（今山东省德州市庆云县）人。熙宁三年（1070）进士。熙宁中，为度支判官、江西转运副使，徙成都路转运使。元祐初，召为户部侍郎，未至，改集贤殿修撰、河北都转运使。终朝请大夫。李端伯宝文（"宝文"指"宝文阁直学士"，官职名，为李端伯的头衔）是苏轼的朋友，两人之间有深厚的友谊，互相赏识和钦佩。此书为苏轼向李端伯请求照护侄子苏千之（苏不欺次子）的一封信，文中程遵诲为王庠、苏千之的同门师傅。

---

① 张光烈，马德富，周裕锴. 苏轼全集校注（文集八）[M]. 石家庄：河北人民出版社，2010：6395.

第三章

黄庭坚与义门王氏的交游

第一节

交游概述

自苏、黄结识以来，黄庭坚始终以弟子之礼尊敬苏轼，苏轼也毫不吝啬，悉心传授。苏、黄之间诗文、书信来往颇为频繁。1079年，"乌台诗案"爆发，此时的黄庭坚，不过是个人微言轻的小官，与苏轼只是笔友，甚至还没见过面，但他选择了坚定地以"苏门学士"的身份自居，不惜赔上自己的前程，逆流而上，仗义执言，最后被罚铜二十斤，外放为太和知县。此后，黄庭坚的一生也随着苏轼的沉浮而起伏。尤其是苏轼三次被贬，黄庭坚简直是如影随形。

绍圣元年（1094），七月初，黄庭坚与苏轼相遇于彭蠡湖（今江西省鄱阳湖）。时东坡以"讥刺先朝"之罪名被贬往英州。二人相会三日，洒泪而别。

1094—1097年，苏轼被贬惠州安置，1097—1100年再贬琼州别驾，昌化军（在今海南省儋州市）安置。黄庭坚1094年被贬涪州别驾，黔州安置。1098年因避表外兄张向之嫌，再迁戎州安置。别驾，也称别驾从事，是州刺史的佐官。"别驾"还好，还算不小的官。"安置"可不是什么好官职，是宋朝对犯罪官员的一种处分。即指定地区居住，并在一定程度上限制其行动。其处分轻于"编管"（户籍下放到贬谪地监管）而重于"居住"（指定贬谪官居住于贬谪地，限制其行动）。苏轼1100年得旨北归，黄庭坚同年复职东归。

荣州义门王氏源于苏轼与黄庭坚的生死情谊。苏轼被贬惠州后，大约1095年，一则《与王庠书（其四）》和《答黄鲁直（其二）》开启了义门王氏与黄庭坚的交谊：

> 承示欲往黔南见黄鲁直，此古人所难，若果尔，真一段奇事也。然足下久违亲庭，远适更请熟虑。今谩写一书，若果行，即携去也。

> [《与王庠书（其四）》]

这封信表明，王庠非常希望得到苏轼叔丈向黄庭坚的引荐。苏轼也认为，如果这件事真成了，便成就了"一段奇事"。这时黄庭坚也因修《神宗实录》被弹劾贬谪黔州，苏轼便接受王庠请托另写了封给黄庭坚的推荐信，叫王庠带去黔州见黄庭坚，这封信就是《答黄鲁直（其二）》。这封信比较简洁地介绍了王庠的基本情况和与他的亲戚关系。"文行皆超然，笔力有余，出语不凡"，不乏对王庠的溢美之词，其中虽多为推荐之意，但"可收为吾党也"则更是对王庠才华和品行的高度认可。

为此，王庠极为虔诚地呈了一篇《见黄鲁直书》（见第六章）作为谒见黄庭坚的美芹之献。一句"切服执事之下风久矣"，表达了对黄庭坚虽未蒙面而心早所属的久仰之情。用孟子、扬雄、韩愈等人知音难觅作为反例，表明自己能够与师长志同道合，"乐与之共"。如能投身门下，必能"大过于人"。

王庠以苏轼的推荐信和自己的《见黄鲁直书》在黔州与黄庭坚定交。黄庭坚到戎州后，王庠与他的交往便密切起来。"是年（元符二年，1099）山谷与苏轼侄婿王庠相交甚密，并有《与王周彦长书》。"①书中说："成都吕元钧，某之故人也。解梓州而遇诸途……"黄庭坚在老朋友吕元钧被贬梓州路任职的途中与他偶遇，吕也向他推荐了王庠。元钧曰："里人王周彦者，读书好学，而有高行。以其母属，当得荫补入仕，始以推其弟，今以推其甥及侄，斯其人也。"这与他在京师看到的士大夫们摩肩接踵、追名逐利、蝇营狗苟、不顾廉耻大相径庭。对处在"穷荒绝塞""与蛮夷唇齿，其俗以奔薄相尚，尊爵禄而贵衣冠"的环境中"卓然独立"的王周彦，"既窃叹其人，又喜欲与之游也"。吕元钧，即吕陶（1028—1104），字元钧，号净德，眉州彭山（今四川省眉山市彭山区）人。仁宗皇祐年间进士，任太原府判官；神宗熙宁三年（1070）知彭州；贬监怀安商税；元祐二年（1087），涉党争，贬为梓州、成都路转运副使；元祐七年（1092），召回，入为起居舍人，迁中书舍人；哲宗时又外放，知陈州、潞州；崇宁元年（1102）辞归；著有《吕陶集》六十卷。

黄庭坚到了与荣州毗邻的戎州后，看到荣州读书人"乐善而喜闻道"，即使身处文化经济发达之地的中原人也赶不上他们。以至于他认为王庠对民风所起的范导作用，犹如子夏居西河而移风易俗。黄庭坚来到戎州，"凡儒衣冠，怀刺袖文，济济而及吾门者无不接。每探刺受文，则意在目前"。那些怀揣名

---

① 郑永晓. 黄庭坚年谱新编[M]. 北京：社会科学文献出版社，1997：306.

帖，带着文章，慕名而来的缙绅、名门世族络绎不绝，门庭若市，黄庭坚都一一接待。但那些人都是为了解决眼前的问题。王庠也拜访过他，但过了一阵就没了消息，忽然有一天，他高兴地来到戎州，以长者的礼遇对待黄庭坚，令黄庭坚非常感动。他认为"岂以葭莩之好，齿发长而行尊者邪？"这不是因为自己和王庠的叔丈苏轼的师徒关系，也不是自己年龄长于王庠，而是王庠高尚的人品和隆重的礼节。

贬谪者可能是不幸的，但另一方面也可能造就贬谪地的大幸。来到戎州以后，黄庭坚在政治上更加失意，但他的交游从未受到影响，追随他的仰慕者也没有因为他被贬谪而疏远他，反而趁他赋闲的时候，当地文化精英一个个走进他的生活，更积极地拜师学艺，邀他宴游、赐书。也正是在这期间，黄庭坚留下了120多篇（首）诗词和文章，书写了300多首杜甫诗碑，并撰写了《大雅堂记》，在融入川南文化中诗酒唱和而造就了两个传世文物——宜宾和青神流杯池。

慕名拜访、宴请黄庭坚的，多半冲着他的诗书而来，这更促使他在书法造诣上达到巅峰。黄庭坚所作诗歌、颂赞、铭诔、书信、序跋众多，其中，他先后为王祖元的此君轩与王庠相互唱和，题诗三首并多次书写，使《此君轩》诗文与书法流传后世，成为传世名篇，至今被诗书收藏界视为奇珍异宝。目前国博馆藏宋拓黄庭坚《此君轩诗》帖，传承有序，被鉴定为国家一级文物。

黄庭坚《与王观复书》（其二）："此君又东坡之兄婿也，故亦有渊源耳。"明确表明与王庠的"渊源"来自苏轼。因为苏轼这层关系，黄庭坚与王庠、王麠、王祖元以及荣州薛刺史之间书信频繁。《山谷集》《山谷别集》《山谷外集》《山谷题跋集》《山谷老人刀笔》等文献中收录了黄庭坚写给他们的书信、题跋近20篇。

黄庭坚与王麠书，大致在黄庭坚复职东归寓居沙市的时候，主要内容为解释交付王麠提学求字的事项和回复王麠提出的佛与儒道的关系；与薛刺史书言语恳切，有对双方因长辈而结缘的陈述，这也是拉近与薛刺史关系的辞令，更重要的是对义门王氏特别是对王庠的举荐，这些书信、题跋一部分是对王庠的举荐，另一部分是对王庠的点拨和教导。而对王庠则俨然师父，点拨指导的成分居多，这与苏轼谦卑的风格大不相同。这也大概与黄庭坚恃才而自信的性格有关。

这种风格在黄庭坚与王庠的《此君轩》诗歌唱和中体现得更加充分。后文将专章讨论《此君轩》诗话。

黄庭坚与义门王氏的书信、题跋

1. 与王周彦书（其一）

　　某久为病苦，养成疏简，经岁静坐，性复神存，为日已深，自有见处。回观昔日举动皆非，更视人间，诚为可笑。凡人性各有妙用也，一得其妙，则通深远到，无所不明，前世君子所恃以为乐也。且天地万物之美，人之所恃为尊荣富乐者，皆可空也，不足有。而人之妄胜也，妄灭则真存，存而后知其不足有也。经所载，皆有圣人修行之说，而世所不察，专以富贵为乐，则人亦止此而已矣。非周彦亦不语此公案，幸心会而默识之，复见某之言为赘也。

（《山谷别集》①卷十九）

【简析】

　　黄庭坚是信佛的，他不仅是祖心禅师的法外弟子，而且他还与祖心座下的"二大士"——灵源惟清和死心悟新都很要好，甚至死心禅师还曾开导过这位同门师弟。这封书信几乎为参悟人生之道的禅语。黄庭坚在静坐养病的过程中对人性的参透更加深刻，而这种参悟只有王周彦才能心领神会、默而识之。

2. 与王周彦书（其二）

　　辱手书勤恳，并寄诗文，意气骎骎，翼翼出门，已无万里。古人所谓"断以不疑，鬼神避之"，如公笔力，他日孰能当之？往在元祐初，始与秦少游、

---

　　① 本节所引文献均出自（清）《钦定四库全书荟要》电子影印版。句读为编者添加。

张文潜论诗，二公初谓不然。久之，东坡先生以为一代之诗，当推鲁直，而二公遂舍其旧而图新。方其改辕易辙，如枯弦敝轸，虽成声，而疏阔跌宕，不满人耳；少焉，遂能使师旷忘味，钟期改容也。如足下之作，深之以经术之义味，弘之以史氏之品藻，合之以作者之规矩，不但使两川之豪士拱手也。未即得面，驰情无量。

秋初，能一来，快尽此事。谨勒手状。

（《山谷别集》卷十九）

【简析】

这封短信主要在于指导王庠诗文创作。黄庭坚首先肯定王庠诗文的水平："如公笔力，他日孰能当之？"接着以秦观、张耒改弦易辙，诗文水平从"疏阔跌宕，不满人耳"到"师旷忘味，钟期改容"的巨大变化，以此鼓励王庠继续努力，写出好文章。如何努力呢？黄庭坚因材施教，给出了针对王庠的解决方法："深之以经术之义味，弘之以史氏之品藻，合之以作者之规矩。"

"未即得面，驰情无量。秋初，能一来，快尽此事。"这时黄庭坚与王庠还没有见过面。这应该是王庠《见黄鲁直书》后，黄庭坚的回信。

秦少游：秦观（1049—1100），字少游，又字太虚，别号邗沟居士、淮海居士，世称淮海先生，北宋高邮（今江苏省高邮市）人。"苏门四学士"之一，北宋文学家、婉约派词人。

张文潜：张耒（1054—1114），字文潜，号柯山，世称宛丘先生，楚州（今江苏省淮安市）人，北宋诗人，官至起居舍人。"苏门四学士"之一。

3. 与王周彦书（其三）

某前承问读《易》，常苦匆匆不能尽所欲言者。若欲章分句解，作书生伎俩，不过熟读《系辞》，便可得作者旨趣矣。此极不难，但要成诵，令章句莹然在胸中耳。若欲知《易》之道，则但于"百姓日用而不知"一句能直下，冰销瓦解，斯尽之矣。如此句，诸佛祖师亦满口举不尽也。三十年来，心醉《易》中，自从解此一句，遂不疑。老聃、释氏许多文字，但就自己求之。

（《山谷别集》卷十九）

【简析】

这封短信是回答王庠关于"读《易》"的感受。黄庭坚认为，如果只是做到求《易》之道，直到能够完全理解"百姓日用而不知"就可以了，并用自己读《易》的经验加以证明。

百姓日用而不知：语出《易传·系辞传》（上）第五章："一阴一阳之谓道，继之者善也，成之者性也。仁者见之谓之仁，知者见之谓之知，百姓日用而不知，故君子之道鲜矣！"

系辞：一般指《易传·系辞传》或《周易·系辞》。

4. 答王周彦（其一）

奉别来无日不思念。四月到荆州，五月、七月两大病，皆几死，幸复济耳。而荆州亲旧多，无日不来，百事废阙，以是绝不能通书。太守所遣二卒来时，方大病，辱赐教勤恳，又赙恤之，荷不倦之意。承太夫人尊体康强，何慰如之。太守贤明，留意学校，公平时以所闻推之乡里后进者，今有所申，此亦可乐。某大病之余，瘦蔫几不堪事，乞得便郡，甚如所欲。一到乡里，以小儿未练事，寓家沙市，不能使人无耿耿，因循留滞至今。所欲《学记》，欲下笔者屡矣，辄为宾搅扰，又不成。病来精神未复，不能如昔时谈笑中可成文字也。二卒远客，久煎迫欲行，亦人情也，故且遣回。舟中行，无宾客事，度可成，成即求便奉寄矣。拨忙作书，不能万一，千万为亲自重。

（《山谷老人刀笔》卷十九）

【简析】

徽宗建中靖国元年（1101）四月，黄庭坚东归到达荆州，泊家沙市，再次接到除吏部员外郎之命。因长年贬谪，体弱多病，又有丧弟（黄叔达，字知命，号云庵）之痛，故上书请求留任太平州（今安徽省当涂县）或无为军（在今安徽省无为市），并在荆州等候命令。

荣州（薛）太守派二差人至荆州看望黄庭坚，同时，王庠也带有诗文书信，所以复信中二者均有提及。哪怕黄庭坚离开戎州东归，王庠也追随他，带着自己的诗文和祭奠黄叔达的丧礼，一表问学虔诚，二表抚慰之情。太守贤明，重视学校教育，值得称赞。同时，黄庭坚也告知王庠自己最近大病，身体瘦弱，加上荆州亲旧多，"百事废阙"，想完成的《学记》一书变得遥遥无期，所幸"乞得便郡，甚如所欲"，朝廷满足了黄庭坚就近任职的愿望。此信作于没有宾客应酬的船上，可见黄庭坚即使大病，景仰者追随者众多，仍然有很多应酬。本来是太守派人看望黄庭坚，但黄庭坚托差人带回信给王庠，当然不排除也有信回复太守，可见三者相互关系均较为密切。

赙恤：指抚恤助丧的财物。

练事：熟谙世事。

5. 答王周彦（其二）

变故不常，承庄叔、教源相继捐馆，可胜叹愤。公手足之义至厚，仁及宗党，当此何可忍割，奈何奈何！庄叔之子既宦游，居丧亦可教以诗书，计可无憾。不审教源有子否？亦可教邪？斌老不幸，为痛惜之累月，其亲及兄弟之情可知矣。何宰，知其为佳士，但相远，监司辈非深知，虽已言之，恐未能有所益耳。元师惠书及珠子黄，甚荷渠虽远不忘之意，但以病起，不能多书，且为道谢之。定国得洛倅，似少慰意，亦得渠秋末书。

（《山谷老人刀笔》卷十九）

【简析】

这封书信文字不多，却涉及义门王氏之庄叔及其子、教源、元师，斌老、何宰（何姓县令）、王巩等人物，表达直接，可知王、黄关系密切。庄叔、教源相继去世。斌老就是指黄斌老，四川梓潼人，宋代画家文与可的妻侄，善画墨竹。当时在戎州任通判一职，两人意气相投，常有诗歌唱和。何县令当是王氏所在的荣德县父母官，黄庭坚虽然举荐了王庠，但关系不亲近，并不一定有效果。祖元大师也写信和送珠子黄来。王巩（定国）得任洛倅（地名，今属何处和任职职务不详），且有书信来，稍安慰。

王巩《甲申杂记》载："绍圣初（1094），余谪签书荣州判官厅公事。"此时王巩已赴洛倅任职，这封信应作于黄庭坚离开戎州之后，约为1101年。

捐馆：捐馆舍，抛弃馆舍。死亡的婉辞。

洛倅：地名，何处不详。晁补之有《赴蒲道中寄洛倅王定国》。

6. 答王周彦（其三）

东坡先生遂捐馆舍，岂独贤士大夫悲痛不能已，所谓"人之云亡，邦国殄瘁"者也。可惜可惜！立朝堂堂，危言说论，切于事理，岂复有之？然有自常州来，云见东坡病亟时，索沐浴，改朝服，谈笑而化，其胸中固无憾矣。所惜子由不得一见，又未得一还乡社，使后生瞻望此堂堂尔。欲作诗文道其意，亦未能成。秦少游殁于藤州，传得自作祭文并诗，可为陨涕。如此奇才，今世不复有矣。

（《山谷老人刀笔》卷十九）

【简析】

《山谷集》（卷十九）题为《与王庠周彦书》。本文表述了苏轼和秦观师友去世的消息、留下的遗憾和对亡人的高度评价。可谓向文学倾诉的肺腑之言。秦观于元符三年（1100）八月中暑而逝，苏轼于建中靖国元年辛巳（1101）去世。则本文作于1101年。

人之云亡，邦国殄瘁：人，指贤人。云，句中助词。亡，失去，奔亡。殄瘁，病困。贤人丧亡，国事危殆。语出《诗经·大雅·瞻卬》，郑玄笺："贤人皆言奔亡，则天下邦国将尽病困。"

危言说论：正直的言论。

7. 答王周彦（其四）

所寄诗文，反复读之，如对谈笑也。意所主张甚近古人，但其波澜枝叶不若古人尔。意亦是读建安作者之诗与渊明、子美所作，未入神耳。见东坡《书黄子思诗卷后》论陶谢诗、钟王书极有理，尝见之否？孙伯远善论文章之病，而严君可长于下笔，公能致此二士馆之，当有得耳。

（《山谷老人刀笔》卷十九）

【简析】

本文主要评述王庠所寄诗文。黄庭坚以尊长的身份指出王庠诗文的优缺点，并推荐孙伯远、严君可两位老师，希望王庠从学。这与其后李新《喜孙伯远王周彦远访》相呼应。

"孙伯远"二句：孙伯远善论文章之病（美恶），而严君可长于下笔（在笔下）。

8. 答王周彦（其五）

伏蒙垂意于学舍，振数十年因循堕事之敝。庙学崇成，一新士民之耳目，可谓知本之政，不素餐之效，甚感甚感。今日士大夫，能者救过而求全，不能者偷安以待满。如公礼邑中贤能，教士民以孝。或旷世所无也。如某之不肖，病弃废学，日就衰朽，恨未得承余论，求少益耳，怀仰怀仰。

（《山谷老人刀笔》卷十九）

【简析】

文中针对王庠书信内容，对王庠关心学校教育、成功举办庙学、敢于担当、振兴数十年来保守而耽误荣州学子的行为十分感慨，对"公礼邑中贤能，教士民以孝"给予了"或旷世所无也"的高度评价。也可能是黄庭坚向薛刺史推荐王庠为"衣冠之领袖"的原因。

9. 答王周彦（其六）

承示《周易》，求签记古人致意处。此学不可用，今之治经进士规矩也；又小字，老眼所不能读，遂不能承来旨也。大概读书要识宗旨。《周易》者，以与民同忧患为宗，圣人以此洗心，空无一物，乃见忧患之源，故其言皆自根极中来，故曰："神而明之存乎人。"

若非道器，但称其言，而道之全体不可举也，故曰："苟非其人，道不虚行。"夫道者，处至下，甚易知，甚易行，其枝叶在上，其根本在下。故求道于德业之上者，其去道远矣，故曰："穷神知化，德之盛也。"过此以往，未之或知也。试以此三语求《易》，则思过半矣。观足下于所闻所知，每反身而行之，如此去《易》不远，但求之过耳。

（《山谷老人刀笔》卷十三）

【简析】

这是黄庭坚应王庠之请专门谈《周易》并勉励王庠的回信。因王庠用的小楷，作者对王庠的书信内容未作点评，而是按照自己的理解对《周易》进行解读。作者认为，《周易》的要旨是"以与民同忧患为宗"，并分别阐述了其中的"神而明之存乎人""苟非其人，道不虚行""穷神知化，德之盛也"几句的含义。

神而明之存乎人：要真正明白某一事物的奥妙，在于各人的领会。

苟非其人，道不虚行：如果一个人不具备做某件事的天赋，那么就不要在其身上白费心思。

穷神知化，德之盛也：探求事物的神妙，了解事物的变化，是圣人德行的极致。

10. 答王周彦书

七月戊辰，某敬报周彦贤良足下：成都吕元钧，某之故人也。解梓州而遇诸途，能道荣川土地风气之常。尝问之曰："亦有人焉？"元钧曰："里人王周彦者，读书好学，而有高行。以其母属，当得荫补入仕，始以推其弟，今以推其甥及侄，斯其人也。"时仆方再往京师，见其摩肩而入，接踵而出，冠盖后先，车马争驰，求秋毫之利，较蜗角之名，大之相嫌嫉，小之忘廉耻，甚于群蚁之竞腥。兹穷荒绝塞，其地与蛮夷唇齿，其俗以奔薄相尚，尊爵禄而贵衣冠，乃有周彦者，其古人之流乎？岂不卓然独立一世哉！既窃叹其人，又喜欲与之游也。

及某以罪戾抵戎僰，久之，观荣之士乐善而喜闻道，中州弗及也。无乃周彦居西河而格其心，而变其俗，以致然邪？凡儒衣冠，怀刺袖文，济济而及吾门者无不接。每探刺受文，则意在目前。其周彦者，亦我过也，经旬浃而寂然，一日惠然而来，乃以先生长者遇我，退而自谓何以得此于周彦者？岂以葭莩之好，齿发长而行尊者邪？既辱其来，乃枉以书执进之，敬出其文词，且有索于我矣。周彦迫之不已，安得不启不发而有以报也？

夫周彦之行犹古人也，及其文，则摹今之人也，何哉？见其一而未见其二也。惟推其所慕而致于文而已。颜子曰："舜何人也，予何人也？"孟子曰："伯夷、伊尹，皆古圣人也，吾未能有行焉，乃所愿，则学孔子也。"孔子曰："吾不复梦见周公。"孔子之学周公，孟子之学孔子，自尧舜而来，至于三代，贤杰之人，林聚云翔，岂特周公而已？至于孔、孟之学不及于周公者，盖登太山而小天下，观于海者难为水也。企而慕者高而远，虽其不逮，犹足以超世拔俗矣。况其集大成而为醇乎醇者邪！周彦之为文，欲温柔敦厚，孰先于《诗》乎？疏通知远，孰先于《书》乎？广博易良，孰先于《乐》乎？洁静精微，孰先于《易》乎？恭俭庄敬，孰先于《礼》乎？属辞比事，孰先于《春秋》乎？读其书，诵其文，味其辞，涵泳乎渊源精华，则将沛然决江河而注之海，畴能御之？

周彦之病，其在学古之行而事今之文也。若欧阳文忠公之炳乎前，苏子瞻之焕乎后，亦岂易及哉？然二子者，始未尝不师于古而后至于是也。夫举千钧者轻乎百钧之势，周彦之行扛千钧矣，而志于文，则力不及于百钧，是自画也未之思尔。周彦其稽孔孟之学而学其文，则文质彬彬，诚乎自得于天者矣，异日将以我为知言也。

纸穷，不能尽所欲言，惟高明裁。幸蒙遗匹物、芎、术、珠子黄，皆此无有，拜嘉惭怍。汤饼之具尤奇，羁旅良济，益佩忧爱，灾患尤所不忘耳。元师能令携琴一来为望，庄叔之子亦可敦以诗书否？惠讯至寄声，不宣。某再拜。

（《山谷别集》卷五）

【简析】

本文是黄庭坚在戎州与王庠交心的一封长信。有版本称其为《与王周彦长书》(《豫章先生遗文》卷三)。内容上看，这当是黄庭坚初见王庠后，指点其为文之书。黄庭坚早就从故人吕元钧（吕陶）处闻知王庠。吕陶被贬梓州后，元祐七年（1092）召回。元祐七年正月，黄庭坚护母枢抵家；五月叔父黄廉殁于京。所谓"时仆方再往京师"，则当是元祐七年五月，黄庭坚此时初次闻听王庠之名，之后一直希望相见。而今喜见，当"某以罪庚抵戎棘"，则黄庭坚已在戎州，初见王庠，之后二人书信往还，此信作于元符元年（1098）

"七月戊辰"。

本文前半部分采用烘托手法，从不同角度勾勒王庠的人品风貌，通过不同侧面的渲染使其形象呼之欲出。先是通过故人吕陶述其辞让荫补，再将世俗的争名趋利与之进行对比，其高风亮节由此得以凸现。王庠对民风所起的范导作用，犹如子夏居西河而移风易俗。如此写来，其人格风范如春风扑面。行文过程中，黄庭坚还通过自己渴望与之相交的心情披露，强化了对其人格魅力的渲染。先是表示"窃叹其人，又喜欲与之游"，再是表露其期盼王庠来访的心情以及既来之后的欣喜激动。如此层层推进，使王庠的人格美得以完美展现。

黄庭坚对王庠人品的推崇不止此一处，再如《与荣州薛使君书（其三）》云："贵州士人惟周彦，衣冠之领袖也。其人深中笃厚，虽中州不易得也。"苏轼也称其"文行皆超然，笔力有余，出语不凡，可收为吾党也。自蜀遣人来惠，云鲁直在黔，决当往见，求书为先客。嘉其有奇志，故为作书"[《答黄鲁直（其二）》]。可见王庠之得识黄庭坚是通过苏轼的介绍。从苏、黄视其为"吾党"来看，他与苏、黄堪称志同道合之士。故在元祐党禁甚严之时，他自陈与苏、黄等为知己交游，不可入仕，其铮铮风骨可见。

后半部分在称颂之余也指出了王庠的不足，即其行犹古人，但其文却慕今之人。在中国文化的语境中，"古"是价值理想的一个标的，故而崇古、学古成为传统的一个核心内容，儒家即以追慕古圣先贤为号召。黄庭坚以孔子之学周公、孟子之学孔子为范例，敦劝友人取法乎上，虽不能至，也足以拔出流俗。进而教导王庠以典范，提升自己为文的品位。为了坚定其努力的信心，黄庭坚举出当代的欧阳修与苏轼学古成功的例子；又指出王庠才力有余，其文不及古乃不为也，非不能也，以资鼓励。至此，一篇既有称许又有劝勉的交友文字终告完满。如此方显出一位诤友的待人之道。

11. 与王庵提举

某顿首。数日苦食他家食作病，稍自将节，得小愈。又苦宾客寝讹，不得自便。眼花头眩，而两癞兵煎迫如火，不欲久留之。今日偶意思小佳，且写得数篇遣回。

大概佛法与《论语》《周易》意旨不远。《论语》大旨不过迁善改过，不自覆藏。故"君子坦荡荡""入大庙每事问""知之为知之，不知为不知"。天地同根，万物同一气，故曰："吾无行而不与二三子者。是丘也。"《易》曰："神而明之，存乎其人。""苟非其人，道不虚行。"但谛审谛观当如何是其人，莫认只令弄影戏汉。若识得人，万事成办，元不欠少。

北窗日欲落，来人请行。不能一一道所欲言，千万珍重。

（《山谷老人刀笔》卷十九）

【简析】

王雱与黄庭坚自何时结交不详，但王梦易去世时"时长子雱教源年已踰冠"（任宗易《宋双溪记》），即虽然王雱已超过20岁，比王庠大几岁到10岁以上，但其出任梓州路学政也应该在王庠与黄庭坚交往期间。黄庭坚被贬戎州安置，是一个被监视居住的官员。戎州在当时属梓州路，而王雱为梓州路学政，是管理梓州路各州的最高教育行政长官，官阶明显高于黄庭坚。这封信是原贬谪官给属地教育官员的信。书信中"苦食他家食作病""苦宾客寝讹""眼花头眩""两癞兵煎迫如火，不欲久留之"等语，跟与王庠书和题诗有诸多相似处，此信应在黄庭坚东归回到荆州后。

本文先陈述自己生病小愈但宾客叨扰。只是王雱派来的两个信使（癞兵）已经思归到了"煎迫如火"的程度，才不得已趁着心情好，作书打发他们返程。作为大书法家，"写得数篇"不可能是书信或者文章，大概率是王雱派癞兵前来求黄庭坚的字，迟迟没能交付。当然，有权派遣差人的王雱，此时大概率在梓州路学政任上。

主体部分主要从修己和识人阐述佛与儒道的关系。文中儒道佛方面的内容又与王雱《题三学山》相契合。

弄影戏汉：弄影戏。比喻在百尺高的竿头上演戏，上下均看不清，把所有的人都瞒住。佛家常用来比喻真正的禅机不为人所知。如《五灯会元·道场居慧禅师》："百尺竿头弄影戏，不唯瞒你又瞒天。自笑平生歧路上，投老归来没一钱。"

12. 与荣州薛使君书（其一）

某顿首再拜荣州使君。承议合下，某既发戎州，舟次得所惠教，恩意千万，感服无以为喻。即日寒涩不审，尊候何如？伏惟岂弟之政近民，民以悦服，庭无留事，斋中尝有尊俎之乐、寝食之味，神所相劳，无阶参敬，惟有怀仰伏祈，为国为民自珍玉体。谨勒手状。

（《山谷别集》卷十九）

【简析】

这是黄庭坚复职离开戎州后收到荣州薛刺史的信后的客套回信，主要是对薛刺史政绩的夸饰，此外无过多意义。

13. 与荣州薛使君书（其二）

承长者以才术之美，尝入叔父给事心镜，恨未相识也。叔父忠义孝友，在今士大夫间，千人之一也。方得立献纳之地，不幸早世，因垂谕，不胜陨涕。

（《山谷别集》卷十九）

【简析】

这封书信介绍黄庭坚叔父曾经赏识薛刺史，只是遗憾谪居戎州却未能晤面。叔父是千里挑一的人才，可惜刚就任一方长官便英年早逝。"叔父给事"，黄廉（1034—1092），字夷仲，洪州分宁（今江西省修水县双井村）人，嘉祐六年（1061）进士。黄庭坚有《叔父给事挽词十首》《故给事中黄公行状》等诗文。《宋史》有传："拜给事中，卒，年五十九。"（《宋史》第一零六卷）

14. 与荣州薛使君书（其三）

贵州士人惟周彦，衣冠之领袖也。其人深中笃厚，虽中州不易得也。其兄庄叔老于世事，亦不可得。紫衣僧祖元亦周彦之族兄，抱琴种竹，有潇洒之趣，以星历推休咎，常得十之七八，试问之可知也。

（《山谷别集》卷十九）

【简析】

这封书信主要推介义门王氏家族精英人物王庠、王庄叔及僧祖元兄弟。三兄弟各有所长，王庠尤其突出。本文掐头去尾，似乎不完整，疑与其二为同一封信。

衣冠：缙绅、名门世族。

中州：中原地区。亦指代全国。

15. 题录清和尚书后与王周彦

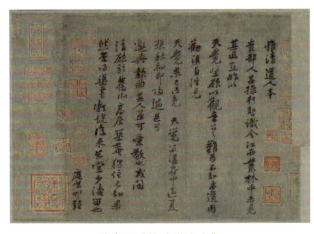

餅令人亦有能同味者乎但恐嚼不破耳

题录清和尚书后与王周彦

太平具正法眼儒附兼将茂年将五十乃得友与之居二年渾金璞玉人也久之待以师友之礼士大夫知为已之学者观此书思过半矣周彦方欲自振於古人之列故手抄遗之他日對然在顏冉之林當推斯文有一字之益莫書

書老子注醉及莊子内篇論後

《题录清和尚书后与王周彦》截图

黄庭坚《惟清道人本》

太平具正法眼，儒术兼茂。年将五十乃得友，与之居二年，浑金璞玉人也。久之，待以师友之礼。士大夫知为己之学者，观此书思过半矣。周彦方欲自振于古人之列，故手抄遗之。他日蔚然在颜、冉之林，当推斯文有一字之益。某书。

（《山谷外集》卷九）

【简析】

这是黄庭坚众多题跋之一。涉及义门王氏之王周彦的题跋还有《书王周彦东坡帖》等。前半部分介绍与清和尚师友般的交往及对其评价。后半部分写王庠有意学习古人，把题赠清和尚的书法转抄给王庠，意在勉励王庠从中获益，以助他日成为儒林之秀。

黄庭坚虔信佛教，"痛戒酒色与肉食，但朝粥午饭，如浮屠法"。黄龙山寺在修水县城之西。他大概在出仕之前就常到山寺参访，对此比较熟悉。黄龙祖心辞任住持之后，曾由其弟子灵源惟清短期担任住持，不久他以病辞任，由其师弟死心悟新继任。据《山谷年谱》，黄庭坚在元祐七年（1092）正月回江西修水为母治丧，到翌年七月居丧结束再仕，有一年半的时间。

在此期间，祖心虽已不任黄龙山寺的住持，但仍健在，居住于西园晦堂。此时任住持的应是死心悟新。黄庭坚回乡居丧期间曾在黄龙山寺住过一段时间，与祖心、惟清和悟新结为方外之交，关系十分密切。

黄庭坚对三位禅师常亲切称为心、清、新，《与周元翁别纸》中说："有清、新二禅师，是心之门人，道眼明彻，自淮以北，未见此人。"

黄庭坚把惟清当作自己的师友，在《题录清和尚书后与王周彦》中说惟清（因惟清曾任舒州太平寺住持，故黄庭坚称之为"太平"）"具正法眼，儒术兼茂"，自己"年将五十乃得友，与之居二年，浑金璞玉人也。久之，待以师友之礼"。这里所说与惟清相处二年是指黄庭坚回乡为母居丧的约一年半时间。他在给外甥徐俯的信中，甚至还劝他经常参谒惟清，请教禅法。他说："太平清老，老夫之师友也，平生所见士大夫，人品未有出此公之右者。方吾甥宴居，不婴于王事，可数至太平研极此事，精于一而万事毕矣。"所谓"精于一"是指参扣"心地"之法，参悟自性。从这两封信可以想见他对惟清敬仰之深。

浑金璞玉：比喻天然美质，未加修饰。多用来形容人的品质淳朴善良。

颜、冉之林：儒林。颜、冉，颜回、冉耕的并称。二人均为孔子弟子，皆以德行著称。

16. 书江西道院赋后

《书江西道院赋后》截图

此赋往在江南所作，来黔戎之间已五年，不复记忆。会夔州李元中自内地来得高安石本，故复得之。王周彦求作大字，遂书此赋。有民社者观之，或有补万分之一耳。

（《山谷外集》卷九）

【简析】

据"来黔戎之间已五年"，此文作于元符二年（1099）。黄庭坚应王庠之请大楷书写《江西道院赋序》。宋元祐七年（1093）任筠州（今江西省高安市）知府的柳平守土尽责、为官清廉，不久就政通人和、诉讼渐无，官吏悠闲自得。第二年，柳平在新建的中堂上特书"江西道院"四字，以倡民风。黄庭坚为此作《江西道院赋序》。

17. 书王周彦东坡帖

东坡云："大字难于结密而无间，小字难于宽绰而有余。"此确论也。余尝申之曰：结密而无间，《瘗鹤铭》近之；宽绰而有余，《兰亭》近之。若以篆文说之，大字如李斯《峄山碑》，小字如先秦古器科斗文字。东坡先生道义文章，名满天下，所谓青天白日奴隶亦知其清明者也，心悦而诚服者，岂但中分鲁国哉。士之不游苏氏之门，与尝升其堂而畔之者，非愚则傲也。当先生之弃海濒，其平生交游，多讳之矣，而周彦万里致医药，以文字乞品目，此岂流俗人炙手求热救溺取名者耶，盖见其内而忘其外，得其精而忘其粗者也。周彦敦厚好学，行其所闻，求其所愿，得意于寂寞之乡，邀乐于无臭味之处，他日吾将友之而不可得者。

建中靖国元年正月乙酉书。

（《山谷题跋》卷九）

【简析】

黄庭坚于建中靖国元年（1101）正月癸酉（十二）离开江安，正月丁亥（二十六）在泸州作《泸州开福寺弥勒殿铭》。那么，正月乙酉（二十四）已在泸州，因此这篇题跋作于泸州。这是黄庭坚与王庠有关的比较晚的作品。"能书"的王庠专门收藏了东坡字帖，其书法也应该受到了苏轼的影响。黄庭坚在题跋中，从苏轼的书法观入题，高度评价苏轼的道义文章，充分赞扬王庠在苏轼遭贬时不计风险得失与之交往，而且对王庠为人的超凡脱俗、安贫乐道风范，给予高度肯定和充分赞美，并将其视为自己最值得交往的朋友。一句"他日吾将友之而不可得者"，黄庭坚已经在东归途中，感慨他日往来将变得困难。

18. 与王观复书三首（其二）

庭坚顿首，辱书勤恳千万，委之以九鼎之重，顾尪羸不能胜也。所寄诗多佳句，犹恨雕琢功多耳。但熟观杜子美到夔州后古律诗，便得句法简易而大巧出焉。平淡而山高水深，似欲不可企及，文章成就更无斧凿痕，乃为佳作耳。报静翁乡行之美，甚副此意所问，劝静翁求师取友而不以教观复者，盖观复如此有余耳。如公才识，禅家所谓朝生王子者也。但要琢磨圭角耳，任象、李渭不知何时人。此二贤者，使得师承皆不易得也。所选唐人诸诗，皆有佳处，甚慰观览也。鲁使君所欲作记，极不敢辞，以既往青神见家姑，欲行人事。宾客会集，衮衮过日，愈不暇留，来人多日竟未能成，史彦直既到官，渠当数有人还眉州。今自此来敢信？甚易致也。茶词及为东坡与不肖所作十韵，皆欲奉答而未成。但未知他日寄达所在耳。策问十篇，思深虑远，佳作也。亦恨雕文胜耳。不肖在巴峡间，所得人有李仔仁道，本梓人，而寓江津二十余年，其人言行有物，参道得其要，老成人也。有王庠周彦，荣州人，行己有耻，不妄取与。其外家连戚里向氏，屡当得官，固辞。以与其弟或及族人，作诗文虽未成就，要为规摹宏远。此君又东坡之兄婿也，故亦有渊源耳。有赵缊子智者，荣人。作文皆道实事，要为有用之言，然观其作人，未可知也。蔡相次律张溥宽，夫自不肖到戎州，朝夕相亲近，然次律事事优于宽，夫他日或可望。为中州名士也。有廖铎宣叔者，尝东学京师，才性明利，甚不在人下。来相师用之意甚笃，然忧其质不甚美。韩退之所谓籍湜辈，虽屡指教，不知果能不畔去否。庭坚既以江涨不能下峡，则欲至青神见老家姑，以是人事宾客，猥至今日方能作书。遣来人作书又草草，千万照悉。公至吏部改官且还营丘乎，因书示谕。

（《山谷集》卷十九）

【简析】

这封《与王观复书三首》（其二）写于宋哲宗元符三年（1100）七月二十二日，此时黄庭坚已官复原职准备东归，但遇夏天长江涨水，归期延到秋冬。此时亦徒亦友的王观复在阆中的任期已满，即将转官，在赴吏部报到之际，他将自己的诗作数首、策问十篇寄给黄庭坚指点。黄庭坚在回信中对王观复的诗文进行点评外，还对一批青年才俊进行逐一点评，其中包括王庠，并表示，因江涨不能东归，近期打算至青神探望姑母。对王庠的介绍中，包括其个人简历、德行和社会关系等内容。"东坡之兄婿"，苏辙是苏轼弟弟，则明确排除王庠是苏辙的女婿。根据苏轼家谱，应是苏不欺或苏澹女婿。

第四章

义门王氏的其他交游

苏轼、黄庭坚作为义门王氏交游的重要人物，前章已述。义门王氏与当地仕宦、川籍名士、元祐蜀党及多名重要朝臣还有不少交游，这些交游构成了义门王氏作为荣州大家族的庞大的关系网络。鉴于史料缺乏，我们也只能管窥其概貌。

义门王氏早在唐末定居荣州以后，便在此繁衍生息，聚族而居，形成一个庞大的家族。但自王伯琪支系以后，其他支系便没有史料记载。就伯琪一支来看，王梦易及其后代成为义门王氏的主体。他们已经融入巴蜀文化体系，远出为官的人员和时间相对较少，家族成员活动的范围主要在巴蜀一带。

从日常生活的交往来看，义门王氏与荣州地方士绅过往密切。就现存的资料，可窥见王庠、王序等主要成员的交游活动。"青神三俊"中的重要成员陈希亮、陈谕对义门王氏有过重要关照，王庠与董正封、王吉、王巩、薛使君等荣州地方官员交好。

作为地方名门望族，地方官员与乡大夫也主动与其交游。无独有偶，知荣州的任宗易在任上，因访谒王庠而作《宋双溪记》："宣和癸卯，唐安任宗易从简摄守南荣。孟冬初五日，率乡大夫袁申申之、资中何悊端卿、天彭杨□□臣、遂宁陈开亨道、金川郭纯中英发，谒王庠周彦于双溪之上。""宣和癸卯"即宣和五年（1123），正是"义门王氏"为王梦易立墓碑之年。这次偶然的访谒很有意义：其一，荣州知州等地方官员对"义门王氏"非常重视。任宗易虽贵为知州，在《宋双溪记》中却笔带崇敬："时周彦之弟序商彦久去双溪，从二宣抚平燕云，凯旋入对。兹地名闻四川。"王序1122年任童贯、蔡攸伐燕的随军转运使，在今天看来，这次出征的结果不一定是凯旋，但参与当时国家重要军事行动的王序，在社会上已拥有很高的声望。其二，来访者多为川籍人士。任宗易，字从简，蜀州人，宣和中摄知荣州，建炎初仕至奉直大夫，知昌州。民国版《荣县志》编者按："何悊，内江人，大观三年（1109）己丑科贾安宅榜进士。郭纯中，省志称山谷集为大昕子，大昕则治平四年（1067）丁未科许安世榜进士，均华阳人。郭黄中、郭美中、郭勉中、郭由中均政和进士，成都人，为一时冠族，不知纯中同属否。"他们的籍贯，分别为成都、蜀州、华阳、内江等地，均为四川成都附近人士。

王庠、王序在求学时，广访名师，"能从冯长源、郑少微、杨天惠求文以显亲之名"（《王梦易墓表》）。冯、郑、杨诸人，当为地方贤士。杨天惠，潼川人，熙宁三年（1070）进士。郑少微，华阳人，元祐三年（1088）进士。王庠曾受学程遵诲，"眉人有程遵诲者，亦奇士，文益老，王郎盖师之"［苏轼《答黄鲁直（其二）》］。程遵诲为眉山人，也受到苏轼重视。

从政治生活来看，"义门王氏"与朝中显贵也有交往。王庠以布衣身份受知于公卿。《王庠传》载："蚤岁上范纯仁、苏辙、张商英书，皆持中立不倚之论，吕陶、苏辙皆器重之……元祐中，吕陶以贤良方正直言极谏科荐之……大观庚寅……时严元祐党禁，庠自陈：'苏轼、苏辙、范纯仁为知己，吕陶、王吉尝荐举，黄庭坚、张舜民、王巩、任伯雨为交游，不可入举求仕，愿屏居田里。'"王庠上范纯仁等人之书，今可见《上范丞相论治体书》《再上范丞相论治体书》。此中人士，无不是当朝风云人物。当然，这里苏轼、苏辙、张商英、吕陶、任伯雨都是四川人，黄庭坚、王巩是蜀党人士，范纯仁、张舜民与蜀党人士亲近，与蜀党人士一同被列入"元祐党人碑"。其中，曾荐举王庠因而对王庠仕途有直接影响的吕陶（1028—1104）是"北宋眉州彭山人，后徙居成都，故一作成都人。皇祐四年（1052）举进士，熙宁三年（1070）应制举，历任知县、知州，元祐年间任殿中侍御史，改左司谏，后又出任梓州路、成都府路转运副使等职"。吕陶不仅是四川人，也主要在四川为官，他不仅向朝廷举荐了王庠，也曾向黄庭坚推荐。"三槐王氏"王吉虽不是巴蜀人士，但曾任荣州通判，举荐王庠也当在荣州任上。"义门王氏"与交游对象的地缘与政治关系非常明显。

从民间丧葬文化活动来看，"义门王氏"周围有一大群高品位文人。为王氏家族墓葬撰碑者自然是该家族的重要交游群体。这些为王氏家族碑碣或撰或书的文人，既可能是王氏的亲知友好，也可能是受人请托而为，但肯定都与"义门王氏"有着特殊的关系。《王梦易墓表》撰文为"观文殿大学士、通奉大夫、提举西京嵩山崇福宫、清河郡开国公张商英"，书丹为"太中大夫、守尚书左丞兼神霄玉清万寿宫副使、陇西郡开国公李邦彦"，篆为"保和殿学士、银青光禄大夫、提举上清宝箓宫、提举三山河桥、安定郡开国侯孟昌龄"，张商英、李邦彦、孟昌龄均为当时名流。王庠、王序之师杨天惠作《双溪先生传》，该传也就是王梦易的传记。《宋故文安郡开国侯王徽学墓志铭》撰文为"左朝请大夫、直秘阁、提举江州太平观朱承"，书丹为"左中□大夫、□□□□刑狱公事郭伦"，篆额为"右通奉大夫□集英殿□□□、提举江州太平观、遵义郡开国侯程唐"，虽然王序爵位高于其父，但是撰碑者却略逊一筹。王兴孙碑文《宋故忠南太守王公奉直志铭》为"朝请郎、潼川路府转运判官"王敦诗，其地位又在其次。撰碑文者地位的逐步降低，也反映其家族整体呈衰落的趋势。

这些交往，都带有很强的现实生活需要的色彩。王序与黄庭坚、晏几道的交往，却具有纯粹艺术切磋的意味。王序墓志称："绍圣间，豫章黄公鲁直谪郏道，以诗稿见，黄公谓'去古人不远'。晏叔原为鸿胪卿，擅乐府名，与公讲句法，故歌词清丽。诗赋杂著千余首，《雅歌前后集》两卷。"晏叔原即著名词人晏几道（1038—1110），这样的交往应当是"义门王氏"社会活动的最主要部分，可惜限于资料，现在很难探知全貌。

"义门王氏"交游广泛，难以穷尽，但其中除苏、黄以外的最重要的交往对象对社会产生深远影响，必须重视。

1."青神三俊"与义门王氏

"青神三俊"，是指宋代天圣八年（1030）同登进士第的四川青神籍人士陈希亮、陈庸、陈谕叔侄三人。

《宋史·陈希亮传》记载陈希亮和"青神三俊"的来历："陈希亮字公弼，其先京兆人。……希亮幼孤好学，年十六，将从师，其兄难之，使治钱息三十余万，希亮悉召取钱者，焚其券而去。业成，乃召兄子庸、谕使学，遂俱中天圣八年进士第，里人表其间曰'三俊'。"陈希亮幼年丧父，但很好学，16岁时将要出去拜师求学，哥哥却为难他，让他去收放出的三十多万息钱。陈希亮把借钱的人都叫来，烧掉借据，然后走了。当他事业有成后，便将哥哥的儿子陈庸、陈谕召去读书，他们最后都中了天圣八年（1030）的进士，乡人在他们家门题匾"三俊"。

同为眉州人，陈希亮和苏轼有过交集。陈希亮为凤翔县令时，苏轼为签判。苏轼对陈有所不满，而陈也曾经刁难过苏轼，但苏轼仍应其后人之请作

《陈公弼传》，并对少不更事的行为表示忏悔："公于轼之先君子，为丈人行。而轼官于凤翔，实从公二年。方是时，年少气盛，愚不更事，屡与公争议，至形于言色，已而悔之。"

陈希亮为荣州盐税的事情与王梦易有关。王梦易造福乡梓，得陈希亮之助。王蕴舒、王梦易父子为地方盐民请命，屡屡受挫，"屡白州县，不听，则言于使者及省部，又不听，则移书宰执。最后陈公希亮判三司户部勾院，以其书闻，乃还籍没者三百一十五家"（《王梦易墓表》），得到陈希亮相助，才"以其书闻"，最终得偿所愿。《宋史·陈希亮传》也有相关记载："嘉祐二年，入为开封府判官，改判三司户部勾院。朝廷以三司事冗，簿书留滞，乃命希亮又兼开拆司。荣州鸎盐凡十八井，岁久澹竭，有司责课如初，民破产籍没三百余家。希亮为言，还其所籍，岁蠲三十余万斤。"陈希亮为荣州盐户请求，终于让荣州没收家产的三百多家破产贫民得以生存，还减免数额巨大的盐税。几大县志在"职官"一章中都专门记录了陈希亮的义行。

"义门王氏"之称，还有赖于陈谕的称美。"（王氏）俱以孝友闻，能世其家法。御史陈谕美之，以'韡鄂'书其亭之颜，荣人号为'义门王氏'，州上其行，乞加旌表。"（《王梦易墓表》）这段话包含两层信息：一是御史陈谕为王家的亭子题名"韡鄂"；二是朝廷根据地方呈请，旌表王家为"义门王氏"。"韡鄂"一词，典出《诗经·小雅·常棣》："常棣之华，鄂不韡韡。"意思是高大的棠棣树鲜花盛开时节，花萼、花蒂是那样的灿烂鲜明。其后紧跟着"凡今之人，莫如兄弟"，几乎句句有"兄弟"一词。这是在家庭宴会上歌唱兄弟友爱的诗。中国古代家庭是以血缘关系为基础的，因此十分重视兄弟之间的关系。这首诗就是宣传这种兄友弟恭的伦理观，并且在后代产生了广泛的影响，以至"棣""常棣""棣华""脊令"成了兄弟的代名词，"棣萼""花萼"常用来比喻兄弟友爱，兄弟同举进士被称为"棣萼榜"，兄弟诗文合集被命名为《花萼集》，唐玄宗为了表示兄弟亲善还建了"花萼相辉"之楼。陈谕借此称颂王氏兄弟。"明年春，周彦具书币来致某，欲以文相会，馆某于华萼。"［李新《吊安康郡君词（并序）》］王庠兄弟邀请李新做客荣州时，就曾安顿他下榻自家"华萼"宾馆，而这个亭阁可能就是王梦易所筑的"归来亭"。这相当于下榻荣州豪华私家园林。可见王庠、王序兄弟非常看重这块题匾。朝廷旌表为"义门王氏",这个旌表,既顺应了民意,又认同了地方官府的请求。这个旌表,相当于全国"五好家庭""最美家庭"之类荣誉,但规格更高、声势更大,那可是要立牌坊,至少是要赐匾额的。义门王氏在王梦易、王庠王序父子时代无论在从政官阶、荣誉称号还是社会影响力都达到了家族的巅峰。陆游的一句"千里郁为诗书乡"肯定是包含了对义门王氏的褒扬。

2. 张商英、李邦彦、孟昌龄与义门王氏

义门王氏与张商英的交游中,最重要的一件事就是张商英应王庠、王序请求撰写《大宋故赠通议大夫王公墓表》,即《王梦易墓表》,且由"太中大夫、守尚书左丞兼神霄玉清万寿宫副使、陇西郡开国公李邦彦书。保和殿学士、银青光禄大夫、提举上清宝箓宫、提举三山河桥、安定郡开国侯孟昌龄篆盖"。王庠、王序为什么不辞辛劳派人请张商英、李邦彦、孟昌龄为其父撰写墓志铭和书刻撰额呢?《王梦易墓表》引述了王庠的话:"昔者先子获交于吾乡先生无尽公,诗编简牍秘于私家者,俱存也。先子之平生及其诬服抵罪,乡先生固知之矣。"这段话表明了张商英和王梦易的两种关系,一是四川老乡;二是他们之间是旧交。至于"以亲名托之",则是连县志编撰者都表示不解的问题,民国版《荣县志·王梦易墓表》编者按:"商英出入邪正之间,所谓有把茅盖顶,即能呵佛骂祖者也。冯懈上书废元祐皇后,皆附势趋风,无忌惮之尤。而庠、序以亲名托之,何哉?"然而,我们大致梳理一下三人与墓主王梦易及其子王庠、王序的关系,便可一探究竟。

张商英(1043—1122),字天觉,号无尽居士,四川新津人,宋代词人、书法家,治平二年(1065)进士,官至尚书右仆射(宰相)。虽然在品节方面,张商英饱受后世诟病,但致书张商英,请求撰写《王梦易墓表》却是借当世贤达提升"义门王氏"名望的重要事件。他们为什么致书张商英而不是别人呢?

据《江汉商报》(2013年8月17日)文载,张商英的夫人向氏,其父向子山,其祖为大名鼎鼎的宰相向敏中。张商英19岁那年入京应举,途经向家

借宿。恰好前一天晚上神人托梦给向子山，说："明日接相公。"第二天，张商英正好赶到这里。向翁一见，颇为诧异，只见面前这位书生身材伟岸，英俊豪迈，风流倜傥，便殷勤招待。席间谈吐投机，向翁趁机道："秀才若未娶，当以女奉洒扫。"张商英以应举求功名为由，谦辞再三。向翁道："此行若不了当，吾亦不爽前约。"张商英见盛情难却，便答应了。后来张商英果然成了向敏中的孙女婿。

向氏也是一个才女，张商英自号"无尽居士"也与向氏有关。张商英起初不信佛，一日，他见到佛经装饰华丽，心中便愤愤不平，说："我孔门圣贤之书，反而不如胡人之教受人敬重。"至晚回归家中，夜不能寐，觉得轻重颠倒，有损孔教，遂起身欲著《无佛论》。夫人向氏知佛，得知此情，劝说道，"既然无佛，何论之有？"商英犹豫一会也便罢了。后至一同僚家，偶见《维摩诘所说经》，信手一翻，便是一句"此病非地大，也不离地大"。商英吃惊地说："胡人之语，亦能尔耶？"于是借回家中，静心阅览，妻子向氏也时时鼓励，商英由此深信佛说，留心祖道，并自号"无尽居士"。

宣和癸卯（1123），唐安任宗易《宋双溪记》载："向氏，大丞相魏王讳敏中之孙，少师讳传师之女，钦圣宪肃皇后之从祖姑。"王梦易夫人向氏父亲为向敏中的儿子少师，字传师，那么王梦易就是向敏中的孙女婿。向氏也是向敏中的曾孙女（父亲向经）、钦圣宪肃皇后的从祖姑。而张商英夫人是向敏中之子向子山的女儿，那么张商英也是向敏中的孙女婿。子山应为向敏中五子中一人的字号，名字无考。这样，张商英与王梦易为连襟或堂的连襟关系，是王庠兄弟的姨父或堂姨父。虽然王梦易皇祐元年（1049）进士及第，出仕早于张商英，但王庠生于1070年，因此与向氏联姻未必比张商英更早。同时，《六一之一录》卷九十二载，《茅山崇禧观碑》："崇宁五年（1106年），张商英撰，朝散郎、签书荣州军州事判官防公事、轻车都尉、赐绯鱼袋王古书。"（《茅山志》）张商英曾与荣州军州事判官防公事王古联袂书撰《茅山崇禧观碑》。考察发现，虽然此王古非为"三槐王氏"王巩之子，但作为《茅山崇禧观碑》的合作者，双方关系必然密切，而王古作为义门王氏的父母官，应与义门王氏友善，亲戚加上朋友圈这层关系，再加上张商英曾贵为宰相之尊，请他为连襟写墓表则在情理之中。墓表记宣和五年（1123）立石，而张商英卒于宣和四年（1122），则墓表至迟作于1122 年。如是，则墓表算得上张商英的绝笔了。

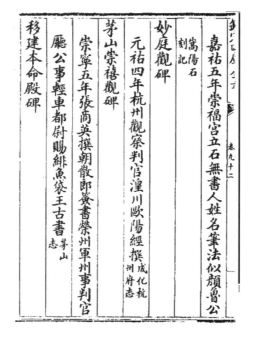

《六一之一录》卷九十二载《茅山崇禧观碑》截图

据《宋史·李邦彦传》（卷一百一十一），"李邦彦字士美，怀州人……大观二年，上舍及第，授秘书省校书郎，试符宝郎……宣和三年，拜尚书右丞；五年，转左丞……明年，拜少宰，无所建明，惟阿顺趋诏充位而已，都人目为'浪子宰相'……金人既薄都城，李纲、种师道罢，邦彦坚主割地之议……建炎初，以主和误国，责建武军节度副使，浔州安置。"李邦彦是北宋末年"靖康之难"投降派奸臣之首，直接造成北宋灭亡。徽宗政和年间（1111—1118）孟昌龄为都水丞，《宋史》《宋会要辑稿》等都有孟昌龄为都水使者、工部侍郎、兵部尚书、保和殿大学士等记载。《宋故文安郡开国侯王徽学墓志铭》载，崇宁初，都水使吴玠治塘堤。辟公（王序）僚属，为都水丞。王序与二者均为都水监，又先后同事，尽管李、孟二人都被称为"误国害民"的罪人，但在撰写《王梦易墓表》时李邦彦在宣和三年到五年（1121—1123）在尚书左右丞位置上，孟昌龄为保和殿学士、银青光禄大夫，可谓位高权重，故请他们书法和篆额也是有渊源的。《王梦易墓表》（1123）记李邦彦为尚书左丞，《宋史》记载他宣和五年（1123）才任左丞。

3. "三槐王氏"与义门王氏

相传，周代宫廷外种槐树三棵，荆棘九株。百官朝见天子时，三公面对槐树而立，九卿面对荆棘而立。后世便以三槐代指三公一类官职，九棘代指九卿百官。王祐亲手在庭中栽种了三棵槐树，希望借此荫庇族人。后来次子王旦果然当了宰相，孙王素又做了宋仁宗时的工部尚书。王氏族人遂称这支王氏宗族为"三槐王氏"，并将宗族祠堂命名为"三槐堂"。王祐曾孙王巩文采出众，与苏轼友善。苏轼为之作《三槐堂铭》，从此"三槐堂"扬名天下，成为王氏子孙后代通用的堂名。

王吉、王巩为从兄弟。王吉，王旦次子王冲（988—1029）的第二子，"配范氏，子三：庆、吉、靖"。王吉，"字利叔，少负器识，有声江表。举茂才，为鄂县主簿，迁眉州彭山令，通判荣州，边守河东。召以殿中丞知台州。卒于官"。"配阎氏，赠万年县君。"[1]王吉曾"通判荣州"，知悉义门王氏，自是情理之中。《宋史·王庠传》载："时严元祐党禁，庠自陈：'苏轼、苏辙、范纯仁为知己，吕陶、王吉尝荐举，黄庭坚、张舜民、王巩、任伯雨为交游，不可入举求仕，愿屏居田里。'"《同姓名录卷二·王吉六》亦载其事："宋王吉，荐处士王庠。后吉罹元祐党禁，自劾'吉尝荐举不可入仕'。"虽然王吉的举荐并未能帮助王庠入仕，但他流转各地为官，对扩大王庠在朝野的影响肯定有很大的作用。王巩，字定国，号介庵，自号清虚居士，王旦第三子王素（1007—1073）的第四子。哲宗绍圣初（1094），王巩谪签书荣州判官厅公事。王庠在《见王巩书》中称："某切惟执事奉天子命，来官三荣……某之请益，今已后矣。虽然，求教而失之遽，则其要不久，其诚不通，受赐于君子自今日始，尚未晚也。执事察其心而已。谨献近所为文一编，非敢以为文也，以为求教之资也。进退唯命。"显然，这是一封献文"请益"的函件。辞气谦

---

[1] 李贵录. 北宋三槐王氏家族研究[M]，济南：齐鲁书社，2004.

恭，势所必然，但也不乏自信。从王庠所谓"王巩、任伯雨为交游"的语气可见，与王巩并非只是下属与官长的关系，他们曾是交好的友人。

王巩与王庠的交游还与眉山苏轼家族有一定关系。张方平任成都太守时对三苏有举荐之恩，而他又是王巩的岳父。张方平于苏轼有师恩，而王巩又拜苏轼为师，并且是亦师亦友的关系。这样王巩签判荣州，与义门王氏尤其是与王庠关系密切便在情理之中。

4. 李新与义门王氏

李新（1062—?），字符应，号跨鳌先生，仙井（今四川省仁寿县）人。宋神宗元丰七年（1084）入太学，哲宗元祐六年（1091）进士，官南郑县丞。元符三年（1100），在南郑应诏上万言书，被贬遂州。徽宗崇宁元年（1102），入党籍。大观元年（1107）遇赦，摄梓州司法参军。宣和五年（1123），为茂州通判。高宗绍兴八年（1138），应其子时雨请，追赠一官（《宋会要辑稿·仪制一一》）。有《跨鳌集》五十卷，已佚。清四库馆臣据《永乐大典》辑为三十卷（其中诗十一卷）。李新分别为王庠、王序父母撰写了《王朝奉诔》和《吊安康郡君词（并序）》两篇吊丧的文字，另有诗歌《喜孙伯远王周彦远访》也体现出他们的交情。

李新是一位诗人，与王庠、王序相差不过十来岁，生活中他们有数十年的交往。《吊安康郡君词（并序）》介绍了他们交往的情况："元祐己巳，某识周彦于鱼凫市门，语久意合。明年春，周彦具书币来致某，欲以文相会，馆某于华萼。周彦昆季，才器行实，迈世远甚。友某则屈则辱，安康君与周彦、商彦几以某为兄、子，数旦旦，礼遇有加。是年秋，某以书贡，春解褐衣，通籍士部，今二十三年矣。"李新与王庠相识于"鱼凫市门"，鱼凫，今成都市温江区。市门，古代市场出入有门，按时启闭。另有一种解释为"妓院的代称"。即王庠19岁那年，他们在温江的市场或娱乐场所认识。第二年，王庠派人带着书信和礼品去邀请李新，李新到和义县（今四川省荣县）后，王庠、王序兄弟对他"礼遇有加"，招待他入住义门王氏的"华萼"宾馆，把他当作家人。李新对王庠兄弟的评价相当高，"才器行实，迈世远甚"。《喜孙伯远王周彦远访》也描绘了他们欢会的情景："晚闻佳客过烟城，抛檄归来扫榻尘。连骑莫忧原叔病，食鲜谁谓庾郎贫。定因残雪寻穿覆，聊觅江梅遗故人。重与论文在何日，自应乘兴一相亲。"黄庭坚《答王周彦（其四）》："孙伯远善论文章之病，而严君可长于下笔，公能致此二士馆之，当有得耳。"可见，黄庭坚在苏轼去世时给王庠的信中，曾向王庠介绍孙伯远。从这首诗作来看，王庠与孙伯远确实成了好友，"连骑"远赴烟城与李新切磋"论文"。李新对两位朋友不嫌弃自己两袖清风，访客极少，远道来访感到非常高兴，抛下公务，回家热情款待。今有"烟城"别称的城市是许昌、襄阳，但李新并未任职两地，按照李新履历，此时应在梓州司法参军任上，故"烟城"应为梓州，即今绵阳市三台县。

5. 董正封与义门王氏

董正封（约 1050—1132），北宋末东平须城人（今山东省东平县州城街道），1120 年左右，任荣州知州。知荣州的董正封离任，王庠作《送知荣州董正封序》为其送行。离任时间应在宋徽宗宣和五年（1123）癸卯，那么接任者就是任宗易。这一年义门王氏家族的一件大事是六月王庠、王序为《王梦易墓表》立石。任宗易于十月孟冬拜访王庠并作《宋双溪记》，提及墓表立石之事。推知董正封应参与了《王梦易墓表》立石这件大事。

《送知荣州董正封序》为送别荣州知州董正封的一篇赠序。文章极言董知州关心和解决民生疾苦，临别时主公"欲去不能，欲别不忍"和送行者依依惜别的情形。

洪迈（1123—1202），字景庐，号容斋，又号野处，南宋饶州鄱阳（今江西省鄱阳县）人，南宋著名文学家。他在《夷坚支志》癸卷三载《董待制伐木》一文中描写了显谟阁待制董正封知荣州，不畏鬼神，果断砍伐制署聚集恶鸟的梧桐的故事，从另一个侧面证明了董正封的政绩。

以上是义门王氏交游的大致情况。需要注意的是，淳熙元年（1174），王庠获谥号"贤节"，义门王氏仍然是仕宦之家。这年冬，陆游来到荣州，曾晚登"横溪阁"，多次赋诗填词，很可能就是王庠、王序后裔招游。因此，义门王氏很可能与陆游也有交往。

　　总的来看，义门王氏家族体系庞大、社会交往广泛、客观影响深远，是研究荣州历史文化不可回避的对象。

第五章

此君轩诗话

《此君轩》组诗的创作过程

从黄庭坚与王庠的书信来往看，黄庭坚在黔州期间与王庠只是神交，并未谋面，当迁到戎州以后，他们便有了往来。王庠还请黄庭坚为读书处题字。

民国版《荣县志·金石》第十四载："陆放翁《别荣州》诗：'仙穴寻梅雨垫巾'。自注：双溪王氏有石穴，黄太史榜曰地仙洞。又宋人笔记：王周彦请名洞，山谷题曰'地仙洞'，义取向夫人永寿。"《答王周彦书》记录的内容能够证明王庠曾亲赴戎州拜访过黄庭坚。"其周彦者，亦我过也，经旬浃而寂然，一日惠然而来，乃以先生长者遇我。"这段说王庠是众多慕名来访者之一，来访以后过了十多天没有消息。一天忽然高兴地再次来访，并且以老师和长者的礼遇对待黄庭坚。"亦我过"即"亦过我"。过，拜访、探望。也有人认为王庠与黄庭坚从没有见过面，黄庭坚题"此君轩"和"地仙洞"等都是派人求字所得，至于黄庭坚是否到过荣州并没有史料记载，但王庠不止一次去过戎州则是肯定的。若黄庭坚没有到过荣州，单凭王祖元的介绍，《寄题荣州祖元大师此君轩》等组诗难以写得如此形象生动。

据黄庭坚与王麃、荣州薛刺史等书信，他与义门王氏家族中多人有交往，时间也都在其被贬黔、戎期间。其中王祖元还多次到访戎州，与黄庭坚交往最多。黄庭坚与王祖元一见如故，除了有王庠从兄这层关系外，还因佛、琴之缘。黄庭坚也是信佛之人，晚年自号"山谷道人"，与方外人士多有交游，或书信或赠诗或留墨，如与黄龙山灵源寺惟清和尚等人的友情。从晋到宋间，学佛者皆称"道人"，尊之则师则公，所以黄庭坚称王祖元为大师、元师、王师、元上人。"上人"是古时对持戒严格并精于佛学的僧侣之尊称。

黄庭坚对王祖元的琴技十分欣赏，在所赠《此君轩》诸诗中均有赞颂。"元师能令携琴一来为望，庄叔之子亦可敦以诗书否？"黄庭坚在给王庠的信中表达了对让祖元携琴前来的渴望。黄庭坚离开戎州到达荆州时所书《答王周彦（其二）》中提及"元师惠书及珠子黄，甚荷渠虽远不忘之意，但以病起，不能多书，且为道谢之"。黄庭坚《与王子飞兄弟书（五）》谈及用荣州珠子黄等研为药丸服用的方剂。江安之别后王祖元还写信给黄庭坚并赠予药物，可见二人在戎州期间结下深厚友谊，尤其是黄庭坚为王祖元三题《此君轩》诗成为传世佳话。

《此君轩》诗是黄庭坚所作的同韵唱和组诗，共三首，分别是：《寄题荣州祖元大师此君轩》《戏用题元上人此君轩诗韵奉答周彦公起予之作，病眼空花，句不及律，书不成字》《元师自荣州来，追送余于泸之江安绵水驿，因复用旧所赋此君轩诗韵赠之，并简元师从弟周彦公》。第二首简称《题元上人此君轩》，第三首简称《黄山谷赠元师持》。这三首诗写于黄庭坚谪贬戎州期间，围绕王祖元和王庠二人展开。黄庭坚在历次抄写时所加题跋不同，《山谷内集》《山谷别集》《山谷内集诗注》《山谷题跋》《山谷年谱》等对三首诗书写时间、题目、诗文、题跋或分列，或字句不一，在后世刻字、转载、出版过程中，三诗题目、诗句、跋语对应等又有出入。后世各代多有题跋，有的难以与三诗一一对应，加之墨本、原碑早佚，后世翻刻众多，与真迹走样，拓本流传不清晰，又因各代书家临摹，真假难辨，造成现今对《此君轩》三诗的书写时间顺序、诗文跋语、墨本拓本等考释众说纷纭。

李树民《南荣"义门王氏"世系及交游述略》、单凌寒《宋拓黄庭坚〈此君轩诗〉帖综考》、杨胜宽《苏轼与王庠的交谊考述》、胡昌健《黄庭坚谪巴蜀年谱诗文尺牍文物考证》等文，对黄庭坚与义门王氏的交游及此君轩组诗唱和情况都有详细考述，但各人掌握的文献和对文献的解读有所不同，因而结论虽大同小异，但也有相左的观点。现依据相关历史文献以及各年代《荣县志》记载，结合各家观点，对《此君轩》组诗进行综合考释。

"此君轩"是宋时荣州嘉祐寺"霜钟堂"祖元禅师的斋室名号，是祖元大师禅修之所。此君，即竹子。王徽之（字子猷，东晋名士、书法家，书圣王羲之第五子）有"何可一日无此君"之说。

宋嘉祐寺址在荣县城北凤鸣山。凤鸣山为县之主山，相传古竹实茂盛，有凤鸣于上，故命名为凤鸣山。王祖元在寺内辟此君轩，建其堂曰霜钟堂，后并祠山谷。嘉祐寺元末毁，明宣德初重建。据乾隆版《荣县志》载："（凤鸣山）巅有文昌宫、龙井，中有此君轩，右有万寿寺、竹梧堂，麓有凤鸣堂、连云堂、霜钟堂、鄂鞿堂，前察院、行台、布政司分司。昔人题其景曰'凤鸣朝阳'，诗文著于后。"清嘉庆六年（1801），文昌列祀典；八年（1803），知县许源增饰文昌；十二年（1807），知县许源添修启圣宫、龙王庙、三圣宫于殿后。许源以意度地，于文昌宫构数楹，榜曰"此君轩"，盖即太史（黄庭坚）祠址矣。许源有《重建此君轩记》。殿前左右新建考棚十八间，古龙井在考棚内，清时以长落卜科第，奇验，浚之得沙石，知与河心平。后改为学堂，康熙四十九年（1710），改前明察院行台为凤鸣书院。民国 2 年（1913）春创建县立中学，校址在凤鸣山，即今荣县中学校。

荣县档案馆藏民国 24 年（1935）《荣县古迹古物调查表》将霜钟堂列为古庙，时划为县立第一小学校校地。表中"常绿树"栏登记文昌宫内有棵由宋嘉祐年王商彦（王序）所植的罗汉松，树径约五尺，高二丈余，砌有石台保护树根，由县小学校负责保护。可惜至 20 世纪 90 年代古井被填，古树亦枯死。如今，寺、祠、井、树，皆荡然无存。

民国 24 年（1935）《荣县古迹古物调查表》（荣县档案馆提供）

《蜀中名胜记·荣县》载："其北凤鸣山，则黄鲁直所题荣州祖元大师此君轩在焉。"祖元是王庠堂兄，极喜抚琴弄筝，又爱竹的清虚劲节，所以设"此君轩"，种竹万竿，在轩内常摆琴筝等乐器，经朋友邀集，弹琴、饮酒、赋诗为乐。明人宋濂《宋学士集》载："祖元大师……和义人，族王氏，能用五行书察人休祥，性尤嗜琴，学之二十年弗厌。构霜钟堂，蓄雅琴十余，遇嘉宾至，欣然鼓一再行。或坐此君轩，对竹啸咏。"

黄庭坚与祖元禅师有很好的交情，曾共同将苏轼的《醉翁操》完词和谱曲，使之在四川很多地方流行。祖元还能用五行、天文历法推算人的吉凶，即我们说的看相算命，相传准确度高。黄庭坚《与荣州薛使君书（其三）》说："（祖元）以星历推休咎，常得十之七八。"前文"学之二十年弗厌"按黄庭坚诗中为"三十年"，可能为刊刻错误。

元符二年（1099）九月，黄庭坚作《此君轩》组诗第一首。《山谷内集》载《寄题荣州祖元大师此君轩》一诗，任渊在内集《年谱》中记："山谷有此诗跋云：'元符二年闰月初吉，书赠荣州琴师祖元。'"查元符二年为闰九月。初吉，即朔日，阴历初一日。《诗经·小雅·小明》："二月初吉，载离寒暑。"毛注："初吉，朔日也。"一说自朔日至上弦（初八日）为"初吉"。无论怎么理解"初吉"一词，第一首《此君轩》诗应作于元符二年闰九月初，祖元赴约之时。祖元请黄庭坚作诗并书写后，刻于居所此君轩中。

祖元此次戎州之行，王庠是否同来，已不得而知。但诗中有"公家周彦笔如椽，此君语意当能传"之句夸赞王庠，不仅把王庠、祖元与黄庭坚的关系联系起来，更是激起了王庠次韵和诗的热情，于是有了《庠窃观学士九丈题此君轩诗，谨次元韵因以求教，下情愧悚之至》（诗文见本书第六章）。其中"劝人达节通天命，舒卷若绳明若镜""不为煎茶不作椽，清风万壑到处传"等句，显然是对黄庭坚诗句的回应。《寄题荣州祖元大师此君轩》应是黄庭坚当时的得意之作，因此被收录在《内集》。[《山谷集》共七十卷：《内集》三十卷，黄庭坚外甥洪炎编于建炎二年（1128）；《外集》十四卷，李彤编于孝宗时（1163—1189）；《别集》二十卷，黄㽦编于淳熙九年（1182）；《词》一卷，《简尺》二卷，《年谱》三卷，黄㽦著。]

元符二年（1099）九月，黄庭坚又作《此君轩》组诗第二首。黄㽦《内集注》按语称："按是岁闰九月，又有一篇亦此韵，见于《外集》。"此诗是《戏用题元上人此君轩诗韵奉答周彦公起予之作，病眼空花，句不及律，书不成字》，即《此君轩》组诗第二首，被黄䎖收入《别集》卷一。黄䎖是黄庭坚族弟黄叔敖之孙，因其家旧藏再加之搜集真迹和刻石，所以《别集》收录十分可信。黄庭坚叠韵答王庠之作，又有"诗后题云，此诗如元公欲刻之此君轩，可听渠摹本也。右有跋语见第十一卷"。因前有祖元所请刻轩中之诗，故黄庭坚此次和王庠之诗，后附此言，如祖元欲刻石，可任凭他摹勒。《外集》卷十一又有跋语云："余既追韵作此诗寄周彦，周彦抄本送元师，元师更欲得余手写，因为作草书……江安城北滩上作小茅亭，尉李相如为余开两窗，极明焕，故能戏弄，笔墨可意。"可见第二首《此君轩》诗为黄庭坚答王庠次韵求教之作。黄庭坚书写过两次，行书寄王庠，草书赠祖元。一次于元符二年九月写于戎州，为行书，王庠收到后，抄本送祖元。一次于建中靖国元年（1101）正月写于泸州江安，应祖元欲得手墨之求再次书写，为草书，并有跋语。

诗中有"病眼空花"之句，元符二年（1099）下半年直至元符三年（1100年）上半年，黄庭坚生过一场大病。在其写于元符三年正月的《书韩愈送孟郊序赠张大同》中提到，当时仍有"心腹之疾"且"病足不能拜"。

元符二年（1099）冬天，祖元前往戎州，或为探望生病的黄庭坚。祖元预言来春三月，黄庭坚必将东归，并相约前来送别。第二年三月，祖元果真前往相见，请求再赐《此君轩》诗，于是黄庭坚又一次书写《寄题荣州祖元大师此君轩》，并加跋语"元符二年冬，元访予于僰道。约来三月，予必东归，归当复来别我。既而如其言，果来相见，但乞此君轩诗而已。咄嗟而成，文不加点。"第一首《此君轩》诗黄庭坚书写过两次，一次为"元符二年闰月初吉，书赠荣州琴师祖元"，无跋语，一次是元符三年三月，有"元符二年冬……"之跋语。至于两次书写的字体、大小是否有明显不同无从考证，从《荣县志》中所载题目为《此君轩为王元公题》，而其他文献均无此题目出现的情况来看，此诗应该不止一个版本。

建中靖国元年（1101）正月，黄庭坚作《此君轩》组诗第三首。建中靖国元年，黄庭坚东归，王庠、祖元追送于江安，黄庭坚感其情，又有赠诗，即《元师自荣州来，追送余于泸之江安绵水驿，因复用旧所赋此君轩诗韵赠之，并简元师从弟周彦公》。此诗亦载于《别集》卷一，黄䎖《山谷年谱》录此诗题跋："余旧得东坡所作《醉翁操》善本，尝对元道之，元欣然曰：'往尝从成都通判陈君顾得其谱。'遂促琴弹之,词与声相得也,蜀人由是有醉翁操。然词中之微旨,弦外之余韵,俗指尘耳岂易得之?建中靖国元年正月辛未江安水次偶住亭书。"《醉翁操》是宋代古琴高手沈遵谱曲,苏轼填词,吟咏欧阳修之作。黄庭坚得词,祖元得曲,两人相遇后珠联璧合,遂使词曲相得。黄庭坚此跋记与祖元相契的旧事,并用旧赋《此君轩》诗韵,兼释"是师胸中抱明月,醉翁不死起自说"等句,颇具真情。此诗作于建中靖国元年正月辛未(初十),因为黄庭坚明言"并简元师从弟周彦公",即"抄送"王庠,故《别集诗注》录有王庠的次韵和诗《庠拜手顿首启,伏蒙学士九丈再赐诗章,庠僭率继和尚觊采览,庠再拜》(见本书第六章)。其中"明朝相约送涪翁,夜静林深绕清磬。涪翁万里离鬼门,竹枝莫恼白使君"等句,可知此次追送黄庭坚于"泸之江安绵水驿"的人,不止有祖元,尚有王庠等人。

王庠步黄诗元韵和诗奉答,回首多年来的交往,寄述行谊,并不忘致意当初的引荐人苏轼:"邂逅东坡应话旧,但说海山千万秀。"可见黄庭坚《此君轩》之第三诗也应写作两本,一本赠祖元,一本赠王庠。

综上,《此君轩》唱和诗共有五首,其中王庠和诗二首,黄庭坚作诗三首,每首写过两次。

《此君轩》组诗赏析

1.《寄题荣州祖元大师此君轩》①赏析

王师学琴三十年，响如清夜落涧泉。

满堂洗净筝琶耳，请师停手恐断弦。

神人传书道人命，死生贵贱如看镜。

晚知直语触憎嫌，深藏幽寺听钟磬。

有酒如渑客满门，不可一日无此君。

当时手栽数寸碧，声挟风雨今连云。

此君倾盖如故旧，骨相奇怪清且秀。

程婴杵臼立孤难，伯夷叔齐采薇瘦。

霜钟堂上弄秋月，微风入弦此君说。

公家周彦笔如椽，此君语意当能传。

跋：元符二年冬，元访予于僰道。约来三月，予必东归，归当复来别我。既而如其言，果来相见，但乞此君轩诗而已。呫嗟而成，文不加点。

【注释】

王师学琴三十年，响如清夜落涧泉。王师：即祖元大师。落涧泉：琴曲中有《幽涧泉》。宋代欧阳修《送琴僧知白》云："孤禽晓警秋野露，空涧夜落春岩泉。"这两句是说：祖元大师学习琴技三十年，他弹琴时，那琴声就如夜间山中涧水泠泠。

---

① 各版本古籍中该诗题目均有变化，有的为"题"，有的为"寄题"，《荣县志》中为《此君轩为王元公题》。

满堂洗净筝琶耳，请师停手恐断弦。"满堂"句：苏轼有《听杭僧惟贤琴》："归家且觅千斛水，净洗从来筝笛耳。"这两句是说：祖元大师弹琴之时，琴音美妙，听者一洗往日听过筝琶声的耳朵；众人因怕祖元大师把琴弦弹断，请他到此停手。

神人传书道人命，死生贵贱如看镜。道：预卜。如看镜：就像镜中看东西，一目了然。《南史·陆慧晓传》："慧晓心如照镜，遇形触物，无不朗然。"这两句是说：祖元大师为人算命，预卜人的福祸贵贱，就像在镜中看物一般，无不明白清楚。

晚知直语触憎嫌，深藏幽寺听钟磬。晚知：后来知道。憎嫌：憎恶嫌弃。这两句是说：祖元大师后来知道直言直语常常会招致憎恶和嫌弃，因此他深居佛门，听那钟磬之声。

有酒如渑客满门，不可一日无此君。有酒如渑：形容酒非常多。渑，古代河流名，在今山东。这两句是说：他的酒非常多，故而终日宾客满门，当然"此君"也在行列之中。

当时手栽数寸碧，声挟风雨今连云。寸碧：指竹苗短小。连云：指竹已长得高大。这里有夸张的成分。嘉祐寺虽地处凤鸣山上，但再高，寺里的竹子也不可能连云。这两句是说：他当时栽的小小竹子，现在已经长得很高大，可上接云霄，每当风雨之时，那风吹竹竿雨打竹叶的声响不绝于耳。

此君倾盖如故旧，骨相奇怪清且秀。倾盖：两车相遇，车上的人相互交谈，车盖相并而且稍有倾斜。《史记·邹阳列传》中引用谚语："白头如新，倾盖如故。"指有的人相处到老还是陌生的，有的人停车交谈便一见如故。比喻感情的厚薄不以时间长短来衡量。这两句是说：竹梢弯曲，就如同好友故旧于路上相遇，倾盖交谈。那竹子修长，长相怪异，有一股清秀之气。笔者以为，黄庭坚能够刻画出祖元此君轩竹子的形象，并不是作者在猜测，而应该是到过嘉祐寺的。相传荣县是竹王多同的故乡，这里的乡下家家户户都种竹子，但有一种观赏竹却不是家家都种，那就是罗汉竹。这种竹子根部膨大，每节就像大肚罗汉一样，故名。荣县曾经很多，"荦确坡头筇竹枝，西临村路立多时。"（陆游《晚登横溪阁》其二）或许陆游当年来到荣州挂的拐杖就是用罗汉竹做的。因其实用功能太少，后来栽种的也少了，但古风犹存的东兴镇场镇边上还有人家栽种有罗汉竹。

程婴杵臼立孤难，伯夷叔齐采薇瘦。"程婴"句：此句用"赵氏孤儿"典故。据《史记·赵世家》记载，春秋时期晋国贵族赵氏被奸臣屠岸贾陷害而惨遭灭门，赵朔妻在宫中避难，生下一个男婴，程婴与公孙杵臼为了救此孤儿先后赴死，幸存下来的赵氏孤儿赵武长大后为家族复仇。"伯夷叔齐"句：伯夷和叔齐为商朝孤竹国君的两个儿子，武王灭商，伯夷、叔齐不食周粟，逃至首阳山，靠采薇生活，最后饿死。这两句是说：竹子就像那为了立孤而先后赴难的程婴和公孙杵臼一样，就像那宁肯饿死也不食周粟的伯夷、叔齐一样耿介坚贞，劲节挺立。

霜钟堂上弄秋月，微风入弦此君说。霜钟：堂名，琴曲《秋思》为蔡邕《五弄》。古人认为钟声在霜降后特别清越好听，因此善琴的祖元以"霜钟"来为其堂命名。李白《听蜀僧濬弹琴》："客心洗流水，余响入霜钟。"这两句是说：在霜钟堂上赏月弹琴，微风拂过，竹叶沙沙作响，好像在跟琴声对话一般。

公家周彦笔如椽，此君语意当能传。周彦：王庠，字周彦，祖元从弟，故称"公家周彦"。笔如椽：即文章写得好，为大手笔。成语有"如椽大笔"。《晋书·王珣传》："珣梦人以大笔如椽与之。既觉，语人曰：'此当有大手笔事。'俄而帝崩，哀册谥议，皆珣所草。"这两句是说：你的从弟王庠文章写得好，是大手笔之人，他定能把竹子的话语写出来，使之流传。

【赏析】

此诗名为题轩，实则写人，即写祖元大师。这首诗头四句为第一层，写祖元大师琴艺之精。前面讲过，祖元大师善琴，三十年的深厚功底，才能让琴声有如夜听山涧里泉水跌落的高妙。空谷回荡，清脆有致。有版本记为"二十年"，不符合实情，王庠当年已 29 岁，其从兄祖元年龄要大得多，二十年也不足以描写祖元的琴艺精湛。"满堂洗净筝琶耳"是说洗净听惯了俗乐的耳朵专心致志地听师清雅的古琴。成语"洗耳恭听"就是恭敬而专心地倾听的意思。李肇《唐国史补》卷下："于頔令客弹琴，其嫂知音，曰：'三分中一分筝声，二分琵琶，绝无琴韵。'"黄庭坚借此典故赞颂祖元琴艺高操。弹到琴曲高妙之处，众人都希望祖元停手，恐怕琴弦断了，以后再也听不到这样古雅的琴曲了，这是从反面衬托祖元琴艺之高。

第二层，写祖元大师的相术高明。他通晓星象和占卜之术，可以做到"死生贵贱如看镜"。由于直语，年轻气盛时的祖元因为涉世未深，加上义门王氏祖辈都有直语触上的基因，可能因为说话太直触犯了人家的忌讳，甚至太毒得罪了人，到人生阅历丰富以后才明白过来，但巳悔之晚矣，所以托迹"深藏幽寺"，种竹抚琴。至于是什么事情导致祖元晚来觉悟，其中的故事只有黄庭坚知道。

第三层，写祖元大师的嗜酒好客。他"有酒如渑客满门"，为人豪爽，常用酒招待客人。每天与竹子相伴，当时在"此君轩"种下高不过数寸的竹子，如今已高入云霄，挺拔能承受风雨。荣县酿酒历史悠久，不仅祖元好酒，南宋陆游也爱酒，其关于荣州的诗中有"郫筒味酽愁濡甲，巴曲声悲怯断肠。"（陆游《城上》其一）"鹅黄名酝何由得，且醉杯中琥珀红。"（《城上》其二）荣县人历来还有藏酒的习惯，所以说祖元的"酒如渑"也是源于生活而高于生活。

第四层，写此君的品格。竹子在祖元的精心培育下，长得骨相奇怪清秀，并用了赵氏孤儿和不食周粟两个典故。前者借以夸竹之有劲节，能错节盘根，在最艰苦的环境下也要使自己的幼苗笋子顽强地成长起来。后者用以形容竹子的清瘦和劲节，孤竹切合咏竹，一语双关，笔墨十分精炼，所以南宋胡仔《苕溪渔隐丛话》说它"此虽多用典，善于比喻，何害其为好句也"。以写竹子的耿介坚贞品格，侧面映射出祖元大师的人品。

第五层，呼应开头，以夸饰王庠作结。黄庭坚作此诗时，发挥超常想象力，想象祖元在霜钟堂上赏月抚琴，微风吹拂竹子发出低吟，又传送着清越的琴韵。主人、竹声、琴韵、月光融合在一起，交织出一幅恬静和谐的美景。最后两句说要有像王庠那样如椽的文笔，才能把竹的幽韵传达出来。这是黄庭坚自谦，认为比不上王庠的文才。本来黄庭坚这首诗借描写此君，已经把祖元的形象描写得很丰满，而最后"公家周彦"两句对王庠的赞美和期许，既是对王庠寄诗求教的回复，又由此引出了王庠模仿和次韵九丈大人的和诗，再引出黄庭坚的第二、三首此君轩诗。对于本诗来说，可算画龙点睛；对于此君轩诗话来说，是一个如"霜钟"那样清越的开端。

本诗运用烘托的手法，凭着对祖元、王庠、霜钟堂、此君轩的了解，发挥自己的想象力，层次清晰地描写了此君轩和他的主人祖元大师，生动地塑造了一个豪迈劲节、超迈脱俗而又才华横溢的人物形象。借物写人，人与物相映生辉。加上诗人、大书法家的手笔，这首诗得到广泛传播和传承。

2.《戏用题元上人此君轩诗韵奉答周彦公起予之作，病眼空花，句不及律，书不成字》^[1]赏析

此道沈霾多历年，喜君占斗斸龙泉。

我学渊明贫至骨，君岂有意师无弦。

潇洒岂非侯爵命，道人胸中有水镜。

霜钟堂下月明前，枝枝雪压如悬磬。

敝帚不扫舍人门，如愿不谒青鸿君。

来听道人写风竹，手弄霜钟看白云。

平生窃闻公子旧，今年谁举贾生秀。

未知束帛何当来，但有一筇相倚瘦。

欲截老龙吟夜月，无人处为江山说。

中郎解赏柯亭椽，玉局归时君为传。

跋：余既追韵作此诗寄周彦，周彦抄本送元师，元师更欲得余手写，因为作草书。近时士大夫罕得古法，但弄笔左右缠绕，遂号为草书耳。不知与科斗、篆、隶同法同意，数百年来惟张长史、永州狂僧怀素及余三人悟此法耳。苏才翁有悟处而不能尽其宗趣，其余碌碌耳。江安城北滩上作小茅亭，尉李相如为余开两窗，极明焕，故作戏弄，笔墨可意。

【注释】

此道沈霾多历年，喜君占斗斸龙泉。沈霾：亦作沉霾，指阴霾。明徐弘祖《徐霞客游记·楚游日记二》："每从人问律，俱戒莫入，且雨雾沉霾，莫为引导。"比喻社会环境恶劣。历年：多年。《尚书·君奭篇》："故殷礼陟配天，多历年所。"孔传（伪孔国安《尚书传》）："故殷礼能升配天享，国久长，多历年所。"占斗斸龙泉：《晋书·张华传》："斗牛之间，常有紫气。雷焕曰：'此宝剑之精，上彻于天，当在豫章丰城。'华即补焕为丰城令。焕到县，掘狱屋基，得一石，函中有双剑，一曰龙泉；一曰太阿。"斸：用刀砍。这两句的意思是：这个世道笼罩在阴霾中已经好多年了，可喜的是还有你占据着北

斗之尊位，能够拿着龙泉宝剑去砍斫。

我学渊明贫至骨，君岂有意师无弦。贫至骨：贫困到极点。杜甫诗："已诉征求贫到骨。"东坡诗："先生年来穷到骨。"萧统《陶渊明传》云："不解音律，常蓄无弦素琴一张，每酒酣即抚弄以寄意。"李太白诗："崔令学陶令，北窗常昼眠。抱琴时弄月，取意任无弦。"《赠崔秋浦三首》这两句的意思是：我学习陶渊明隐居僻乡，已经穷到骨子里了，你还有意像他那样"抱琴时弄月，取意任无弦"吗？

潇洒岂非侯爵命，道人胸中有水镜。潇洒：超逸脱俗。侯：王侯。爵命：封爵受职。道人：得道之人，这里指祖元。水镜：清水和明镜，两者能清楚地反映物体。东坡诗："道人胸中水镜清。"《三国志·蜀书·庞统传》注《襄阳记》曰："司马德操为水镜。"这里指心中明亮。这两句的意思是：超逸脱俗的侯王是得不到封爵授职的，得道之人心中有一把明亮的镜子。

霜钟堂下月明前，枝枝雪压如悬磬。霜钟堂：《山海经》云"丰山有钟，九耳，霜降则鸣。"祖元以霜钟名其堂。霜钟：钟或钟声。悬磬：悬挂的磬。韩愈《喜雪献裴尚书》诗："妒舞时飘袖，欺梅并压枝。"《左传·僖公二十六年》："室如悬磬，野无青草，何恃而不恐？"这两句的意思是：大雪以后的月夜里，霜钟堂里的千万竿竹子被压弯了腰，像悬挂在空中的磬石。

敝帚不扫舍人门，如愿不谒青鸿君。敝帚：魏文帝《论文》云"里语曰：家有敝帚，享之千金。"舍人：古代指门客。《汉书·高五王传》："魏勃常独扫齐相舍人门。"青鸿君：能够让人遂愿的神仙。《录异传》曰："庐陵欧阳明，从贾客，道经彭泽湖。每以船中所有投湖中，后忽见一人来，候明云：是清洪君，感君前后有礼，故要君，必有重遗。君勿取，独求如愿尔。明既见青洪君，乃求如愿。使逐明去。如愿者，青洪君婢也。明将归，所愿辄得。"这两句的意思是：破旧的扫帚不能用来扫舍人的门前，诸事如愿就不会去拜谒青鸿（清洪）君了。意指：心不诚不能得到贵人帮助，事事如意就不会求神拜佛。

来听道人写风竹，手弄霜钟看白云。杜甫《寄题江外草堂》诗："嗜酒爱风竹，卜居必林泉。"东坡《聚星堂雪》："众宾起舞风竹乱，老守先醉霜松折。"这两句的意思是：来到霜钟堂听道人祖元弹奏描写风竹的古曲，余音袅袅，久久沉浸在美妙的音乐中，以手抚弄霜钟抬头仰望天空的白云。

平生窃闻公子旧，今日谁举贾生秀。公子旧：公子，此处应指王庠。旧，久也。《资治通鉴》之汉纪十三载：（隽）不疑据地曰："窃伏海濒，闻暴（胜之）公子旧矣，今乃承颜接辞。"《汉书·贾谊传》载："河南守吴公闻谊秀才，召至门下。文帝立，闻吴公治为天下第一，征为廷尉。吴公乃言，谊年少通书。上召以为博士。"这两句的意思是：我早就听说你家公子的大名了，今天谁来举荐他呢？

未知束帛何当来，但有一筇相倚瘦。束帛：捆成一束的布帛，古时作为馈赠的礼物。筇：竹杖。这两句的意思是：不知道馈赠的礼物何时能够到来，只有一根竹杖倚靠着我瘦弱的身体。

欲截老龙吟夜月，无人处为江山说。龙吟：指龙发出的声音，形容声音深沉或细碎，也形容箫笛类管乐器声音响亮。语出《文选·张衡〈归田赋〉》："尔乃龙吟方泽，虎啸山丘。"明代王绂《松筠轩》："夜月每看祥凤宿，秋风时听老龙吟。"这两句的意思是：想在夜月中把老龙留下来吟啸，却没有人为大好河山唱赞歌。

中郎解赏柯亭椽，玉局归时君为传。中郎解赏柯亭椽：张隲《文士传》："蔡邕告吴人曰：吾尝经会稽高迁亭，见屋东间第十六椽竹可以为笛，取用。果有异声，伏滔《长笛赋叙》曰：蔡邕避难江南，宿于柯亭。柯亭之馆，以竹为椽。邕仰而盼之曰：良竹也。辄以为笛，奇声独绝。历代传之。《晋书桓伊传》：伊善音乐，尽一时之妙。有蔡邕柯亭笛，常自吹之。王徽之赴召，泊舟青溪。合人谓伊曰：闻君善吹笛，试为我一奏？伊素闻徽之名，便下车，踞胡床，为作三调。邕，尝为中郎将。"刘孝标注引晋伏滔《长笛赋叙》曰："邕避难江南，宿于柯亭之馆，以竹为椽，邕仰眄之，曰：'良竹也。'取以为笛，音声独绝。历代传之至于今。"中郎：郎中。蔡邕历任河平县长、郎中、议郎等职。玉局：指东坡，意欲待东坡之赏音，如蔡邕之赏柯亭椽也。这两句的意思是：蔡邕精通音律，能够取柯亭之馆的竹子为笛，演奏绝妙之音；东坡先生何时能够赏识你们，为王家传播美名呢？

【赏析】

这是黄庭坚题祖元此君轩之第二首诗，写于元符二年（1099）闰九月，为答王庠次韵求教而作。

主要内容是结合对此君轩的描写应答王庠的和诗。共分两部分，前半部分写祖元、王庠是沉霾多年的恶劣环境下的一股清流，一个敢于仗剑伸张正义，一个保持澄澈的内心，过着清幽雅娴的方外生活；后半部分写王庠颇有才华、声名远播却得不到赏识，希望东坡先生能够像蔡邕慧眼识柯亭竹那样赏识和宣扬他。

祖元大师照黄庭坚书法将此诗制成刻石，元祐党禁被毁后重刻，嘉祐寺毁后曾藏于荣县文庙，后散佚。清代江西鄱阳的周彦购得此诗拓本，因与王庠的字（周彦）相同，便把此诗制成碑刻，现存江西鄱阳湖博物馆。网上也有流传此诗竖版拓片，但仅有前十二句，少了后八句，已经失真。

3.《元师自荣州来，追送余于泸之江安绵水驿，因复用旧所赋此君轩诗韵赠之，并简元师从弟周彦公》赏析

> 岁行辛巳建中年，诸公起废自林泉。
> 王师侧闻陛下圣，抱琴欲奏《南风》弦。
> 孤臣蒙恩已三命，望尧如日开金镜。
> 但忧衰疾不敢前，眼见黑花耳闻磬。
> 岂如道人山绕门，开轩友此岁寒君。
> 能来作诗赏劲节，家有晓事扬子云。
> 筇龙森森新间旧，父翁老苍孙子秀。
> 但知战胜得道肥，莫问无肉令人瘦。
> 是师胸中抱明月，醉翁不死起自说。
> 竹影生凉到屋椽，此声可听不可传。

跋：余旧得东坡所作《醉翁操》善本，尝对元道之，元欣然曰："往尝从成都通判陈君顾得其谱。"遂促琴弹之，词与声相得也。蜀人由是有《醉翁操》。然词中之微旨、弦外之余韵，俗指尘耳岂易得之？建中靖国元年正月辛未，江安水次偶住亭书。

【注释】

岁行辛巳建中年，诸公起废自林泉。辛巳建中年：公元 1101 年。诸公起

废：宋徽宗刚登基不久，重新起用了一批被贬黜的官吏，包括苏轼、黄庭坚等旧臣都得以从贬所回返。这两句的意思是：建中靖国元年（辛巳年），一批被贬黜的官吏被重新起用。

王师侧闻陛下圣，抱琴欲奏《南风》弦。王师：即祖元大师，俗姓王。南风：曲名，古代乐曲《南风》相传为虞舜所作。见《礼记·乐记》："昔者舜作五弦之琴，以歌《南风》。"这两句的意思是：方外之士祖元从侧面得到朝廷重新启用苏、黄这样一批官吏的消息后很高兴，拿出古琴，打算演奏一曲《南风》。

孤臣蒙恩已三命，望尧如日开金镜。孤臣：指孤立无助或不受重用的远臣。三命：此时黄庭坚被任命为鄂州（今湖北省武汉市）监盐税官。元符三年（1100）底离开宜宾，到建中靖国元年（1101）四月间，方到达荆州。在此期间，黄庭坚先后改任奉议郎签书宁国军节度判官、奉议郎权知舒州、吏部员外郎。这两句的意思是：我被贬到边远的戎州已经多次受到委任，期盼圣主出现能够像太阳那样金光照耀，能够像打开铜镜一样闪闪发光。

但忧衰疾不敢前，眼见黑花耳闻磬。衰疾：黄庭坚被贬谪黔州、戎州以来多次罹患疾病，身体变得衰弱。这两句的意思是：（欣逢圣主，）只是担心自己身体不好难以胜任，目前已经变得耳鸣眼花了。

岂如道人山绕门，开轩友此岁寒君。道人：即祖元。山绕门：祖元托身的嘉祐寺坐落在荣州城抱五山的凤鸣山上，周围还有清富、莲宇、桂林、天庆等四座山。岁寒君：指竹，岁寒三友之一。这两句的意思是：哪里像祖元你的居所此君轩，坐落在五山环绕的凤鸣山上，每天打开门就可以和那些竹子做朋友。

能来作诗赏劲节，家有晓事扬子云。劲节：指竹。扬子云：扬雄（前53—18），又作杨雄，字子云，蜀郡成都人，西汉末年哲学家、文学家、辞赋家、思想家。此处黄庭坚以扬雄比王庠。这两句的意思是：你们王氏家族中有一个明白事理的扬子云，能到此君轩欣赏竹子的劲节并为它赋诗。

箨龙森森新间旧，父翁老苍孙子秀。箨龙：指竹笋。父翁、孙子：分别喻老竹、新笋。这两句的意思是：新笋拔节声声破土而出，老竹新竹相互间杂。此君轩里，老竹苍老新竹竞秀。

但知战胜得道肥，莫问无肉令人瘦。"战胜得道肥"：典故出自《韩非子·喻老》中子夏与曾子的对话："子夏见曾子。曾子曰：'何肥（胖）也？'对曰：'战胜故肥也。'……"子夏以道义战胜了富贵的欲念，因而胖了起来。后遂用"战胜、得道肥、食道肥、夫子胜、道胜"等谓道义制胜，心安理得。无肉令人瘦：源自苏轼的"宁可食无肉，不可居无竹。无肉令人瘦，无竹令人俗。人瘦尚可肥，士俗不可医"（《於潜僧绿筠轩》）。这两句的意思是：就像长得高的竹子得到阳光而粗壮一样，只要知道道义制胜就够了，不要管没有吃上肉而让人变瘦的情况，因为"人瘦尚可肥，士俗不可医"。

是师胸中抱明月，醉翁不死起自说。是师：此师，指元师。醉翁：欧阳修号醉翁，曾作《醉翁亭记》，琴曲《醉翁操》也因其而生。这两句的意思是：这时琴师胸中怀抱明月而奏琴，醉翁如果还在世的话也会赞美你弹的《醉翁操》。

竹影生凉到屋椽，此声可听不可传。这两句的意思是：沉浸在古琴声中不知不觉夜已生凉，竹影斜投到了屋檐；优雅深沉的古琴声只可倾听而不可言传。

【赏析】

根据黄庭坚本诗跋，这首诗作于"建中靖国元年正月辛未"。"末识曰'正月辛未'，实其月之十日也。"（王祎《跋黄山谷赠元师诗》）明代王祎从《此君轩诗跋》考证，时为正月初十。正值黄庭坚东归留住江安即将离开之际。黄庭坚《与人简》谓"十二日即行"，以及《山谷刀笔·与东川路分武皇城乐共城》九首之一"本欲初十日下泸州，以信道至留，十二日即行矣"等判断，黄庭坚离开江安即建中靖国元年正月十二日。正月丁亥（二十六）在泸州作《泸州开福寺弥勒殿铭》。正月乙酉（二十四）为王庠《书王周彦东坡帖》时已在泸州。

这首诗分为五个层次。第一组四句，感谢祖元大师来送自己；第二组四句，感叹自己年老体弱，恐辜负恩命；第三组四句，赞美祖元大师的清悠生活；第四组四句，用竹子赞颂祖元大师的品格；第五组四句，称赞祖元大师弹奏的琴曲《醉翁操》。

黄庭坚此诗为传世名帖，后人题跋颇多，如元人黄溍《跋山谷赠元大师诗》（《黄溍全集》上册），明人宋濂《跋黄山谷书赠祖元师诗后》等。但是，真本早已失传，今能见到的几乎都是赝品，不知真迹何日能够重见天日。

第三节

《此君轩》组诗题跋传承

黄庭坚在戎州不到三年的时间内，为祖元大师三题《此君轩》同韵诗，并多次书写，本人多次题跋。其诗文书法流传盛广，后人题跋颇多，成为传世之作。本节收录的仅是目前能够查到的主要部分。

1. 宋·陆游

陆游（1125—1210），字务观，号放翁，越州山阴（今浙江省绍兴市）人。南宋时期文学家、史学家、爱国诗人。淳熙元年（1174）冬摄知荣州。

跋《山谷先生三荣集》

予集黄帖，得赠元师及王周彦三诗，甚爱之。有黄淑者，家三荣，见而笑曰："绍兴中再刻本也，旧石方党禁时已磨毁矣。"乃出此卷曰："是旧石本。"其笔力精劲盖如此。因录藏之。淳熙之元二月二日。务观书。

（《渭南文集》卷二十六）

【注释】

陆游先得到黄庭坚赠祖元和王庠组诗的拓本，荣州当地人黄淑认为是再拓本，不如原拓，还向他提供了原拓全部书贴。陆游对黄庭坚书法的评价是"笔力精劲"。书此跋时在淳熙元年（1174）二月，此时尚任蜀州（今成都市崇州市）通判，岂知当年冬摄知荣州并在荣七十天。陆游《别荣州》有"啸台载酒云生屦，仙穴寻梅雨垫巾"诗句，自注曰："双溪王氏有石穴，黄太史榜曰地仙洞。"两写《晚登横溪阁》，填《沁园春·三荣横溪阁小宴》词一首。可见陆游对义门王氏的敬仰。同时，陆游记载的这件事印证了他称赞的荣州人"其民简朴士甚良"的优良品格。

2. 元·王恽

王恽（1227—1304），字仲谋，号秋涧。卫州路汲县（今河南省卫辉市）人。元朝学者、诗人兼政治家。王恽是金元之际著名的诗文大家和元世祖时期的重要文臣，其诗文影响遍及整个元代。其词清丽雅正，平易通达，风格接近苏轼、辛弃疾。其书法遒婉。著有《秋涧先生全集》。

《此君轩诗》擘窠大字，体极瘦劲。

（王恽《秋涧集》）

【注释】

擘窠：写字、篆刻时，为求字体大小匀整，以横直界线分格，叫"擘窠"。擘，划分；窠，框格。这里也指大字。

3. 元·黄溍

黄溍（1277—1357），字晋卿，一字文潜，婺州路义乌（今浙江省义乌市）人，北宋大文豪黄庭坚的亲叔黄昉的九世孙，分宁（今江西省修水县）双井黄氏十五世。元代著名的理学家、史学家、文学家、教育家、书画家。博学工文辞，延祐二年（1315）登进士第，官至翰林直学士、知制诰同修国史。谥号文献。有《黄文献公文集》。《元史》有传。

跋山谷赠元大师诗

元符二年，公在戎州有《寄题祖元大师此君轩诗》，明年公自戎州放还，以十二月抵江安。又明年，是为建中靖国元年，公以正月发江安，元师自荣州来送之，故有是作。其诗今载《别集》中，而蜀刻小本，以为祖无大师，盖传录者以"元"为"无"，故又讹而为无。幸真迹尚在，可证其误也。

（《金华黄先生文集》卷二十一）

【注释】

本文另载《钦定四库全书》之《文献集》卷四、《永乐大典（残卷）》。

4. 明·汪砢玉《珊瑚网》题跋三则

汪砢玉（1587—？），字玉水，号乐卿，自号乐闲外史，明代秀水（今浙江省嘉兴市）人。曾任山东盐运使判官，能诗文，善书画，家富收藏。著《珊瑚网》一书，为中国书画著录著作，成书于崇祯十六年（1643）癸未，全书48卷，包括《法书题跋》24卷，《名画题跋》24卷。录编各家书画史、论有关部分，但对其真伪缺乏考证。另著有《古今醓略》等。《珊瑚网》卷五录《山谷大书赠元师诗册》，即《此君轩》第三诗"岁行辛巳建中年"。《珊瑚网》卷二十四下收录《此君轩》诗题跋三则。

（1）文天祥跋

山谷道人《题荣州祖无大师元上人诗》，如炉铸铁，而笔力遒劲，字势飞飏，猊虎斗争，龙蛇变化，莫测去来之迹。是殆日月星辰彰于天，山川草木形于地，而不知孰使之然也。诗句字画称唐之盛也。诗如李杜，书如颜柳无加矣。至宋元祐熙丰间，乃有道人者出，不惟可以追驾古人，遂至兼取众长，集之一已。近臣诸公，诗句如村店酒望，字画如妓馆歌儿，而去古人益远矣。吾于是卷，盖三叹云。吉州文天祥。

（2）柯敬仲跋

山谷老人以善翰墨鸣于宋元祐间，与东坡先生并驱，虽米、蔡诸公亦出其妙也。予尝求见之而不得。袁清容学士以珍藏《答王周彦卷》出示，其书法之妙，气吐烟云，神拂星斗，绝非他卷可及。予览焉，不忍释手。丹丘生柯敬仲跋。

（3）杨载跋

《黄文节公答王周彦诗卷》笔法妙绝，气韵飞动，优入神品，乃卷法书第一。此亦希世之宝，岂易得哉。袁清容学士博古知今，鉴定真迹，尤为宝爱，不惜重价收之。且山谷尝用澄心堂纸，惟此卷用粉笺及李廷珪之墨，谓之三绝。于此阅之，岂非幸欤？浦城杨载跋。

【注释】

文天祥跋另见清代王士祯《居易录》卷二十七，文字略有出入，未知是否为两次题跋，谨录于后。文信公墨迹一帧，《跋黄文节公书》云：山谷道人《题荣州祖元大师元上人此君轩》，如炉铸铁，而笔力遒劲，字势飞扬，猊虎斗争，蛇龙变幻，莫测去来之迹。是殆日月星辰彰于天，山川草木形于地，而不知孰使之然也。古人诗句字画，称唐之盛时，诗如李杜，书如颜柳无加矣。至我宋熙丰元祐间，道人者出，不惟可追驾古人，遂至兼取众长，集之一己云云。吉州文山文天祥跋。书不必工，有岁寒松柏之气。（《居易录》卷二十七）

柯敬仲（1290—1343）：名九思，号丹丘生，元代台州人。元代著名画家、鉴藏家。著有《竹谱》一书。

袁清容（1266—1327）：袁桷，元代学官、书院山长。字伯长，号清容居士。庆元鄞县（今浙江省宁波市鄞州区）人。始从戴表元学，后师事王应麟，以能文名。

杨载（1271—1323）：字仲弘，浦城（今福建省浦城县）人，元代中期著名诗人，与虞集、范梈、揭傒斯齐名，并称为"元诗四大家"。延祐二年（1315）进士，授承务郎，官至宁国路总管府推官。杨载文名颇大，文章以气为主，诗作含蓄，颇有新的意境。

5. 明·袁中道

袁中道（1570—1626），字小修，一作少修，别字冲修，号凫隐居士，湖广公安（今湖北省公安县）人。与兄宏道、宗道并称"三袁"。明代文学家、吏部郎中。"公安派"领袖之一。

饮于朱奉常园，见……黄山谷《题元上人此君轩》诗似周彦，岳珂云山谷常用澄心堂纸，惟此卷用秘府粉笺及李廷圭之墨，谓之三绝。许衡藏周公瑾家，有悦生堂印。

（《珂雪斋集》卷十）

6. 明·王祎

王祎（1322—1373），字子充，号华川，义乌来山人。历任中书省掾史、江西儒学提举司校理、侍礼郎掌起居注、南康府同知、漳州府通判。参修《元史》，与宋濂同为总裁。书成，升翰林待制，同知制诰兼国史院编修官，教皇太子经学。建文初年，追赠翰林学士，谥文节。正统中，改谥忠文。学有渊源，为文淳朴宏肆，浑然天成，条理不紊。著作有《大事记续编》《王忠文公集》及《重修革象新书》。

跋黄山谷赠元师诗

黄文节公以元祐史笔守正不阿，时相擅权者指摘其事，将瑕众正而殄之，于是有黔戎之役，魋狄之与居，流落间关者久之。元符三年庚辰，徽宗初立，登顜众正，收录废弃之人。公乃有复朝奉郎、知舒州之命。十二月发戎州至泸州，明年辛巳为建中靖国元年，正月发江安而东，浮湛荆、鄂之间。而小人承望时好，攟摭其《承天院记》语，于是复有宜阳之行。荐罹艰险，竟以废终。公在戎州时，尝作诗《寄题祖元大师此君轩》，及是至江安而元师自荣州来追饯，故复用前韵赋此诗赠之。末识曰正月辛未，实其月之十日也。公此诗辞冲气夷，尊君爱国之意溢于言表。故前辈谓公黔州以后句法尤高，其书此诗体逸韵胜，笔势殊超迈可喜，盖其字法至是亦复高矣。岂已造行安节和之时耶？此卷为秦中王家物，故其子焴识于后。先师黄文献公尝有跋尾，吾友章三益近购得之，则跋尾已不存矣。谨重录之如右，而并志其详焉。

（《王忠文集》卷十七）

【注释】

间关：形容旅途的艰辛，崎岖、辗转。

攟摭：摘取；搜集。

《承天院记》：全称《荆南承天院记》。

7. 明·宋濂

宋濂（1310—1381），初名寿，字景濂，号潜溪，别号龙门子、玄真遁叟等。祖籍金华潜溪（今浙江省义乌市），后迁居金华浦江（今浙江省浦江县）。元末明初著名政治家、文学家、史学家、思想家，与高启、刘基并称为"明初诗文三大家"，又与章溢、刘基、叶琛并称为"浙东四先生"。被明太祖朱元璋誉为"开国文臣之首"，学者称其为"太史公""宋龙门"。

跋黄山谷书赠祖元师诗后

黔安居士书，自绍圣乙亥谪黔中之后，得藏真自序于石扬休家，落笔顿觉超异。此卷乃召还时所书，居士年已五十七矣。其为绝妙，有不容言者。至若其诗，则为祖元大师而赋。师，和义人，族王氏，能用五行书察人休祥。性尤嗜琴，学二十年弗厌。构霜钟堂，畜雅琴十余，遇嘉宾至，欣然鼓一二曲。或坐此君轩，对竹啸咏。居士尝寄题诗轩中，及闻东还，师自三荣追至泸川钱之，居士嘉其勤，因叠前韵赠焉。居士之在中朝（张）惇、（蔡）卞辈，平日以士大夫自居，反不相容，至于摈斥五溪蛮蜑之乡，而（元）师以一浮屠氏，乃能不远七百里而送之，则其尊贤尚德为何如？要不止精于学琴而已也。诗中第五句有"孤臣蒙恩已三命"之言，按居士辞免吏部员外郎状，元符庚辰自戎州起废，五月复宣德郎监鄂州盐税，十月改奉议郎签书宁国军节度判官，十二月发夔道。建中靖国辛巳三月出峡州，始改朝奉郎知舒州。或疑居士之赋是诗，在于辛巳之正月九日辛未，当时仅授二阶，不应前两月遽云三命。殊不知夔道初发之时，已闻有守舒之擢第，未尝被诏命尔。不然，其和丹棱杨皓诗亦未出峡所作，何以有"老作同安守"之句耶？此盖不难知者也。诗序云并简周彦公。周彦公，名庠，皇祐进士梦易之子，师之群从弟程尊海之门人。七岁能文，后举八行，大司成考定为天下第一，诏旌其门，授潼川府教授，辞。殁谥贤节先生。东坡、颍滨及范宣忠公皆称其人。所著有《冰壶集》二十卷，亦一知名之士，谩附及之，非惟见居士择友之精，而师之昆季，清标雅望，足以承居士崇奖之重，庶几览之者有所发哉！杨子云之"扬"文宜从"手"今改而从"木"者，其偶误也，或别是一人耶？

（《宋濂集补遗》卷四，明刻本）

【注释】

此跋另载清《六艺之一录》、清《佩文斋书画谱》。明《宋学士全集》卷十四"石扬休"为"石阳林"、"绝妙"为"妙绝"、"程尊海"为"程尊诲"、"偶误也"为"偶误耶"。《永乐大典》(残卷)"鼓一再行"为"鼓一二曲"。跋中"泸川"应为"泸州"之误。《山谷别集诗注》在注解"孤臣蒙恩已三命"时包括第三命"建中靖国元年(三月)又准告复朝奉郎、权知舒州",而黄庭坚此君轩第三诗作于建中靖国元年正月,于是不少人有正月作诗何知三月会有第三命的疑问,宋濂的此中跋文对此作了解读:"殊不知爇道初发之时,已闻有守舒之擢第,未尝被诏命尔。"同安,今安徽安庆,北宋初年,称为舒州同安郡。

8. 明·盛时泰《苍润轩碑跋纪》二则

盛时泰(1529—1578),明诗文家、史学家、画家。字仲交,号云浦,晚号大城山樵,上元(今江苏省南京市)人。嘉靖进士(一说贡生)。终生不得志,卜居大城山中,又于方山祈泽寺构一小舍,时独住之。多藏书,文徵明为其题写有"苍润轩"。

宋黄庭坚黄龙禅师开堂疏并元上人诗:黄龙禅师开堂疏并元上人此君轩诗共一帙,皆山谷老人书,元白收之。余得借观,因叹晦堂和尚为徐禧请出向云岩院说法,后人追求山谷书此疏,已是捕风捉影。元上人千里间关见鲁直,只要一诗,此又却是丧了自家宝珠矣。然非二人留下这柄话头,元白将何者装潢?余将何者题记?且又道一人两手写字,还有同者么?请元白一转语,又休道我平地上起骨堆也。

【注释】

元白(1547—1598):王士性,字恒叔,号元白道人,台州临海人。万历五年进士。历任礼部给事中、典试四川、广西布政司参议、云南澜沧兵备副使等职。建怀远、荔波二边城。性好游,足迹遍五岳。以诗文名天下,曾结庐居住于华顶、桃源诸山麓。著有《五岳游草》《广游志》《广志绎》《玉岘集》。

平地上起骨堆:比喻凭空发生意外事故或祸端。

宋黄鲁直行书此君轩诗:右弘治辛酉长洲薛英按蜀获此碑于南荣,立于分司，覆之以亭，自以为起废，涪翁九原之英爽亦一苏醒。昨玉泉公在南荣分司早发时忽见破屋中树一石，自披荆视之，因搨（拓）以归，噫好事。如玉泉公使薛老有知，其亦苏醒已乎。涪翁此书与诗颇奇伟，自言咄嗟而成，文不加点，盖亦一时之兴所至尔，程婴忤臼二句煞有江西派之意也。丁巳六月雨中于苍润轩记。

【注释】

此跋另载《六艺之一录》。

9. 明·安世凤《墨林快事》二则

安世凤，河南商丘人，字凤引。明万历十一年（1583）进士。任户部主事，谪山西解州同知，迁浙江嘉兴府通判。著有《燕居功课》《墨林快事》。

跋《黄鲁直题琴师元公此君轩诗》

《墨林快事》（中国台湾藏，1970 年 10 月）

琴之法音一往而无挠，曲韵回伏而多俳徊，乃为妙指。写琴手者未必能尽也。山谷老人不但以言写之，而以字写之，笔笔各具一趣，以自成一物，又共逗一趣，以共成一物。读其句而琴之声依依在耳，即此君之高洁亦依依其目，且刻手精工，于厉石崩脆之上独传其神而休，其一点一画不甚照管，而握运挥驰之色具在无遗。在山谷诸石中，此其第一矣。苏、黄诸雅士胸中即高，偏于此等幽事用其长，固宜其长，亦与之俱无尽也。彼以俗物诗俗荣者可以卷舌缩手矣。天启辛酉八月廿三日。

（《墨林快事》卷八）

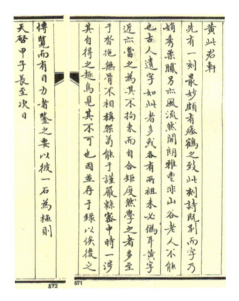

先有一刻最妙，颇有《瘗鹤铭》之致，此刻诗即别而字，乃娟秀柔腻，另亦风流。然开朗雅畅非山谷老人不能也。古人遗字如此者，多或各有所祖，未必伪耳。黄字近亦当之，为其不拘束而自合矩度。然学之者多至于沓拖无骨不相称，架苟能于谨严绵密中时一涉其自得之趣，乌见其不可也。因并存录，以俟后之博览而有目力者鉴之，要以彼一石为极则。天启甲子长至次日。

（《墨林快事》卷八）

【注释】

天启辛酉：明天启元年（1621）。

瘗鹤铭：《瘗鹤铭》，华阳真逸撰，上皇山樵正书。刻于南朝·梁（传）天监十三年（514）。黄庭坚盛赞"大字无过《瘗鹤铭》"。

雅畼：雅畅。

天启甲子长至：天启四年（1624）夏至。

10. 明·王世贞《弇州山人四部稿》二则

王世贞（1526—1590），字元美，号凤洲，又号弇州山人，江苏太仓人。明嘉靖二十六年（1547）进士，官至刑部尚书。以诗文名于世，工书法，兼善画，书画评论颇多。明代著名文人，曾与李攀龙共主文坛，李死后独主文坛二十余年，主张文必秦汉，诗必盛唐，倡导复古摹拟，与李攀龙、徐中行、梁有誉、宗臣、谢榛、吴国伦合称"后七子"，在当时影响极大。卒赠"太子少保"。其著述卷帙浩繁，主要有《弇山堂别集》《弇州山人四部稿》《觚不觚录》《书苑》《画苑》等。

《山谷老人此君轩诗》：先骑曹子猷云"何可一日无此君。"吾家小，只园竹万个，中有轩三楹，不施丹垩，纯碧而已。零雨微飔，朝暾夜月，峭蒨青葱，映带眉睫间，令人神爽。陈子兼方伯为题署曰："此君轩"。今年归，自楚得山谷老人大书《此君轩》诗一卷，怒笔勃挈，有筜龙圻石势，悬针下垂，则轻梢遏云，槎牙外向，则须节奋张。居然墨池傍兔苑，因留寘山房中，异日乞公瑕双钩入石壁之轩，为此君传神也。

（《大观录》《六艺之一录》亦载）

（又一卷）涪翁书《此君轩》第二诗，是初得长沙法，而以华阳真逸笔运之，能于穉中取老作法，外具眼观可也。

【注释】

曹子猷：此处疑为"王子猷"之误。王徽之（338—386），字子猷，琅琊郡临沂县（今山东省临沂市）人。东晋名士、书法家，王羲之第五子。《世说新语》：王子猷尝暂寄人空宅住，便令种竹。或问："暂住何烦尔！"王啸咏良久，直指竹曰："何可一日无此君！"

长沙：欧阳询，长沙人。

华阳真逸：《瘗鹤铭》撰者，南北朝时期隐士。本名顾况，字逋翁，号华阳真逸（隐），祖籍苏州，后迁往海盐，苏州海盐县（今浙江省海盐县）人。唐朝大臣、诗人、画家、鉴赏家。至德二年（757），进士及第，授校书郎，迁大理司直。

11. 明·孙鑛《书画跋跋》

孙鑛（1543—1613）：字文融，号月峰，浙江余姚人。明万历二年（1574）进士，官至兵部尚书，后被劾乞归，著有《孙月峰评经》《今文选》《书画跋跋》。《书画跋跋》是孙鑛对王世贞《书画跋》所作的补充跋语，故名。

山谷老人《此君轩诗》（王氏跋：吾家小，只园竹万个。中有轩三楹，不施丹垩，纯碧而已。陈子兼方伯为题署曰"此君轩"。今年归，自楚得山谷老人大书《此君轩诗》一卷云云。异日，乞公瑕双钩入石，壁之轩，为此君传神也。）

余姊夫吕膳部通甫曾购得此卷，是王太守龙川家物。擘窠真书，筋骨甚厉而不伤态。真有篝龙坼石势。第细看，亦是双钩本。后又购得一卷，是临本。而腕力弱。蒋少枲汝才复有一本，则愈草草矣。司寇公所得，岂其真迹耶？安得并取较之？

又一卷（王氏跋：涪翁书《此君轩》第二诗，是初得长沙法，而以华阳真逸笔运，能于稗中取老作法，外具眼观可也。）

前一卷真，此卷草。稗中取老，此意尚未能解。

（《书画跋跋》卷一）

【注释】

真书：楷书，汉字的一种字体，也叫楷体、正楷、真书、正书。由隶书逐渐演变而来，更趋简化，横平竖直。

12. 明·胡维霖

胡维霖，明末诗人，著有《胡维霖集》，有《与杜二守追叹李于鳞先生无孙白雪楼今已属他家》。

跋《黄山谷书题元上人此君轩诗》

此书瘦劲，笔意在颜、柳间，诗亦字挟风云声敲霜雪。余在浙臬，春风半榻，展玩不已，觉钱塘强弩射潮。复于浙藩薇垣深处朗朗诵之，又觉天目朝来爽气，映带松鹤。归来濯锦江边，石门竹径时一披玩，则如洞山禅宾中主，主中宾，又如孙登长啸一声，不知身之在尘凡矣。苏子云：朝看吴山横，暮看吴山纵。吴山故多态，转侧为君容。山谷此帖抑何多态耶？但可惜者诗与集中诗韵同，奉答周彦亦同诗却不同轴上，诗乃山谷得意之作，集中诗虽有败句，其奇绝处定非鲁直不能道，岂当日有二首耶，合之固双美，后于十二代诗选见黄鲁直诗，有元师自荣州来，追送余于泸之江安绵水驿，复用旧赋此君轩诗韵赠之，并简元师从弟周彦公，中有孤臣蒙恩已三命句，则知前后赋此韵者三首，最后一首起句诸公起废自林泉，结句此声可听不可传，句句遒紫轴上。有我学渊明贫到骨，君岂有意师无弦，枝枝雪压如悬磬等清韵沁入人心肺。集中有奇句程婴忤臼立孤难，伯夷叔齐采薇瘦。天花乱坠，几不知想从何来可谓三绝。

（《胡维霖集》）

13. 清·孙承泽《庚子销夏记》二则

孙承泽（1593—1676），字耳北，一作耳伯，号北海，又号退谷，一号退谷逸叟、退谷老人、退翁、退道人，山东益都人。明末清初政治家、收藏家。著有《春明梦余录》《天府广记》《庚子消夏记》。

跋《黄山谷题琴师元公此君轩诗》

此君轩诗为涪翁极得意之作，而书亦潇洒如意，不知刻于何地，摹手不工，然一段清朗之致如霁色在林，尚足扑人眉宇也。

（孙承泽《庚子销夏记》卷七，另载《六艺之一录》）

【注释】

此跋拓本为《此君轩》组诗第二首"此道沈霾多历年"。2007 年在雅昌艺术网拍卖。详情见下节。

跋《黄山谷赠元师诗》

此卷字法遒逸，是涪翁得意书。江西朱子美得之，故内予曾借观，后自跋云"予旧得东坡所作醉翁操善本……建中靖国元年正月辛未，江安水次偶住亭书。"

（孙承泽《庚子销夏记》卷八。另载《六艺之一录》）

14. 清·吴升《大观录》

吴升，字子敏，吴郡人，生卒年不详，约生活于万历至康熙年间。以古董为业，尤精书画鉴定。有书画著录《大观录》二十卷传世，此书堪称明末清初书画著录书籍中的名著。

跋《黄山谷此君轩卷》

牙色绵纸本，高一尺二寸，长丈余，正书，带行结体，大二寸余，每行三四字。笔势飞扬，纸墨笔韵焕发于涪于翁书，可称精品。王司寇弇州购得，曾泐石嵌壁，见之题跋，声价亦颇重云。

跋《题元上人此君轩》三则

（1）余所见山谷老人书，自《经伏波神祠》外无踰此卷者，万历丙子夏五月，王世懋题于鄱阳公署。

（2）先骑曹子猷云……为此君传神也。癸酉冬日王世贞书。

（3）此君轩诗神气奕奕，真迹也。与《伏波神祠》相敌。万历丁丑仲夏六日，后学文嘉鉴定。

【注释】

《经伏波神祠》，为黄庭坚于徽宗建中靖国元年（1101）书，黄庭坚时年57岁。纸本，共四十六行，全卷长820.6厘米，宽33.6厘米。此为书刘禹锡词卷。"伏波"指汉代名将伏波将军马援。卷后自题云："持到淮南，见余故旧可示之，何如元祐中黄鲁直书？"盖其晚年得意之笔。明代文徵明评其："真得折钗、屋漏之妙。"曾经宋龚敦颐（字养正），明沈周、项元汴，清成亲王、刘墉、近代叶恭绰、谭敬等人递藏，后归张大千收藏。《清河书画舫》《珊瑚网》《平生壮观》等著录，《听雨楼帖》《诒晋斋法帖》《小清秘阁帖》等收录，现藏日本东京永青文库。有影印本行世。此诗卷老练苍劲，为黄氏晚年代表作之一。

第二则跋语内容与王世贞《弇州山人四部稿》相同，引用从略。

王世懋：（1536—1588），王世贞弟，明朝中后期官员，万历三年（1575）升任尚宝司丞，后历任江西、陕西、福建副使，于万历丙子（1576）夏五月题于鄱阳公署，此时其在江西副使任上。

文嘉：（1501—1583），明代诗文、书画家。

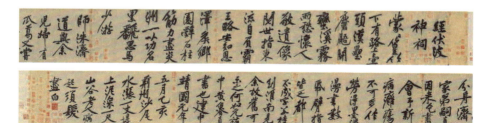

黄庭坚《经伏波神祠》

15. 清·张廷济

张廷济（1768—1848），原名汝林，字顺安，号叔未，浙江嘉兴新篁人。清代金石学家、书法家。著有《清仪阁题跋》《清仪阁诗钞》《眉寿堂集》《桂馨堂集》等。

跋《黄文节公此君轩宋拓本》

山谷先生生庆历五年乙酉，绍圣二年乙亥谪黔州，元符元年戊寅以避外兄张向之嫌还戎州，此题荣州祖元大师此君轩在戎州时作也。任天社渊先生年谱山谷此诗跋云：元符二年闰月初吉，书赠荣州琴师祖元。是岁闰九月又有一篇亦此韵，见于外集，黄双井罃先生年谱案蜀本诗集注云：山谷此诗跋元符二年闰月，书赠荣州琴师祖元，按是岁闰九月又有一篇亦此韵见于外集，今外集无之。廷济案今此石刻元符二年冬，元访予于僰道，约来三月予必东归，归当复来别我，既而如其言，果来相见，但乞此君轩诗而已。则此诗应在三年作，两谱二年之二字必三字之误。然二年之冬约三月复来，如其言果来相见，则似应在春月不应在闰九月中。两谱云又有一篇亦此韵，明郁逢庆《书画题跋记》卷四《黄山谷行书元师贴（在褚上摺裱）》："元师自荣州来，追送余于泸之江安绵水驿……此声可听不可传。建中元年正月辛未江安水次偶住亭书。"则此石刻之跋与郁记皆可正补先生诗集及注矣。是刻拓本甚少，青浦王氏、嘉定钱氏皆未之及，岂地僻难致，抑石已久佚，访碑录作此君堂诗，刻在安徽桐城或别有一刻与此书倾欹朗散，纯是山樵鹤铭纸墨淳古，的是宋拓。以一银饼易得。竹田寂憼，夜凉人静时，朗吟几过，觉有风雨声轩然从纸上起。道光九年己丑七月廿三日。

（《清仪阁金石题识》卷四）

张廷济于道光十年（1830）将此跋题于此君轩宋拓本（现收藏于国家博物馆）上，其中"在楮上摺裱"明郁逢庆《书画题跋记》原为"在楮上褙裱"。张廷济为证实其收藏的《奉题琴师元公此君轩》拓本诗文与跋语同在，认定此诗作于元符三年（1100），而否认初作于元符二年（1099）闰月初吉，认为"两谱二年之二字必三字之误……"，忽略了黄庭坚有两次书写的可能性，还将"是岁闰九月又有一篇亦此韵"所作第二首《戏用……之作》误为建中靖国元年（1101）正月辛未所写第三首此君轩诗，以相补正自己的误识。

国家博物馆藏黄庭坚此君轩诗宋拓本上还有一则张廷济题于道光十八年（1838）的跋语："黄文节此诗在《内集》，元符己卯，公在戎州，公又有奉答周彦诗用此韵，黄子耕年谱接编于此篇；又有一篇用此韵，是建中靖国元年辛巳，皆在《别集》。周彦和公诗两篇，载第三篇题注中。周彦，名庠，与祖元同姓王。是迹离奇潇洒，一偏一正，变动不居，黄迹中之最可珍者，楮墨亦的是宋本。道光十八年戊戌三月廿六日七十一老者张廷济。此幅亦是宋纸。"

16. 清·郭嵩焘

郭嵩焘（1818—1891），字筠仙，号云仙、筠轩，别号玉池山农、玉池老人，湖南湘阴城西人。晚清官员，湘军创建者之一，中国首位驻外使节。著有《养知书屋遗集》《史记札记》《礼记质疑》等。

山谷江安偶住亭书琴操墨迹为黄子润作

元符三年山谷自戎州放还至江安度岁，明年为建中靖国元年，荣州祖元大师追送至江安绵水驿，因用旧题赋此君轩诗韵赠之，此其诗跋也。诗见《山谷别集》，而跋云予旧得东坡所作《醉翁操》善本，此脱予旧得三字末书建中靖国元年正月辛未江安水次偶住亭书。此脱年月增多山谷二字。东坡与山谷同时自儋州放还，建中靖国元年卒于常州。山谷在江安数有题东坡大字跋，盖是时东坡尚在，而文字流传宝重，如此琴操善本必东坡书。江安志云，山谷与江安令石谅游偶住亭，书琴操，是山谷亦曾书琴操也。元师居荣州嘉祐寺，善琴，兼工书法，当时此跋及诗并刻石此君轩。此跋或别为人书之，山谷折出筋骨，非后人所能摹拟也。子润世兄出此帖索题，因成一律。光绪十年甲申春三月。

（《养知书屋遗集》卷十四）

17. 清·李光暎

李光瑛（？—1736）一名光映，字子中，又字组江，号叠庵，自署观妙主人，嘉兴梅里（今浙江省嘉兴市王店镇）人。金石学家。好藏书，尤喜金石，收藏甚富。著有《金石文考略》十六卷。

山谷书《此君轩》诗有二刻，皆行楷大字。其一前云"奉题琴师元公此君轩"，后云"元符二年冬元访余于僰道，约来三月，余必东归，归当复来别我，既而如其言，果来相见，但乞此君轩诗而已。咄嗟而成，文不加点"。其一前云"题元上人此君轩"，后云"钟陵黄庭坚鲁直奉答周彦"，诗与前同韵。观《山谷别集》有《此君轩》诗跋云："余既追韵作此诗寄周彦，周彦抄本送元师，元师更欲得余手写，因为作草书。近时士大夫罕得古法，但弄笔左右缠绕，遂号为草书耳。不知与蝌蚪、篆、隶同法同意。数百年来惟张长史、永州狂僧怀素及余三人悟此法耳。苏才翁有悟处而不能尽其宗趣。"按跋所云"追韵作此诗寄周彦"，即石刻所云"奉答周彦"者也。而跋所云"更为元师作草书"，草书本不知有石刻否。据其自鸣得意方之旭素必有可观也。其行楷本二刻《墨林快事》所评论至当皆为足珍。光映识。

（《金石文考略》卷十四）

【注释】

上文为《金石文考略》在转录时盛时泰《苍润轩碑跋纪》、清孙承泽《庚子销夏记》、明王世贞《弇州山人四部稿》、明安世凤《墨林快事》中关于《此君轩》诗的五则题跋之后李光暎自己的题识。

《此君轩》诗碑刻传拓遗存

祖元将黄庭坚所题《此君轩》三诗悉数摹勒刻石于此君轩中，当时除荣州外，戎州、江安等地均有刻石。

前述南宋陆游在《渭南文集》记录得到过《此君轩诗帖》原拓和再拓本。清康熙版《荣县志》载："（祖）元归，刻碑置轩中，后没于草莽。明按察司金事长洲薛英取出移于分司左隙，覆之以亭。碑摹盛重于当时，今不存矣。"荣州《此君轩》诗原刻碑元祐党禁时幸免于难，至少保存至明代中后期。明按察司金事长洲薛英曾碑拓传世。

清李调元《蜀碑记补》依据《苍润轩碑跋纪》载："右弘治辛酉，长洲薛英按蜀获此碑于南荣，立于分司，覆之以亭……丁巳六月雨中观于苍润轩纪。"将《宋黄庭坚此君轩诗》碑补记入南溪县，其考证理由为"按蜀有南平即綦江、南江、南溪、荣昌、荣经，并无南荣。若以荣昌与南平即綦江并称，则涪翁未到，意南荣即南溪之讹也"。显然李调元不知道南荣就是荣县之旧称，误认为于南荣的《宋黄庭坚此君轩诗》碑在南溪县。《南溪县志》也依《蜀碑记补》记载。胡昌健《黄庭坚谪巴蜀年谱诗文尺牍文物考证》称南溪县有翻刻本。宋徽宗年间党禁时苏、黄等石刻多被毁，南宋之后又有重刻石。

后世题跋、碑记中可见多种刻本，不知刻于何地何碑，如清孙星衍撰《寰宇访碑录》有"《此君轩诗刻》，黄庭坚行书，无年月，浙江仁和赵氏拓本"。现仅存清代翻刻《题元上人此君轩》碑收藏在鄱阳县博物馆。伍松乔生前在《黄庭坚：能不忆川南》中提出："其实，荣县如今是最该重刻此诗的。"

根据后世诗文转载及题跋，我们大致可以推断此君轩组诗墨本、拓本流传情况和佚遗年代。

　　此君轩第一首诗《寄题荣州祖元大师此君轩》墨本在元王恽《秋涧集》、明王世贞《弇州四部稿》、清吴升《大观录》等见载，应佚于明末清初。第二首《题元上人此君轩》据《山谷别集诗注》"墨迹今藏于前忠南刘守子晖家"，证明在南宋时墨迹已经易手。明《胡维霖集》《珊瑚网》《珂雪斋外集》见载，《六艺之一录》等清代文献多为转载，清代未有见墨本的题跋等，此首墨本应佚于明末。第三首《黄山谷赠元师诗》墨本元黄溍《金华黄先生文集》见载，明王祎《王忠文公集》中有"此卷为秦中王家物……则跋尾已不存矣。"明初宋濂有跋《黄山谷书赠祖元师诗》，明末郁逢庆《书画题跋记》收录此卷。光绪十年（1884）清郭嵩焘《山谷江安偶住亭书琴操墨迹为黄子润作》，称只见跋文墨迹，不见诗文，可见在流传过程中诗与跋文分离或诗文墨迹早佚，因此第三诗墨本最迟在清后期已佚。

　　此君轩三诗拓本较多，流传复杂。南宋陆游"予集黄帖，得赠元师及王周彦三诗……"此后未见有三诗帖合集。光绪中，荣县孝廉刘镕收藏的朱拓不知是哪一首此君轩诗拓本。现国家博物馆藏《奉题琴师元公此君轩》诗帖宋拓本。日本相国寺承天阁美术馆藏第二首《题元上人此君轩》纸本，现所见第二首诗为鄱阳县博物馆清代翻刻石拓本或复制件。第三首《黄山谷赠元师诗》未见有黄庭坚书法作品流传下来。

　　今存《此君轩》组诗碑刻拓片，除国家博物馆藏国家一级文物宋拓"王师学琴三十年"诗帖外，还有今存鄱阳湖博物馆的清刻《此君轩》诗碑，雅昌艺术网 2007 年拍品《黄山谷此君轩诗帖》，为碑帖印谱，规格为 28.5 cm×18 cm×48 cm；重庆宝林阁有《此君轩诗》第二首（"此道沈霾多历年"）长卷（351 cm×50 cm）。另外，网络上流传有《此君轩诗》第二首（"此道沈霾多历年"）竖版拓片，为镜亭藏碑。镜亭碑刻始建于清初，镜亭位于安徽歙县西 10 千米处的唐模村（今属安徽省黄山市徽州区）古典园林檀干园内。该书规格为 230 cm×60 cm。字约碗口大，大卷巨制，此卷并不完整，无题目，仅有 12 句，至"霜钟堂上看白云"止，少后面 8 句，是否为黄庭坚原书碑刻拓片存疑。

1. 国家博物馆藏《奉题琴师元公此君轩》[1]诗帖（组诗第一首）

国家博物馆藏宋拓黄文节公（黄庭坚）《此君轩》诗刻，是吴空先生1964年所捐。拓本经过剪裁改装，有用墨填涂的痕迹，蝴蝶装，共十六开半。每开阔36.7厘米，纵25.7厘米，每开四行，每行二、三、四字不等，行楷书，七言四十句长诗。诗前有"奉题琴师元公此君轩（后钤朱印'盘斋珍秘'）庭坚"。

国家博物馆藏《此君轩》诗

此君轩"王师学琴卅年"一诗的宋代刻石，于明代弘治年间，被薛英在四川南荣（今荣县）发现，当时有数种拓本流出。明王世贞曾据此诗墨本刻石，也当有拓本流传。明《墨林快事》亦载有一刻本，称刻手精工，颇能传神，不知是哪种拓本。清人《金石文考略》《六艺之一录》，康熙时奉旨所修《佩文斋书画谱》等记载，均转述明人《珊瑚网》《苍润轩碑跋纪》等书。明盛时泰《苍润轩碑跋纪》称曾获宋代原石，原碑行楷，且有黄庭坚跋文"元符二年冬"……，与国家博物馆藏宋拓本同，是墨本、拓本体系中第一次并且是唯一一次诗与跋文同在的情况，只可惜此后碑石不知所终。清孙星衍等撰《寰宇访碑记》有浙江仁和拓本，清孙承泽《庚子销夏记》亦载有一拓"不知刻于何地，摹手不工"。直至道光年间，现国家博物馆藏宋拓本被张廷济收藏于其"清仪阁"。清仪阁位于杭州，清咸丰十年（1860）太平天国战乱中毁

---

① 《奉题琴师元公此君轩》即《寄题荣州祖元大师此君轩》，因黄庭坚奉他人之请重新书写，故为"奉题"。

于火，图书彝器荡然无存。国家博物馆此宋拓是清仪阁火灾前流传出来，还是劫后余生，尚不得知。

国家博物馆藏《此君轩》拓本，张运题签

国家博物馆藏《此君轩诗帖》全称为：宋拓《奉题琴师元公此君轩诗帖》。专家鉴定意见为："此帖潇洒如意，异于其他黄书。宋白麻纸，纸坚而墨醇，重墨拓，的是宋拓。黄庭坚游于苏轼之门，儒而兼佛者，在本诗可以得见。"①

白麻纸为唐、宋皇帝发布"制书"用纸。南宋哲学家，长期任职秘书省的程大昌（1123—1195）在《演繁露》中指出："惟除拜王公将相，则用白麻纸书。"白麻制书成为一种皇权象征，以至制书可以不用印，仅白麻纸就可以表示。"白麻"由翰林学士独掌，为了保密，翰林院从受旨、入院草制，到麻制进出的时间，都有严格规定。《宋史》载："凡拜宰相及事重者，晚漏上，天子御内东门小殿，宣召面谕，给笔札，书所得旨。禀奏归院，内侍锁院门，禁止出入。夜漏尽，具词进入。近明，白麻出。"由此可见，白麻纸在当时绝非一般情况下可以使用。此拓本既以白麻纸传拓，理应是南宋时期官府行为。

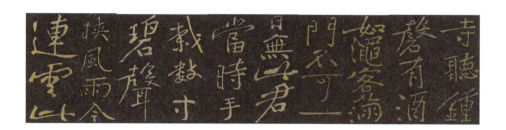

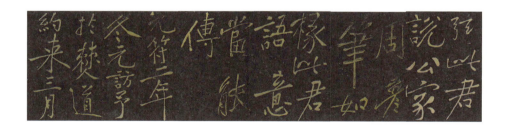

宋拓孤本黄庭坚《奉题琴师元公此君轩》诗欣赏

中国历史博物馆（现国家博物馆）藏

并书"卅年"见诸王羲之书法帖。此帖首句"王师学琴卅年"，与"响如清夜落涧泉"以下七言句式不合。按汉许慎《说文解字》："卅，三十并也，古文省。"可知"卅"可以读为一个音节，也可以读为三十，更重要的是，这是黄庭坚作为书法家的特殊修养。唐张彦远《法书要录》（卷十）录晋王羲之《建安帖》："四月五日，羲之报：建安灵柩至，慈阴留绝，垂卅年。永惟崩慕，痛彻五内。永酷奈何！无由言告。临纸摧哽。羲之报。"从"慈阴幽绝，垂卅年。永惟崩慕，痛彻五内"上下文句式看，"卅"是读为"三十"的。张彦远《释二王记札》录王羲之《慈颜幽翳帖》："慈颜幽翳，垂卅年。而吾忽忽，不知堪临，始终不发。言哽绝，当复奈何！吾顷至忽忽，比加下。"从"慈颜幽翳，垂卅年。而吾忽忽，不知堪临，始终不发"上下文句式看，"卅"也当读为"三十"。因此，"王师学琴卅年"，应读作"王师学琴三十年"，与"响如清夜落涧泉"以下七言句式符合。"卅年"是宋人最尊崇的法书之祖王羲之的法书用词，黄庭坚谨遵此法。

国家博物馆藏《此君轩》拓本跋（局部）

黄庭坚《此君轩》组诗在其生平经历中，占有重要位置，黄书三首诗各书迹，也是他书法艺术成熟期的力作。这些书法墨迹既已不存，刻石拓本自很珍贵，如今仅存国家博物馆所藏这一种，就愈加可贵。当然它也有美中不足之处，比如或许并非初拓；还有因为它是行书刻石，非唐人针对刻碑所为"书丹"，以致字口不够清晰，这或许也因为刻工不精，或是传拓不尽完善。但综合考察，它仍不失为黄庭坚成熟期书法艺术的重要资料。

2. 《题元上人此君轩》（组诗第二首）鄱阳诗碑

鄱阳湖博物馆藏《此君轩》诗碑

黄庭坚《题元上人此君轩》（组诗第二首）鄱阳诗碑原在鄱阳古荐福寺碑林中，即今鄱阳一中校内，后收藏于鄱阳县博物馆。我们为求证真伪，专程前往考察。

这组诗碑采用汉白玉大理石凿刻，长方形，共6块。录文如下：

题元上人此君轩

此道沈霾多历年，喜君占斗斸龙泉。我学渊明贫至骨，君岂有意师无弦。潇洒岂非侯爵命，道人胸中有水镜。霜钟堂下月□□，□□□□□□□。□□□□□□□□，□□□□□□□，手弄霜钟看白云。平生窃闻公子旧，今年谁举贾生秀。未知束帛何当来，但有一筇相倚瘦。欲截老龙吟夜月，无人处共江山说。中郎解赏柯亭椽，玉局归时君□□。

根据录文，结合《此君轩》原诗判断，这组碑刻缺失两块，即第三、第六两块。但网络上能找到缺失的碑拓照片，因此推断，缺失碑为近年遗失。

这组碑刻为横式题写，曾经横嵌于荐福寺内。原卷应为书法长卷。诗碑外，第七、八两块规格相同，但字体较小，第七为郭尚先题记，第八为周彦后记，文字如下：

郭尚先题记：

山谷《此君轩》诗，数年前见一石本草堂志，真有孤蓬自振，惊沙坐飞之势，中年得意书也。此卷悬腕回锋，以篆籀法作书，圆劲生动，墨色流脱，弥见古雅。平生所见黄书，未有如此完善者。

涧东仁兄，好古博雅，而名适与王庠之字同。山谷有灵，当喜此卷得所归，而谓以百年能先知也。道光壬辰大暑日，久旱得雨，展观志快，因题。莆田郭尚先（印章）

周彦后记：

按：诗作于宋哲宗元符二年己卯，公在戎州。三年庚辰复奉议郎，谷书定国军节度判官厅公事。是岁十二月发戎州，过江安，为石信道挽留，遂作，藏于此。明年，徽宗建中靖国元年辛巳，时自荣州来，追送于泸之江安绵水驿，因复用旧所赋《此君轩》诗韵赠之，并简周彦。今集中所载"岁行辛巳建中年，诸公起废自林泉"一诗是也。如此，则公书《此君轩》诗有两本，一为寄王周彦，一为送元上人。其寄王周彦者即此卷，止一首；其送元上人者，草书，连和韵当有二首也。孙逸谷《庚子销夏记》载，《此君轩》诗为石刻，赠元上人诗即江安水次偶位亭所书，皆山谷得意笔。当时戎州、江安自俱有石刻矣。余于道光庚寅得此卷，秘不示人。阅三载，乃请质于郭兰石廷尉，以为山谷书最完善者。因述其源流于此。鄱阳周彦记（印章）

郭尚先（1786—1833），福建莆田人，字元开，号兰石。嘉庆十四年（1809）进士。授编修。道光间官至大理寺卿。工书，善画墨兰。著有《增默庵遗集》《坚芳馆题跋》。

周彦（约1779—1837），字孚，号涧东，鄱阳人。嘉庆二十二年（1817）进士，历官兵部主事、御史、台湾知府、浙江宁绍道兵备道。有《知不足文集》《稻香诗集》行世。

郭、周二人应为紫禁城同事。

鄱阳湖博物馆解说词："黄庭坚《此君轩》诗，宋元符二年（1099）作于戎州（今四川省宜宾市）。徽宗建中靖国元年（1101），黄庭坚书写两份，一寄王周彦，一赠元上人。鄱阳周彦于道光十年（1830）购得前者。后经时任大理寺卿郭尚先鉴定为真迹，遂捐给鄱阳荐福寺碑林刊刻。后附郭尚先《题记》和周彦《后记》。荐福寺败落后，此诗碑弃置民间无人识，后被县博物馆收藏。"

　　道光庚寅年（1830），周彦购得黄庭坚《题元上人此君轩》诗卷。道光壬辰年（1832），即周彦得真迹后两年多后刻石。"好古博雅"的周彦，名字恰与王庠的字相同，又在道光年间购得黄庭坚此诗真迹，真是机缘巧合，荐福寺内有欧阳询、颜真卿等名人碑刻，将此君轩诗刻碑于寺内，可谓锦上添花。荐福寺旧址后来改建成学校，发现此君轩诗碑后，学校内依据原碑翻刻有诗碑文化墙。

　　鄱阳此君轩诗碑成为联结荣县和鄱阳的文物使者。如今，鄱阳《题元上人此君轩》诗碑能够落户于气势恢宏的鄱阳湖博物馆，是这组百年文物、千年文化的一大幸事。

鄱阳一中校内翻刻的《此君轩》诗碑

鄱阳《题元上人此君轩》碑刻拓片及释文如下。

题元上人此君轩此道沈霾多历年喜君占斗斸龙泉我学渊明贫至

骨君岂有意师无弦潇洒岂非侯爵命道人胸中有水镜霜钟堂下月

明前枝枝雪压如悬磬敝帚不扫舍人门如愿不谒青鸿君来听道人写风竹

手弄霜钟看白云平生窃闻公子旧今年谁举贾生秀未知束帛何当来但有一

筇相倚瘦欲截老龙吟夜月无人处共江山说中郎解赏柯亭椽玉局归时君

为传建中靖国元年正月辛未钟陵黄庭坚鲁直奉答周彦 黄庭坚（印）

郭尚先题记

鄱阳周彦后记

3. 雅昌艺术网《此君轩诗》（组诗第二首）拓片拍品

　　根据拍品信息，此本黄山谷《此君轩诗》帖为四十八开，规格为 28.5 cm×13 cm×48 cm。在 2007 秋季艺术品拍卖会上，作为上海国际商品拍卖有限公司的拍品，于 2007 年 11 月上拍，估价人民币 2 万元～3 万元，此拓本为古籍善本碑帖印谱。起拍价人民币 2 万元～3 万元。无锡秦清曾旧藏，经折装，金丝楠木面，一度入藏上海博物馆，签条上有上海博物馆藏品编号 59896，后归还物主。今由秦氏家属直接提供，题识："题元上人此君轩，此道沈霾多历年，喜君占斗斸龙泉，我学渊明贫至骨，君岂有意师无弦，萧侯爵命洒自非，道人胸中有水镜……玉局归时君为传。"这是此君轩组诗第二首。

铃印六方：秦清曾（朱）、梁溪秦氏（白）、古鉴阁（朱）、程家骥印（白）、洗心盦主（朱）、秦淦之印（白）。签条：宋拓黄山谷此君轩诗帖（秦清曾）。

题跋另页："涪翁题元上人此君轩诗王彦周卷，卷末题建中靖（国）元年三月辛未钟陵黄庭坚鲁直奉答彦周，又有元宁国路总管府推官杨载跋。"

后跋：此君轩诗为涪翁极得意之作，而书亦潇洒如意，不知刻于何地，摹手不工，然一段清朗之致如霁色在林，尚足扑人眉宇也。拓本题跋未签名，观笔迹应是秦清曾所题。

秦清曾（1894—1984），名淦，字清曾，号明尚，晚号憨斋，秦祖永曾孙，无锡人。清末民初，秦文锦、秦淦父子于上海创办"艺苑真赏社"，以"经营不改琴书乐，贸易犹存翰墨香"为座右铭，与当时的商务印书馆、有正书局形成了"三足鼎立"的格局。

网上有传黄山谷大字《此君轩》诗（组诗第二首）竖式书写拓片，藏家介绍："一字约碗口大，大卷巨制，骨力开张，长年荡桨笔法千古无二，诗书俱见此老倔强清奇之性情。余偶得于徽州一小村……"但内容到"手弄霜钟看白云"止，较山谷原诗少八句。拓片与始建于清初的镜亭藏碑、位于安徽歙县

檀干园此君轩碑拓片

西 10 千米处唐模村古典园林檀干园的此君轩碑完全一致。据介绍，该碑尺寸为 230 cm×60 cm，形制较大，是否真迹翻刻不详。

此外，民办重庆宝林阁博物馆现馆藏黄庭坚《此君轩诗》（组诗第二首）书法长卷，尺寸为 351 cm×50 cm，应为后世仿品。即便如此，也足见黄庭坚《此君轩》组诗至今被当作重要书法传承。

宝林阁博物馆《此君轩诗》书法展品

《山谷别集》载《此君轩》第三首诗后有注"右有石刻"，证明第三首诗也有石刻。

民国版《荣县志》载："光绪中，县孝廉刘镕，不知何所得赠元师一诗，白布，朱拓，字如《松风阁》诗，惜未钩上石，今难访寻矣。"黄庭坚《松风阁》与《经伏波神祠》书体倒有些相似，县志所言亦有可能是已佚的第三首此君轩拓本。

黄庭坚《松风阁》书法

宋徽宗崇宁元年（1102）九月的一天，被贬鄂州的黄庭坚和朋友一起游鄂城樊山，途经松林，遇到一座亭阁，并在此过夜。夜间，松涛阵阵，诗兴大起。回想人生跌宕，感慨良多，遂落笔成文，创作了此首《松风阁》。

第六章

义门王氏诗文疏注

王 廱

1. 王廱和《题三学山》

民国版《荣县志·人士》记载并加注:"王廱,字教源,梦易子而庠、序前母兄也。梦易,皇祐元年进士。向硕人,皇祐三年生,则梦易前娶年必久。张商英表梦易墓,乃略之。廱有《题云顶山》诗:'五色琉璃白昼寒,当年佛脚印旃檀。藕丝织出三衣妙,贝叶经传一偈难。夜睹圣灯红菡萏,晓惊飞石碧琅玕。更闻鹦鹉因缘塔,八十山僧试说看。'山在三台,此诗盖提梓州路学政时作。山谷有《与王廱提学书》……"这段话的信息量较大。一是王廱是北宋荣州皇祐元年(1049)进士王梦易与前妻之子。二是王廱的继母向氏,在王梦易进士及第后二年才出生,其年龄比王梦易小得多。而据《宋史·王庠传》,王廱的继母向氏是神宗钦圣宪肃皇后叔祖姑,是皇亲,王廱是王庠、王序兄弟同父异母的哥哥。三是王廱曾任梓州路学政(又称提学),并作有《题云顶山》诗。四是云顶山在三台(今四川省三台县)。但这段文字记载存在几个问题。

其一,云顶山在金堂而不在三台。宋乾德五年(967),于金水县地立怀安军,隶属西川路,管辖金水、金堂二县。咸平四年(1001),怀安军改隶梓州路。重和元年(1118),梓州路升为潼川府路,怀安军仍为其辖地。梓州路、潼川府治所均在梓州(今四川省三台县),辖境相当于今四川中江、盐亭、西充、渠县以南,金堂、资阳、荣县、屏山、筠连以东,和大竹、邻水、合川、永川、合江以南地区,即今川东南和重庆市部分地区。梓州路辖区比现在成都市还大得多,相当于省级行政区。所以,说"山在三台"的说法不尽正确,三台只有云台山而没有云顶山。

《方舆胜览》对三学寺的注释比较清楚,也提到诗中描写的景象:"在蜀金堂县东北，有佛迹，石理坚润，莹白如玉，非世间追逐所能。又有神灯寺，有碧玉佛龛，藕丝袈裟，锦字《多心经》，贝叶金字《涅槃经》。寺前桧柏皆堕、唐故物。又有飞石，乃自云顶山飞来。又有鹦鹉塔，乃鹦鹉能念佛，死遂瘗于塔。王雍有诗云云。”

其二，《题云顶山》实为《题三学山》。志载这首《题云顶山》诗，与网上王廱的《题三学山》或《题云顶山》以及《云顶山》内容完全一致。明代曹学佺《蜀中名胜记·金堂县》（清宣统：年茹古书局）载“名山志云：‘金堂三学山，乃汉州北山，一名云顶，一名石城，亦名栖贤、开照，其实一山也。’”《蜀中名胜记》认为云顶、石城、栖贤、开照是同一座山。据笔者实地考察，云顶、石城为同一山，即今云顶山；栖贤、开照同为另一座山，即三学山。三学山和云顶山虽都在龙泉山脉，但二者隔沱江上下游相望，相去约25千米，则三学寺与云顶山慈云寺（古天宫寺）实为两座寺庙。但两座寺庙又同属成都市金堂县境内龙泉山脉中段的云顶山风景区。风景区包括大小云顶山、韩滩古渡、沱江金堂小三峡、九龙滩、三学寺、炮台山、天星洞等，面积约67平方千米。

光绪年间四川提督滇南马维骐“云顶山”题刻

据传，云顶山上可以遥望三学山上的圣灯朝佛奇观。春夏时，夕阳初坠，烟雾迷蒙，远远有灯现。或一二点，或数十点，或星星点点，聚散随风，明灭无定。常见自北而南，隐现于岩岫间，至云顶山佛寺而止，是为“圣灯朝佛”。唐玄宗、花蕊夫人、杨升庵等名人均有诗赞美。加上云顶山山中多雨，而雨后山里云雾常见，且形态万千。雨过天晴，雾霭流岚生于山间，成一壮美之景——“云顶晴岚”。“圣灯朝佛”“云顶晴岚”是金堂八景之二景。

三学寺位于距金堂县城东6千米处的栖贤乡圣灯村（现三学寺村）三学山上，相传为"蜀中八仙"之一的李八百（李脱）三次学道之地，山上有李八百修炼金丹之堂，名为金堂。三学山，又名栖贤山、金堂山，金堂县名由此而来。也有说是三位学士赶考在此地陋寺居住，曾问前程于老僧。后来分别中状元、榜眼、探花，遂聚钱还愿修了上、中、下三寺，并将剩余的钱修了开照寺（预兆之意），也叫前庵（谐钱安，意钱用完方心安）。后来也有人将开照寺叫状元寺。隋唐时，山上建有延祥寺、广济寺、鸿教寺上中下三寺，后改名为法海寺、普济寺、广济寺，加上前庵开照寺总称三学寺。明代初赐名为栖贤禅院，修建有释尊无量万宝塔，明末寺院毁于战火，康熙年间重修。中华人民共和国成立后，一度停止宗教活动，庙宇被毁。1993年重建，法海寺恢复了释尊无量宝塔（八万四千塔），新建了天王殿、观音殿等，开照寺恢复了牌坊、三门殿、金刚殿、天王殿、大雄宝殿、观音殿等建筑。因此，诗名为《题云顶山》实为《题三学山》。古人混淆云顶山和三学山，将这首诗歌的描写对象张冠李戴便不足为怪。

三学禅院全景

其三，《题三学山》的作者非王雍而是王靡。

有关资料显示"王雍（988—1045），字子肃，大名莘县（今山东省聊城市莘县）人。以父荫为秘书省校书郎。历通判郑州、京西转运使、淮南转运按察使、判户部勾院、两浙转运按察使。仁宗庆历五年卒，年五十八。事见《苏学士文集》卷一五《王公墓表》、《宋史》卷二八二《王旦传》。"按此，王雍为"三槐王氏"后人。王雍为王旦之长子。王旦（957—1017），北宋初名臣，官至宰相，兵部侍郎王祐之子。王祐（923—986），字景叔，三槐王氏始祖。王雍是宋初人，生卒年比荣州王廱父亲王梦易还早。从行迹看，找不到王雍与四川尤其是与三学山的交集。且"廱""雍"二字并不是通假字和古今字。廱，古通"壅"，堵塞。所以王廱与王雍是不同时期的两个人，排除《题云顶山》为大名莘县王雍所作。王廱作为梓州路学政，《题三学山》便应该是他上任后视察三学寺时所作。诗中"旃檀""佛脚""三衣""贝叶""圣灯""因缘塔""山僧"等意象既充满佛教元素，又和三学寺胜景遗迹吻合。作为学政的王廱，视察三学山而作此诗就在情理之中。但重建三学禅院里的现代书法作品，不仅对作者王雍唐宋莫辨，更不知道作者应为北宋荣州王廱。

唐王雍《题三学山》（现代书法）

2. 题三学山

五色琉璃白昼寒，当年佛脚印旃檀。

藕丝织出三衣妙，贝叶经传一偈难。

夜睹圣灯红菡萏，晓惊飞石碧琅玕。

更闻鹦鹉因缘塔，八十山僧试说看。

【注释】

旃檀：檀香。

藕丝织出三衣妙：佛教比丘穿的三种衣服，用藕丝制成。一种叫僧伽梨，即大衣或名众聚时衣，在大众集会或行受戒礼时穿着；一种叫郁多罗僧，即上衣，礼诵、听讲、说戒时穿着；一种叫安陀会，日常作业和安寝时穿用，即内衣。亦泛指僧衣。

贝叶：古代印度人用以写经的树叶。

夜睹圣灯红菡萏：夜晚可以看到圣灯朝佛奇观。菡萏，荷花。

琅玕：像珠子的美石。

鹦鹉因缘塔：相传三学寺曾建有鹦鹉舍利塔。

第二节

王庠诗

1. 庠窃观学士九丈题此君轩诗，谨次元韵因以求教，下情愧悚之至

竹君久要已忘年，临风相语叶响泉。

休学我圆中似璧，莫师我直劲如弦。

劝人达节通天命，舒卷若绳明若镜。

尺无枉己空宿昼，圣岂有心犹击磬。

岁寒来伴老柴门，我岂好静为躁君。

惟有青青四时性，笑杀千载空浮云。

平安为报春依旧，珍重道人怜特秀。

忍饥宁可食无肉，相对忘形笋黑瘦。

更有涪翁心似月，平生相照何劳说。

不为煎茶不作椽，清风万壑到处传。

【注释】

学士九丈：黄庭坚兄弟行九，王庠尊为师长，故称其"九丈"。

尺无枉己空宿昼：成语"枉尺直寻"，意思是比喻在小处委屈一些，以求得较大的好处。出自《孟子·滕文公下》："枉尺而直寻，宜若可为也。"空宿昼：《孟子·公孙丑下》："孟子去齐，宿于昼。有欲为王留行者，坐而言。不应，隐几而卧。客不悦曰：'弟子齐宿而后敢言，夫子卧而不听，请勿复敢见矣。'"这句的意思是不知道委屈自己，即使留下来也没有用。

平安为报：成语"竹报平安"，比喻报平安的家信。

不为煎茶不作椽：煎茶，是从煮茶法演化而来的文人雅客的一种复杂的饮茶方式。椽：椽子。架在檩子上承接屋面和瓦片的长条形木料。这句是谦称自己不是文人雅士，也不是栋梁之材。

2. 庠拜手顿首启，伏蒙学士九丈再赐诗章，庠僭率继和尚觊采览，庠再拜

鸣凤览德来纪年，要知圣泽如流泉。
霜钟堂前饱竹实，道人娱凤抚舜弦。
敲门剥啄谁传命，淡云磨天开天镜。
明朝相约送涪翁，夜静林深绕清磬。
涪翁万里离鬼门，竹枝莫恼白使君。
欲试刚肠置冰炭，抱琴远别冲行云。
解逅东坡应话旧，但说海山千万秀。
道庠何讯今何如，自笑侬还空鹤瘦。
我不愧天欺日月，何须更扣杯珓说。
玉局洞天云绕椽，渔竿远信烦公传。

【注释】

欲试刚肠置冰炭：冰与炭性质不同，倘同处一体，必然发生激烈的矛盾冲突，说冰炭置肠，是形容内心两种思想斗争十分激烈。唐韩愈《听颖师弹琴》诗云："颖乎尔诚能，无以冰炭置我肠。"

杯珓：亦作"栝筊"，神前占卜休咎之器。宋程大昌《演繁露·卜教》："后世问卜于神，有器名盃珓者，以两蚌壳投空掷地，观其俯仰，以断休咎。自有此制后，后人不专用蛤壳矣。或以竹，或以木，略断削使如蛤形而中分为二，有仰有俯，故亦名盃珓。盃者，言蛤壳中空可以受盛，其状如盃也；珓者，本合为教，言神所告教现于此之俯仰也。"

玉局：苏东坡因晚年授提举成都玉局观虚职，又被后人尊称为"苏玉局""玉局老""玉局翁"。

渔竿：即"钓竿"，象征归隐山林的本心。据《山谷诗集注》。

王庠文

1. 见王巩书

【导读】

王巩《甲申杂记》载："绍圣初，余谪签书荣州判官厅公事。"本文是王庠写给王巩的一封谒见信。文章先写王巩任职荣州前后荣人对他的了解和评价。来荣之前，大家已了解其名门望族的身份。王巩从万里之远来到荣州，大家争先睹之为快，士人皆称赞他貌美如西晋卫玠，气色如东汉洛阳清议之士，但王庠不认同，他认为王巩"飘若无心之云，出能泽物""直若无私之绳，时可卷舒"，这些都不是晋国公子、清议之士能做到的，是六朝望族琅琊王氏、陈郡谢氏、唐朝陈子昂与李白那样的人物，可见，王庠对王巩仰慕已久，也不无奉承之意。

"下车六浃旬，进见之士座无虚席，得闻一言，皆有饱意。"王巩到任两个月后，作者观其行、听其言，在其执政与为人得到荣人肯定，认为值得交往后，才"澡雪吾身""踵门""谨献近所为文一编……以为求教之资"，并表示一定"虚心以俟，有请将命"。

王巩的岳父，曾任成都知府的张方平是苏轼父子的举荐恩人，王巩与苏轼自幼就是知交，王庠是苏轼的侄婿。诸多关系表明，王庠对王巩早有了解，按理应该在王巩就任荣州签判后第一时间谒见他，但他却在两个月之后再带着一篇自己精心准备的文章写信拜谒请教，一方面可见王庠处事谨慎；另一方面表明王庠谦逊、隐逸，不趋炎附势。

【正文】

某切惟执事奉天子命，来官三荣，方执事之未至也，士复相语曰："此三槐丞相之家清虚居士也。"前日执事至自万里，陋邦之人争先睹之为快。士复相语曰："吾见其颜如春温，气凛秋色，风流萧爽，与世相忘，其西晋之佳公子也。"某曰："非也。子知夫卫国之鹤乎？可使之冲天远唳，而不可使之乘轩。是王谢之徒也，非居士比也。"又曰："吾见其激昂风声，正色不阿，直气凛凛见眉宇间，其东京清议之士也。"某曰："非也。子知夫宋国之神龟乎？钻无遗策而不免于刳肠。是陈李之徒也，非居士比也。"

然则居士如之何？居士有时为西晋之公子也，飘若无心之云，出能泽物，则非西晋之公子也。居士有时为东京清议之士矣，直若无私之绳，时可卷舒，则非东京清议之士也。以晋汉之人物而方居士，则居士之迹犹可议也；以居士而观晋汉之人物，则居士之养不可得而议也。吾意居士以道为偶，自得于心者，固有异于人矣。自得于心者，虽不得见，然可得而闻者。当再拜而问之，澡雪吾身，虚心以俟，居士岂舍我而不教乎？今兹踵门，有请将命。

伏惟执事喜于善诱，孺子苟可教，愿承教焉。执事下车六浃旬，进见之士座无虚席，得闻一言，皆有饱意。某之请益，今已后矣。虽然，求教而失之遽，则其要不久，其诚不通，受赐于君子自今日始，尚未晚也。执事察其心而已。谨献近所为文一编，非敢以为文也，以为求教之资也。进退唯命。不宣。

【注释】

王巩（1048—约 1117），字定国，号介庵，自号清虚居士。莘县人，王旦之孙。宋哲宗绍圣初（1094）谪签书荣州判官厅公事。

切惟：犹窃惟，谓私下考虑。表示个人想法的谦辞。

执事：执行事务的人，对对方的敬称。

官：做官。名词活用。

三荣：三荣之地，指荣州。境内有荣德山、荣隐山、荣黎山。

三槐丞相之家：典出三槐王氏。北宋初期，被许以宰相而没能做成宰相的王祐宦居于汴梁城东时，筑室于仁和门外，尝手植三槐于庭院中，言称其子孙必有为三公者。其子王旦后来果真做了宰相，王祐裔孙因之而称为"三槐王氏"。王旦之孙王巩于1079年拜访苏轼时，请他为自家的宗祠题"三槐堂"，并作《三槐堂铭》。

前日：犹日前。

陋邦：边远闭塞之地，这里谦指荣州。

颜：容颜。

春温：春天般温暖。

气凛：神色威严。

相忘：彼此忘却。

萧爽：潇洒自然。

西晋之佳公子：西晋卫玠，中国古代四大美男之一，著名玄学家、名士，传有"看杀卫玠"逸闻轶事。

卫国之鹤：卫懿公的鹤。典故出自《左传》。春秋时期，卫懿公爱鹤如命，养了许多鹤，还让鹤乘轩车出行，封为"鹤将军"。后来狄人攻打卫国，将士们说："派鹤去打仗吧！鹤享有俸禄和官职——我们怎么能去打仗呢！"为表达悔意，卫懿公只得将鹤杀死煮给士兵吃，最终卫国还是灭亡了。

王谢之徒：王谢那样的人。王谢，六朝望族琅琊王氏与陈郡谢氏之合称，后成为显赫世家大族的代名词。代表人物王导、谢安。

清议之士：参与东汉清议运动的士大夫。东汉后期官僚士大夫中出现的一种品评人物的风气。这些官僚士大夫以太学为中心，希望通过"清议"来表达自己对现实统治的不满，以引起统治者的重视，试图挽救外戚和宦官专权下走向覆灭的东汉王朝。

宋国之神龟：宋元君的神龟。神龟托梦，比喻智谋再深的人也有糊涂的时候，神机妙算的人也有料想不到的事情。世界上即使有最高的智谋，也敌不过万人的谋划。出自《庄子·杂篇·外物》。有一只神龟被渔夫余且捕住了，夜半托梦给宋元君，意想获救，不料被宋元君杀了，用龟壳来占卜，七十二次没有一次不灵验的。孔子说："这只神龟能够托梦给宋元君，却不能避开余且的渔网；它的智慧能够卜七十二卦全都灵验，却不能躲开肠剖肚的灾难，这都是因为智慧有所蒙蔽，而精神有所不及啊！"

钻：占，占卜。

筮：古代用蓍草占卜吉凶，龟为卜，筮为筮。

刳肠：剖腹挖肠。

陈李：唐朝诗骨陈子昂与诗仙李白的合称。

泽物：施惠于人，做善事。

养：修养。

以道为偶：把道作为伴侣。

澡雪：以雪洗身，清净神志。

踵门：亲自登门。

将命：奉命，愿意听从。

伏惟：伏在地上想，下对上陈述时的表敬之辞。

承教：受教。

下车：到任。

浃旬：一旬，十天。

请益：请求教益。

遽：仓促。

要：同"邀"，邀请。

以为：以之为，把它当作。

不宣：不一一细说。书信末尾常用语。

2. 见黄鲁直书

【导读】

本文是作者谒见黄庭坚之前写的一封觐见信。作者态度极为诚恳地表达了对黄庭坚虽未谋面而心早所属的久仰之情。文章用孟子、扬雄、韩愈等人知音难觅作为反例，表明自己能够与师长志同道合，"乐与之共"。如能投身门下，必能"大过于人"。从内容看，本文应是作者派人到惠州致礼苏轼，苏轼应其请求为之向黄庭坚写了那封推荐信之后不久［见苏轼《答黄鲁直（其二）》］，时间大约在1095年后。按照此文内容推测，王庠应该是通过此信拜谒了黄庭坚，并成为其门下弟子的。

【正文】

其尝谓道无彼我也，一人用之不闻有余，天下行之不闻不足。古之君子，惟其资深之至，得其真乐焉，有同于我者，固将乐与之共也。

虽然，方战国时有孟轲氏，顾世之人无以共斯乐也，则企仰于百岁之上，其言曰："乃所愿则学孔子。"方西汉时有扬雄氏，顾世之人无以共斯乐也，则俯待于千载之后，其言曰："后世复生扬子云，然后知我之《太玄》。"至唐韩愈，若张籍、皇甫湜之徒，尝从之交游非不深也，而诚之不通，反有疑愈之言。若然，则退之之心将谁与归也？呜呼！先后异世则怅然以相慕，幸而同时，乃有不知其师友者。此得其徒之为难也。彼于心莫逆，则寄于相视之笑；于言不违，则形于终日之愚。其乐岂胜计哉？相得若此，虽不言不笑可也。

某生于蜀，僻在西南岷峨尽处，而切服执事之下风久矣，信其人而贤之、神之，所潜万里，一息诚心自通，内视其中，已有许于门下，愿兹请命，获拜君子之光。惟执事察之而已。乐育之心，罔有所间，将推其真乐以与共之乎？执事敛德自藏，与道同隐，其得于心者，大羹玄酒不足喻其味，其感于心者，黄钟大吕不足喻其和，则大全之妙，未可得而闻也。至于立己存诚，君子之大方，则应世之迹，亦道之绪余也。东京之士，激名节而不能制其祸；西晋之士，尚清虚而不适于用。伏惟坐进大道，笑二士之失中，在我者必有大过于人。孺子愿承教焉。

（《全宋文》^①卷三一二一）

【注释】

莫逆：意气相投。

不违：相互依从。

相得：意气互相投合。

下风：指风所吹向的那一方；比喻处于不利的地位。亦可引申为自谦之词。

内视：审视内心。

大羹玄酒：大羹，不和五味的肉汁；玄酒，古代当酒用的水。喻诗文风格古朴雅淡。

黄钟大吕：黄钟：我国古代音韵十二律中六种阳律的第一律。大吕：六种阴律的第四律。形容音乐或文辞庄严、正大、和谐和高妙。

立己存诚：存身自立，心怀坦诚。

大方：指专家，学者；内行人。

① 曾枣庄，刘琳. 全宋文（第一四五册）[M]. 上海：上海辞书出版社，合肥：安徽教育出版社，2006：109-110。

绪余：后代。

失中：不合准则。

孺子：幼儿，儿童。这里是谦称自己。

承教：接受教诲。

3. 上东坡论君子小人进用书

【导读】

本文核心内容为论君子小人进用，是一篇典型的策论。本文由苏轼被重新启用而引发社会对人才任用的议论。当今虽然天下太平，但治理不可忽视，在内有天灾人祸，在外有敌国外患；兵骄权重，官冗吏奸。税赋繁多而国库乏财；法令更改而百姓受困。未暇于赈恤者多，未及于进用者众。具备了各种律令，但是百姓未被教化；声律俱全，但百姓没有听到祥和。天下的人都希望苏轼能够把这些在宫廷里与帝王讨论，与百官商量，让天下百姓得到恩泽。但是作者却不认同这些主张，他认为应该把明辨小人，让皇帝听到正确的言论、看到正常的事情作为大事。他认为君子、小人时时都有，只是看皇帝怎么任用。君子得到任用，就会让小人销声匿迹；小人得到任用，就会导致人君不辨善恶，进而导致国家破灭。接着，阐述了小人易进而君子难进的原因。再次，作者以仁宗朝"庆历新政"受挫一事证明君子进常难，但君子却不以难而废。最后，作者站在天下百姓的角度，盛赞苏轼资历深厚，学识渊博，品德高尚，圣上必然重用，必当大有作为。本文当作于元祐六年（1091）前后。

【正文】

恭审上膺圣眷，宠还禁密，伏惟欢庆。自明公和鸾绥章，归觐天子，天下莫不以未执政柄为恨，皆曰国家虽奕世太平，然而治不可忽。今灾异或降而耕耨不时，盗贼或作而郡县多扰。西有未臣之夏虏，北有抗礼之敌人。兵益骄而权益重，官益冗而吏益奸。财赋之人非不繁也，而国常乏于财；法令之更非不至也，而民反困于势。一夫不获，古所忧也，今日未暇于赈恤者多；一贤或遗，古所叹也，今日未及于进用者众。具其名物，藏于有司，岂非所谓礼者欤？而民未尝被其化；备其声律，奏于深宫，岂非所谓乐者欤？而民未尝耳闻其和。不若使明公与天子论道于法宫，出总百揆于政事堂，以讲明此等事，使天下均受其泽，则又愈于内相之任也。有识之士，莫不以此望于明公。而某独不然。

某以谓即日举步台司，兴利除害，又何难耶？然某深所幸者，既还侍从，入居君侧，明烛小人，使上闻正言、见正事，而善成乎所习，此其为大也。某亦尝妄论天下之势，何世而无君子，何世而无小人，惟天子任用何如耳。君子之显也，则达君之聪，助君之明，使小人深藏退缩，不见其迹，如妖狐孽兽得昼自伏而自如。苟小人进而无君子以正之，则使人君如入鲍鱼之肆，久而不闻其臭，天下国家几何而不沦胥以败乎？故魏郑公、李德裕之言未尝不再三于此也。某每上考往鉴，不免乎废书而叹，切恨自古小人之言易顺，而其进也常易，君子之言易逆，而其进也尝难。所以易于进者，岂有它哉？大抵揣摩迎合，不顾宗庙社稷，一切务便佞而已。君子则祸福富贵，一信于默定之命，而吾之所以事君者，惟正直之德故也。今夫临义而思夷险利害，既战于胸中，虽未发于行事，而其心已贰者，此真小人也。君子之意，以谓彼既自欺则不忠于心矣。不忠于心，则何所往而不诈，至于发为事业，吐为言语，凡以诈而事君者，岂可得哉？此其进所以常难也。

虽然，君子之于仕，为身计则难，然为国家计则不可以难而废也。国无君子，安能国乎？某不敢远引曲证，请以吾宋之事明之。往昔仁宗皇帝有为之时，天下殆于久安，孜孜求治。方欲尽革众事以修纪纲，而权倖小人皆所不便，遂乃造作奸恶，眩惑圣聪。卒相与辩白是非、启心开悟者，赖范文正公与二三大臣有正直之德故也。方其始也，范相初贬饶州，稍徙于润，而造谤者复枉以事，上呕命置之岭南。自文正之贬，而朋党之论遂起，杜公、富公、韩忠献公相继罢去，欧阳永叔、程天球亦以抗疏论列而逆上心，及子美受诬，都人有一网打尽之言。当是时，自非诸公不敢少衰其志，相与同心以图扶持王室，则小人之众，岂不将颠大厦乎？今日之盛，使圣子神孙益隆基业者，皆赖我仁祖圣明，俯回日月之光，深思忠义之赐也。

今主上睿哲神圣，出自天纵，承六世之业，当春秋鼎盛之时，方将慨然愿治，锐意有为。愿治则急于用人，有为则希旨者进。苟非正直之士，如范文正公之徒，以佐佑圣化，则安可得耶？伏自明公践扬显位，于今四十年，学优圣域，其广大精微者，某何得而知之？然天下有公议，皆谓天地之正气，昔发为汉高祖斩蛇剑、段太尉击贼笏，今皆独钟于明公，故阁下禀正直之德，而独立不群也。夫民至愚，而神合之则智，名公既得此誉于霄壤间，则所谓今世之君子，断可知矣。今归还清禁，夫其意者乃使侍金华、直玉堂，留以辅助吾君，有为于天下。某当拭目倾耳，以俟君子之所为也。噫！明公既负正直之德矣，其垂绅鸣佩，仪形万笏之前，揭为人君适治之表，使庸回之人望之而不敢亲比，固贤者素所愿，亦卑心之所望者如此也。

　　某寒苦颠顿，方耕岷峨之下，切幸国家有正直之士，而草茅疏贱私喜于心。此某所以不敢为亲戚之私庆，而深同天下之贺也。不胜欢抃之至。

（《全宋文》①卷三一二一）

【注释】

恭审：知道。恭，肃敬，谦逊有礼貌。敬辞。

上膺圣眷：上圣膺眷，皇帝委任眷顾。

禁密：宫廷禁地。

和鸾绥章：和鸾，古代的一种铃铛，挂在车前横木上称和，挂在轭首或车架上称鸾。绥章，古代旗杆顶端所饰的染色的鸟羽或旄牛尾，用以别贵贱。这里夸饰苏轼被召回朝的车驾。

执政柄：掌权。

未臣：未臣服。

抗礼：行平等的礼。

某亦尝妄论天下之势：应指《宋史·王庠传》"京师蝗，庠上书论时政得失，谓：'中外壅蔽，将生寇戎之患。'"之言论。

鲍鱼之肆：指腐臭污秽的环境。也指恶人或小人聚集的地方。鲍鱼，咸鱼。肆，店铺。卖咸鱼的店铺。

沦胥：指相率牵连，泛指沦陷、沦丧。

魏郑公：魏徵，字玄成，下曲阳县（今河北省晋州市）人。唐朝初年杰出的政治家、思想家、文学家和史学家。累授左光禄大夫、太子太师，封郑国公。

---

① 曾枣庄，刘琳. 全宋文（第一四五册）[M]. 上海：上海辞书出版社，合肥：安徽教育出版社，2006：110-112.

李德裕：字文饶，小字台郎，赵郡赞皇（今河北省赞皇县）人。唐代杰出的政治家、军事家、文学家，中书侍郎李吉甫次子。

废书：放下书，中止阅读。

便佞：指能言善辩，但心术不正、引人学坏的朋友，称为损友；也指善于说花言巧语，满足官员虚荣心以求得生存的小人。

权倖：有权势而得到帝王宠爱的奸佞之人。

范文正公：范仲淹，字希文。祖籍邠州，后移居苏州吴县（今江苏省苏州市）。北宋时期杰出的政治家、文学家。累赠太师、中书令兼尚书令、魏国公，谥号"文正"，世称范文正公。

杜公：杜衍，字世昌。越州山阴（今浙江省绍兴市）人。北宋名臣，唐朝名相杜佑之后。拜同平章事，支持"庆历新政"，为相百日而罢。

富公：富弼，字彦国，洛阳人，北宋政治家、文学家。曾任枢密副使，与范仲淹等共同推行"庆历新政"。

韩忠献公：韩琦，字稚圭，自号赣叟，相州安阳（今河南省安阳市）人。北宋政治家、词人。为相十载、辅佐三朝，为北宋的繁荣发展做出了贡献。谥号"忠献"。

欧阳永叔：欧阳修，字永叔，号醉翁，晚号六一居士，江南西路吉州庐陵永丰（今江西省吉安市永丰县）人。北宋政治家、文学家。

程天球：程琳，字天球，永宁军博野县（今河北省保定市博野县）人。北宋时期名臣、诗人。累赠太师、尚书令、魏国公。

抗疏论列：言官向皇帝上书直言，检举弹劾。

子美：苏舜钦，字子美，开封人。北宋诗人，与梅尧臣齐名，人称"梅苏"。有《苏学士文集》等。

践扬显位：登上显耀位置。指苏轼进士及第出仕。

汉高祖斩蛇剑：斩蛇剑，是汉高祖用以斩白蛇的宝剑。"斩蛇起义"是刘邦建立大汉王朝之前的历史典故，讲述刘邦在丰西芒砀山泽斩蛇，举起反抗暴秦义旗的故事。见司马迁《史记·高祖本纪》。

段太尉击贼笏：击贼笏，典故名，典出《旧唐书》卷一百二十八《段秀实列传》。唐德宗时，朱泚谋反，召段秀实议事，秀实以笏击泚，大骂，被杀。

后以"击贼笏"为称颂忠贞或正气凛然的典实。

霄壤间：天地间。

顇颕：亦作"顇悴"。忧愁；困苦。

金华：即金华殿，指汉长安城中长乐宫和未央宫，皆有金华殿。出自《后汉书·蔡邕传》："公奉引车驾，乘金华青盖，瓜画两轓，远近以为非宜。"

直玉堂：在翰林院值班。"直"同"值"。玉堂：翰林院的别称。

庸回：同"庸违"，用意邪僻。回，通"违"。指居心不良之奸邪小人。

欢抃：喜极而鼓掌。

4. 上颍滨论治体士风书

【导读】

本文是作者得知颍滨（苏辙）荣升参知政事，奉制书，即奉诏起草朝廷文书、诏令职务后的祝贺信，也是一篇策论。书信首先对苏辙获得升迁表示祝贺，但同时声明是为普天大众而祝贺。作者借古鉴今，从两方面分析了祝贺的原因，并以此阐述"治体士风"的观点。其一，作者借西汉"尝以经术作人才"，导致"士学于经术而劲正之节不立"，认为苏辙上任能够"革去揣合之风"，让士风回归于"道"的学习；其二，借汉唐以贤良取才，后遭朋党、缙绅之祸，本朝仁宗先帝（神宗）"明五贤一不肖之论""纳忠奖善"而"任贤去邪""熙洽之盛"，而近年来"务喜排击之论""使朝廷政刑失举""生两宫之疑"。认为苏辙上任能够"革去揣合之风"，使治体清明。

【正文】

恭审荣奉制书，入参大政，伏惟欢庆。兹者执事得时而得位，其不特为亲戚之私庆，而为天下之公贺也。

何以言之？执事历仕三朝，今主上忧勤莅政，起执事于幽闲之中，倾心以听，责成太平，则国士之报，宜厚于众人矣。伏思先帝愿治，一十九年之用心，今日国论之更张，执事皆备见亲尝之，固不待天下之士妄有所献也。虽然，亲戚之私，徒徒不足以尽意，致贺不可以无词，此某不免乎妄有所建矣。孔子曰"才难"，不其然乎？虽唐虞之际犹以人才为难也。孟子曰"徒法不能以自行"，则为国家者，必赖人才而后治也。迨及后世，汉唐之治，固不足为今日道矣，然姑借汉唐而言之。

西汉之盛，固尝以经术作人才矣。自公孙弘之进，希世用事，可否必持两端，使人主自择，稚圭、谷永之徒习以成风，反复不情，揣合时变，一王章不容于时，况贤者乎？然则，崇经术所以勉之以道也。士学于经术而劲正之节不立焉，雨蒲风柳不能自持，则非所望于知道也。当时之士，反不如曹参之于萧相国，何哉？切尝思之。学者方且守专门之学，学非自得，因以丧其良资，所谓至道之真儒，盖未之见也。彼萧何、曹参，虽不学无术，然器识宏远，得于固有，故其自知甚明，自信甚笃，以成其规随画一之善。后之君子不可不深明于此也。眷我本朝，教育涵养，至先帝纯以经术作新天下，恩至厚也。切观迩者务喜揣合之论，有道之世，岂容若稚圭、谷永之徒，习成揣合之风乎？世有方士，伪为白金而半之以铜，俗谓之对钩之金也。近时以来，行徭役而以免役兼之，行经义而以诗赋兼之，既知免役、经义为不可罢，何不纯而行之，岂非对钩之法耶？以此类推，所谓务喜揣合之论也，无乃上累太母保裕之勤、天子继述之孝乎？执事审订公议，必已深明乎此，革去揣合之风，则萧、曹之勋不足进焉。此某所以为天下之公贺者一也。

李唐之盛，固尝以贤良而取人材矣。自牛僧孺之进，排斥时政，遂结李氏之怨，八关十六子扇以成风，又分而为注、训焉，搢绅之祸四十余年不解。然则，尊贤良所以勉之以忠也。士进于贤良而朋党之患遂成焉，如左右佩剑，彼此相笑，则非所望于为忠也。当时之士，反不如郭子仪之于李光弼，何哉？窃尝患之。士大夫方执异同，互相诋诽，所谓公心之大臣盖未之见也。彼子仪、光弼，虽进于武士，然皆释去私仇以急公家，故能同心协谋，卒复王室。后之君子不可不深明乎此也。眷我本朝，任贤去邪，以底熙洽之盛，至仁宗时，明五贤一不肖之论，先帝纳忠奖善，德至渥也，切观迩者务喜排击之论，清明之朝，岂容若八关十六子之徒，扇成排击之风乎？祖宗深仁大德，罪疑从轻，未尝以言罪人，况夫平居诗文之疑似，如告讦蔡新州者耶？以此类推，所谓务喜排击之论也，无乃使朝廷政刑失举，玄生两宫之疑乎？执事审订公议，亦已深明乎此，革去揣合之风，则郭、李之功不足进焉。此某所以为天下之公贺者二也。

区区怀此久矣，惟执事察其言，因得其肺腑焉。夫天何言哉？四时行焉，百物生焉。今日天子方当不言之际，则执政大臣代天理物者也。犹之元气行于混茫之中，何尝有心于亭毒哉？苟惟运而无私，然后成天下之大和，动有所偏，灾异作矣。勉进大勋，以福四海。尚祈茂对大时，为国自重。朝金胥祷，实天下之所同愿也。不宣。

（《全宋文》①卷三一二一）

【注释】

历仕三朝：苏辙于嘉祐六年（1061）任校书郎起历仕仁宗、英宗、神宗、哲宗、徽宗五朝，由"先帝……一十九年"推知，写作本文应在哲宗元祐元年（1086）后，已历仕至第四朝了。

才难，不其然乎：意思是人才难得，不正是这样吗。语出《论语·泰伯》："孔子曰：才难，不其然乎？"

徒法不能以自行：出自《孟子·离娄上》，意思是法令必须有人推行。原文："徒善不足以为政，徒法不能以自行。"

先帝：这里指宋神宗，在位十九年。

稚圭：匡衡，字稚圭，西汉后期人，生卒年不详，西汉经学家，官至丞相，曾以"凿壁偷光"的苦读事迹名世。

谷永：（？—前11），本名谷并，字子云，西汉京兆长安（今陕西省西安市）人。官至太中大夫、光禄大夫、给事中。

王章：字仲卿，泰山钜平（今山东省泰安市磁窑镇西太平）人，西汉京兆尹。

曹参：（？—前189），字敬伯，泗水郡沛县（今江苏省徐州市沛县）人。西汉开国功臣、军事家、政治家，汉朝第二位相国，史称"曹相国"。

萧相国：萧何（？—前193），沛郡丰邑（今江苏省徐州市丰县）人。西汉开国功臣、政治家，"汉初三杰"之一。西汉建立后，担任相国，史称"萧相国"，册封酂侯，名列功臣第一。

揣合：迎合。

器识：器量与见识。

太母：祖母。此指宋哲宗祖母高氏。哲宗年仅十岁即位，由祖母太皇太

① 曾枣庄，刘琳. 全宋文（第一四五册）[M]. 上海：上海辞书出版社，合肥：安徽教育出版社，2006: 113-114.

后（高滔滔）临朝听政。

牛僧孺：（780—848），唐安定鹑觚（今甘肃省平凉市灵台县）人，字思黯。贞元进士，官至兵部尚书、同平章事，牛李党争中"牛党"领袖。

缙绅：古时官吏插笏于绅带间，故称仕宦为缙绅。

郭子仪：（697—781），字子仪，华州郑县（今陕西省渭南市华州区）人。唐代中兴名将、政治家、军事家。唐德宗即位后，尊为"尚父"，迁太尉兼中书令。

李光弼：（708—764），营州柳城（今辽宁省朝阳市）人，契丹族。唐朝中期名将，与郭子仪齐名，世称"李郭"。

熙洽：兴盛普及。清明和乐；安乐和睦。语出汉班固《东都赋》："至于永平之际，重熙而累洽。"宋曾巩《贺元丰三年明堂礼毕大赦表》："幸逢熙洽，未奉燕间。一违前跸之音，四遇亲祠之庆。"

八关十六子：唐穆宗时宰相李逢吉所结党羽。《旧唐书·裴度传》："逢吉之党李仲言、张又新、李续等，内结中官，外扇朝士，立朋党以沮度，时号'八关十六子'，皆交结相关之数也。"《新唐书·李逢吉传》："其党有张又新、李续、张权舆、刘栖楚、李虞、程昔范、姜洽及训（李训）八人，而附会者又八人，皆任要剧，故号'八关十六子'。"

五贤一不肖：疑为"四贤一不肖"，作者之误。"四贤一不肖"的说法出自明代。指北宋蔡襄因范仲淹被贬一事而写的五首诗。分别颂扬范仲淹、余靖、尹洙、欧阳修等四人，抨击高若讷一人。"四贤一不肖"诗为分别评写这五人的五首诗。

排击：排斥；抨击。

告讦：指责人过失或揭人阴私；告发。出自《汉书·刑法志》"及孝文即位……论议务在宽厚，耻言人之过失。化行天下，告讦之俗易。"

蔡新州：蔡确（1037—1093），字持正，泉州晋江人，北宋宰相，王安石变法的主要支持者之一。因《游车盖亭》诗案被流放岭南新州（今广东省新兴县）六年，卒于贬所。

代天理物：协助天子管理事务。

元气：中医术语。指人体最根本、最重要的气，是人体生命活动的原动力。

混茫：混沌蒙昧。

亭毒：养育，化育。《老子》："长之育之，亭之毒之，养之覆之。"

茂对大时：《易·无妄》："象曰：天下雷行，物与无妄。先王以茂对时育万物。"茂：盛。对时：顺合天时。象辞上说，先王效法《无妄》卦象的强盛威势，配合季节时序，顺应万物性质，故自然而然养育万物。

朝金胥祷：朝命都能如愿。朝金，朝命。宋朝王禹偁《送刘职方》诗："朝金假郡印，承乏来永阳。"胥，皆，都；祷，旧时书信里表示希望、祈求的意思。

5. 与东坡手书

【导读】

文中"敛德自藏，与道同隐"表明对方处于贬谪期间，"万里尺书，远意难尽"表明书信往来，相去万里。所以，本文应为苏轼 1094 年被贬惠州期间，作者派二差人携带川内特产前往慰问时，让差人带去的一封信。作为回复，苏轼写了一封［《与王庠书（其一）》］。"谨缮写近所为文一编附献"与苏轼回信"前后所示著述文字，皆有古作者风力，大略能道意所欲言者……《经说》一篇，诚哉是言也"能够相互印证。

【正文】

即日伏审掩关自适之余，亦复驾言垂训否。公当斯时，方将敛德自藏，与道同隐，则著书立言之事，某不当问及是也。虽然，切愿有叩于左右。

夫圣道，东海也；公之文，四渎也。浩浩乎，浑浑乎，其源之来，长洁而无杂，则是有得于孟子之粹；涵空万顷，□行地中，其气之雄深自然，有得于子长之奇。千里一湾，万里一□而无荀卿奔放之患；晓烟夕月，四时备润泽之景，而无扬雄艰苦之癖。

至于会百家之异流，经纬天下，泽及万物，虽支疏灌溉，亦足以起丰年，而其用卒归于仲尼之□，故能卓然明道，去邪说之乱真也。自元丰来，先帝患文章陋甚，幸公救敝扶衰，黄、晁、秦、张辈从而和之，士方回悟而又变取士之法矣。某，门人也，君子爱人之心，必有以教。使审是而知其归，则丐求善诱之言，今不可懈。谨缮写近所为文一编附献，非敢以为文也，借为求教之资而已。

万里尺书，远意难尽，引企海语，澡雪以冀。不宣。

（《全宋文》^①卷三一二一）

【注释】

即日：当日或近几天之内。此处应为后者。

掩关自适：坐关。指佛教徒闭门静坐，以求觉悟。

垂训：垂示教训。垂示，指留传以示后人；犹言赐示。《文选·夏侯湛〈东方朔画赞〉》："傲世不可以垂训也，故正谏以明节。"刘良注："傲慢理不可以垂教后人。"

著书立言：从事写作，提出自己的主张和学说。

四渎：星官名，属井宿，共四星，一星在双子座内，三星在麒麟座内，即麒麟座17号、13号、ε星。古人认为它们与我国的四条大河对应，故名。《晋书·天文志》："东井南垣之东四星曰四渎，江、河、淮、济之精也。"

涵空：水映天空。

雄深：雄浑深沉。

子长之奇：子长，司马迁，字子长。出自宋朝马奇《赠盖邦式序》："司马子长之文章有奇伟气。"

圣道：指圣者之道、圣人之道、圣贤之道。

扬雄：（前53—18），字子云，蜀郡郫县（今四川省成都市郫都区）人。汉朝时期辞赋家、思想家，庐江太守扬季五世孙，名士严君平弟子。

经纬天下：指治理国家。出自《史记·秦始皇本纪》："普施明法，经纬天下，永为仪则。"

黄、晁、秦、张：即"苏门四学士"黄庭坚、晁补之、秦观、张耒。

不宣：不一一细说。古代朋友间书信的结尾用语。

6. 上范丞相论治体书

【导读】

本文主题表面是"论治体"，即国家治理，实则是得知范纯仁在政敌章惇

---

① 曾枣庄，刘琳. 全宋文（第一四五册）[M]. 上海：上海辞书出版社，合肥：安徽教育出版社，2006：115.

被哲宗启用为宰相后，主动隐退，请求避处地方任职的消息后，给范纯仁的一封劝谏信，以其父范仲淹的"先天下之忧而忧"为典范，劝其深思熟虑，收回请求，利用圣明君主难得一遇的政治环境，勤勉地成就一番大业。

本文情意恳切，但由于作者自身并未涉足官场，理想化的成分多于对世事险恶的认知。虽然王庠曾经受到范纯仁等前辈的褒扬，很受器重，但久经政坛，两登宰相高位，深谙其中风险的范纯仁最终未听取晚辈的忠言，仍然选择了退处颍昌、陈州、随州等地，直至终老。

大概由于作者多年未与范纯仁通音信，言辞极为委婉恳切，切入主题之前，有铺垫过度之嫌。

【正文】

相公之去蜀，剑山草木春风两纪矣。江山遗爱之国，犹能想记其地乎？

大江之南，荣为东蜀之陋邦。某生于荣，挟书山中，私有所念，以谓自信之士，方其慕古人于千载之上，击节而叹恨，不即见之也。天生豪杰，幸而同时，有及见之喜，当其彼贵此贱，反自疑而不进，何也？岂非虑其骄不下士，尚何得吐胸中之奇耶？吾宁卷而怀之，有足乐者。呜呼！此士自绝之过，而贵贱之由是不相通也。某窃隘之。既而自谓曰：公卿必有负道者焉，当以道而求。道之未至也，某当以进之；道之傥可致也，然后出求当世之贤。今之人杰有如范公者，曷往见之？此心固有待也。

虽然，今也学未及成，弗获伸见贤之拜，扫迹剑外，声音之不相闻，俯不知其身之微贱，而以事迫于外，欲奉千里之书，辄开胸臆以告，可乎？某又自谋于心曰：言之无害也。以平生向慕之诚，此心已有许于范公矣，范公固未知之，而吾之心终不可负也。事可缓见而言，事不可缓未见而言，其实一也。山林之士既不当与言，权贵之门又不敢与言。诚以相公直道扶王家，则某之言之为不妄。伏惟明公清燕优闲之际，姑听其语，可乎？

某切仰天子明圣，前日以臣僚之章，不得已降执事者一官，而未闲之封，数叩天阙，何其欲去之坚也？切意大君子之心，欲持明哲易退之德，以为身谋则善矣，然非今日之宜也。伏惟相公异乎疏远之臣，当与宋同其休戚，偶天子有为之际，独不念朝廷乎？殆非挈去就之时也，何则？大臣去就系天下之安危，身虽宜保，而祸不可以苟免也。君将弃我乎？虽豫为退藏之计，剡章日上，竟无益于全身。使天下有平治之意，自知舍我其谁，君始不吾信，固当受黜而不辞，冀其复然吾言也。仲尼曰："大臣以道事君，不可则止。"是仲尼教人使不枉道以强活，而不教人遽绝于君也。刘向屡黜而言不已、陈蕃屡退而不忍去者，彼岂苟然而已哉！今天下皆曰吾君不忘吾范公，锐然独断，不惑群议，殆将复用之也。神圣有为，方求适治之路，而吾范公救蔡丞相确、辩苏尚书，中立不倚之诚，确乎不拔。如立千尺之表，揭善恶之岐。天子信焉，姑使偃息近镇，复将听其言，而判异议之疑也。而吾范公之心亦知天子明圣，可与至尧舜之域，可与迈成康之轨，可与辨君子而察小人，可与休国而益民，相有待而然也。天下之人同为此言者，何也？彼其倾耳而听、虚心而俟者，亦知圣意之未忘，不欲相公自绝于君故也。相公偶此之际，遽然求去，岂所以系朝廷苍生之望乎？噫！是何求去之速也？姑少留于侯藩，察圣意之终始，假之数年，然后勇退，宁为晚耶？某能言之，惟大贤则能听之。苟以为狂为愚而弗从之，复将诵文正公之遗烈，以告于下执事。夫誉其父以悦其子，必求其听己，又将以为谄乎？亦非某之忍为也。某闻长者道盛德之言曰："吾当先天下之忧而忧。"使文正公获当今日，则爱君为国之心，其忧宜如之何也？诵其言，思其人而不得见，则将议其勋，以考其行己之大方。切以谓文正公过唐裴度远矣。当度之时，天下望之为轻重，而文宗亦未辨牛、李之是非，惟念度之不衰也。而其晚节之计，皆出于自安，无经济意，使时君复谁望耶？文正公则不然，始方贬黜而朋党之论遂起，其后稍徙润州，时造谤者复枉以事，上呕命置之岭南，当时之士凛然寒心矣。自非我公不敢自绝于君，何能悟主如此？使今日之圣子神孙益隆太平者，皆赖仁祖圣明，速回日月之光，深照忠义之赐也。今主上圣德日跻，慨然愿治。相公于斯时，其忧国之心，当任文正公之责而后可也。主上恩礼兼隆，可谓至矣，相公自视，孰与仁宗之于文正乎？是知往日君臣之间，犹疏于今也。文正以孤生进，不敢忘君如彼，相公以世德承大恩，乞身坚去如此，是岂有识之士所望于门下之意耶？伏惟相公嘿思而俯诺焉。无以一己之心为进退，而以天下之心为进退。圣君难逢，勉济大业。不宣。

（《全宋文》①卷三—二—）

① 曾枣庄，刘琳. 全宋文（第一四五册）[M]. 上海：上海辞书出版社，合肥：安徽教育出版社，2006：116-118.

【注释】

范丞相：范纯仁（1027—1101），字尧夫。苏州吴县（今江苏省苏州市）人。参知政事范仲淹次子。北宋时期名臣、政治家、宰相，人称"布衣宰相"。后文"相公""范公"均为对范纯仁的尊称。

两纪：二十四年，古时以十二年为一纪。这里是概数。范纯仁1070年十二月任成都府路安抚使，推算本文作于1094年前后，与后文叙事吻合。

卷而怀之：把自己的才能收藏起来（不做官）。出自《论语·卫灵公》。子曰："邦有道则仕，邦无道则可卷而怀之。"

扫迹：扫除车轮痕迹。表示谢绝宾客，指隐居。

山林之士、隐士。

切仰：特别仰慕。

降执事者一官：贬官。

刬章：削牍写成奏章。泛指写奏章。

大臣以道事君，不可则止：大臣要以正道来侍奉君主，倘若国君不愿意接受，正道不能行于天下，那么大臣就应该毅然抛弃高官厚禄，隐退而去。子曰："吾以子为异之问，曾由与求之问。所谓大臣者，以道事君，不可则止。今由与求也，可谓具臣矣。"（《论语·先进篇》）

独断：敏锐果断。

不拔：不可拔除、不可动摇。

岐：同"歧"，岔路。

偃息：敛藏退息。

镇：压；抑制。

自绝：自己断绝了跟别人的关系。

遽然求去：指范公坚辞朝廷职务之事。1093年哲宗亲政，章惇拜相，范纯仁自请到地方任职。

侯藩：朝廷。

大方：见识广博或有专长的人。

轻重：寄予厚望。

文宗：指唐文宗。

经济：经时济世。

仁祖：即宋仁宗。

孰与……乎：与……比，……怎么样呢。

孤生：（范仲淹）幼年丧父，母亲改嫁。

嘿思而俯诺：深思而允诺。

7. 再上范丞相论事书

【导读】

本文紧承《上范丞相论治体书》，第二年，作者得知范纯仁愤然直言，连上《请放吕大防等逐便》《再请放吕大防等逐便》，指刺吕丞相等人而被贬一事，有感而发，再次寄言范公。作者列举民间对此事的两种看法，认为范纯仁这样做是"自陷于党人""强聒以自明"，而作者强烈反对，认为这是"尽忠报国""事君报国"，公私分明，无关乎朋党，并以欧阳修为杜、韩、富，尹师鲁为范文正上疏力谏为例证明"二说者，皆妄人耳"。不仅如此，作者还借此向前辈表示祝贺，认为范公的奏章是从树立大公无私的观点来执法，使朝廷和睦的为人，正是"以中和之德，行正直之言"。

【正文】

去年相公镇颍昌时，有蜀布衣万里献书者，即某也。其间言裴度晚计浮沉，有愧文正公终始之节，仰以劝执事者无速求去，如文正不敢忘君焉。方虞鄙贱之书，获玷耳目之罪，前日邸吏传谏草，见相公奋言吕丞相等非，独庆明天子之有忠臣；相公父子万世公议，远过裴度一等，抑又喜某之言似有合于大君子之心，姑尝听其说也，天下幸甚。

虽然，天下之论，窃亦有所议，曰："我天子方其即位之初，起执事以政，而执事落落元祐之间，未必合也。今日之章，何苦自陷于党人耶？"又曰："论者议元祐之政非是，则执事与诸公一体之人也。今日之章，何强聒以自明耶？"某再拜回避，谨昌言而告之曰：圣天子在上，臣下尽忠报国，谁当为朋党？相公知事君报国，亦不知所以为朋党。是二说皆非也。某尝观欧公永叔言杜、韩、富三公者，于文正公同心之人也，为国议事未必相从，公言不私，至于廷净。平居暇日，则更相称誉不暇，彼无心于朋党也，为明天子故也。尹公师鲁于文正公，师友也。方其上书自陈，力乞同贬，时亦岂有心于朋党也？为明天子故也。切意相公自处于中，固亦如是。诚于事主，岂尝用意于其间哉？是二说者，皆妄人耳。

伏惟相公执德不回，无所偏附，今日之章，不特破议者之疑，某抑又为吾君贺也。何以言之？相公雅意本朝，岂特为诸公而发耶，将以立公议而为法，和朝廷而为人。某之申贺者此也。独不见萧规曹随之事乎？萧必举曹，而曹不变萧之法，殆非更为彼我者也。熙宁、元祐之法度，均法度也。朝廷方以继志为孝，随时因革，审其是而已。人惟无心，则信手所取，无适而不快。切意相公立公议而为法，殆为此也。又不见牛、李之事乎？缙绅之祸四十余年而不解，非朝之福也。元丰、元祐之人，均臣子也。别而用之，辨其邪正而已。天下未尝无才，求之惟恐不及，用之惟恐不尽。别为两党，十取其五，岂不惜哉？天下固有端方敢言之士，然量而后入者，事君之义也。苟非天子涣然冰释，示以不疑，则安能自竭乎？切意相公和朝廷而为人，殆为此也。相公以中和之德，行正直之言，我天子如天地日月，兼容而溥照之，行将信执事之言。孟子曰："责难于君谓之恭，陈善闭邪谓之敬，谓吾君不能谓之贼。"敢以为左右献。

相望万里，恨不即见君子。爱德之至，感激不能尽言。不宣。

（《全宋文》[①]卷三一二一）

【注释】

去年相公镇颍昌时：范纯仁先后于1089年、1091年、1093年、1094年四次知颍昌府，1093年哲宗亲政后被贬，故本文应作于范公第二次任宰相的1093年七月后。

蜀布衣万里献书：指王庠《上范丞相论治体书》。蜀布衣，蜀地百姓，王庠自称。

吕大防：北宋有五位姓吕的宰相，这里指以上疏论吕大防不当窜岭南，落职，知随州，贬武安军节度副使，永州安置。

欧公永叔言杜、韩、富三公：见《宋史·欧阳修传》："杜衍等相继以党

---

① 曹枣庄，刘琳．全宋文（第一四五册）[M]．上海：上海辞书出版社，合肥：安徽教育出版社，2006：118-119．

议罢去，修慨然上疏曰：'杜衍、韩琦、范仲淹、富弼，天下皆知其有可用之贤。'"

尹公师鲁：尹师鲁，即宋代文学家尹洙，他与欧阳修同为古文倡导者，力主创作古文，以正当时"专事藻饰、破碎大雅"的文风。

萧规曹随：比喻完全按照前人的成规办事。萧何创立了规章制度，死后，曹参做了宰相，仍照着实行。出自汉·司马迁《史记·曹相国世家》。

端方：庄重正直，端庄。

8. 送知荣州董正封序

【导读】

本文为送别荣州知州董正封的一篇赠序。文章极言董知州关心和解决民生疾苦，临别时主公"欲去不能，欲别不忍"；"感恩之民"亶亶相随以及众人祝福主公的情形。最后叙述了受推举写作本文的情形。按照1120年左右董正封任荣州知府，北宋地方官员的任期，按诏令规定一般以三年为主，故本文大约作于1123年。

【正文】

剑栈磨云，子规催北客之归者，蜀山之古道也。攻成石龟，望汴都之郁葱，欲吐胸中之奇，跃马而去者，董使君之出蜀也。使君之行，扶老携幼，拥旌旗之先，欲去不能，欲别不忍，亶亶而相随者，感恩之民也。相与言曰："惟天子惠顾西南，劳我侯万里来，不鄙而曹，勤日以治。我有疾苦，惟史君之医我；有饥寒，惟史君之衣食我；有子弟，惟史君之教。史君固无心于德我也，我将何以报德乎？欲持刘宠之钱以将勤意，则史君之清，虽一钱必不受；欲载洪规之土以实后乘，则史君之廉，虽块土亦必不受。吾闻古人赠人以言，愿约以此。"于是有越众而出者，欲祝之曰："山寒雪清，远行多苦，忠孝之人行矣郑重。"有继踵而进者，又欲祝之曰："功名乘时，异日持斧观风，眷眷此邦之人，愿无相忘舍是。"

有庞眉老人闻而笑之，以谓前言者祝侯以自爱，后言者以爱物可也，然意何其隘耶？夫人有易夺之志，锐始而怠终者，守之不笃故也；有难全之才，务大而遗细者，养之不至故也。侯之治荣，始终不变，君子以为善政。而今而后，推己之志，临进退之大节，全名自高，白玉无玷，然则，可以怠终乎？何不祝侯自爱者以此也！

众于是曰："富哉斯言！"染笔以告执巾者，惟北溪野人为宜。野人者，史君倒屣而迎之者也。某拜命曰："唯唯，其何敢辞？"敬序以告，史君当复笑曰："爱我哉，王某也！"年月日叙。

（《全宋文》^①卷三一二一）

【注释】

董正封：（约 1050—1132），北宋晚期东平须城人（今山东省东平县州城街道），名臣龙图阁学士董沔之子。1120 年左右任荣州知州。靖康之难后寓居江南，被朝廷任命为显谟阁待制提举江州（今江西省九江市）太平观。董寿过八十乃终。序：古代惜别赠言的文字，叫作"赠序"，内容多是对于所赠亲友的赞许、推重或勉励之辞，是临别赠言性质的文体。

刘宠：生卒年不详，字祖荣。东莱牟平（今山东省烟台市牟平区）人。东汉时期宗室、大臣。升职入京时，山阴县有五六位须发皆白的老人，特意从乡下远来给他送行，每人带了百文钱赠送他。他不肯接受，只是从许多钱中挑选一个最大的收下。因此，被后人称为"一钱太守"。

洪规：大法。《益州夫子庙碑》："三千弟子攀睿化而升堂，七十门人奉洪规而入室。"

染笔：蘸墨挥笔。

执巾：执事，此即董正封。

北溪野人：作者王序自称。因义门王氏世居北溪。

倒屣而迎：热情欢迎宾客。语出《三国志·魏书·王粲传》："闻粲在门，倒屣迎之。"

9. 许由逊议

【导读】

这是一篇史论短文，表达了作者对许由的逊让不够认同的观点。文章以

---

① 曾枣庄，刘琳. 全宋文（第一四五册）[M]. 上海：上海辞书出版社，合肥：安徽教育出版社，2006：120-121.

孔子常称赞泰伯、伯夷而没有称赞许由写起。作者认为，泰伯逊位，成就了周朝的兴盛，"夷、齐之逊"，显示了天下的礼义；而许由之逊，则是"无心于生民"，对老百姓不负责任。孔子之所以不称赞他，是因为"不可法于后世"，即不应该成为后世学习的榜样。并引用孔子、《中庸》的观点加以佐证。文章最后驳斥了许由成就"尧舜揖逊之至德"的说法。

【正文】

善足己而施诸人，其为道也远矣；善足己而藏诸身，其为道也隘矣。夫善之所为，古君子之难能也。太伯、伯夷之善，孔子常称焉，于许由之逊，无文以述之，岂圣人隐而不言，以为非教乎？抑后人妄为说乎？蒙尝观史迁载说者曰："尧逊天下于许由，由不受，耻之，逃遁。"究厥旨意，未甚详悉，故从而为言。

夫泰伯之逊，文身夷狄间，俾国归季历，以圣嗣文王昌，必能恢隆后稷先公之业，以兴周道，岂非示天下之公乎？夷齐之逊，不私以己，逃归西伯，以其善养老也。后武王伐商，二子谏，以为后世之法，岂非示天下之义乎？当尧之圣，图禅位事必谨择其人，于厥心久矣，果禅之而不受，诚弗知人也。岂说者之妄而传者惑欤？果使有许由之贤，尧必始擢于朝以试用之。盖由洁清自处，志于高遁，介然一身而已，明无心于生民也，其于公义之规规者不得闻，孔子不称者，示不可法于后世也。故曰："善施诸人，其道远矣；善藏诸身，其道隘矣。"《中庸》亦有云："素隐行怪，后世有述焉，吾弗为之也。"

或曰："微许由，则不能成尧舜揖逊之至德欤？"曰："尧知由之弗遂，其用则固矣。而先擢之者，示民之不遗贤也。知舜之必受禅者亦固矣，而后授之者，示民心之一于舜。道其至乎，道其至乎！"

（《全宋文》①卷三一二一）

【注释】

许由：（由又作繇），字武仲，一字道开，相传为尧时阳城槐里（今河南省登封市）人。隐于沛泽，尧闻其贤，欲以天下让之，不受而逃于颍水之阳箕山之下。尧又欲召为九州长，不愿闻，遂洗耳于颍水之滨，死后葬箕山（今

---

① 曹枣庄，刘琳. 全宋文（第一四五册）[M]. 上海：上海辞书出版社，合肥：安徽教育出版社，2006: 121.

河南省登封市东南）。

太伯：吴太伯，又称泰伯，吴国第一代君主，东吴文化的宗祖。姬姓，名泰。父亲为周部落首领公亶父，兄弟三人，排行老大；两个弟弟仲雍和季历。父亲传位于季历及其子姬昌，太伯和仲雍避让，迁居江东，建立勾吴。下文"泰伯之逊，文身夷狄间"亦指此意。文身，修身，隐身。

介然：坚正不移；坚定不动摇。

夷齐之逊：指伯夷、叔齐均不肯继承孤竹国君而逃走。事见《史记·伯夷列传》。

"武王伐商，二子谏"句：指伯夷、叔齐劝谏武王伐纣的事。二子，即伯夷、叔齐。事见《史记·伯夷列传》。

"善施诸人"四句："善施诸人，其道远矣；善藏诸身，其道隘矣"，意思是把善施加给别人，他的道可以传播很远；把善藏到自己身上（而不施加于人），他的道就很狭隘了。此四句按行文内容看，应该是孔子所言，但资料查无出处，则应理解为作者的总结。

"素隐行怪"三句：意思是"索求隐僻的理论，做出怪异荒诞的举动，即使能得到后世的称赞，我也不愿意做这样的事情"。语出《中庸》。

10. 伊尹论

【导读】

本文开篇提出中心论点："为臣至于伊尹，则进退之节尽矣。"盛赞伊尹是为臣的天花板。主体部分，作者先从商汤聘其为相后，以事汤和事太甲，君臣相辅相成为典型史实，历数伊尹之为臣的操守和忠诚，从而阐明伊尹"能取大道之权，行圣人至难之事"。再用"伯夷之避周""公旦之负孺子""毕公弼亮四世"类比伊尹还政太甲，致仕而退，阐明伊尹"进退之节尽矣"。

【正文】

为臣至于伊尹，则进退之节尽矣。本其不志于富贵而志于为民，故能取大道之权，行圣人至难之事。兹所以为伊尹欤！

方其汤以币聘之也，贡之于桀，使之去亳而适夏，故曰："惟尹躬先见于西邑。"当是时，桀居有为之位，处可为之势，则其致治之易，若决江河而下，岂不顺哉？伊尹知汤之忠，不私于己，夏恶不悛，故复归于汤。昔之事夏，君臣之分正也；今日之去，可以不仕矣。此介节之士全终始大义之时也，而尹之不然，何也？世无伊尹，汤不可以有为；世无汤，不能知伊尹之操。惟其一心急于为民，故事圣君而无嫌也。其后太甲不明，为臣之分，三谏不从，以道而事之不可则止。此自重之士全身远害之时也，而尹之不然，何也？臣非伊尹，则太甲必不能迁善；君非太甲，则不能尽伊尹之忠。元勋故老与国同其戚休，故不敢自绝于君也。

前于此者，未尝有应天顺人之事，伊尹相之而不愧，天下亦无所贬；未尝有营于桐宫之事，伊尹行之而不疑，人君亦无所忌。苟非伊尹，□谁望耶？既复政厥辟，而其告归又何早也？嗟乎！太甲既克终允德，则所以报成汤之忠亦至矣，此而不归，是自有其功责报于君也。惟告归之速，惓惓然不忍忘君而去，故《咸有一德》之篇于是乎作。

虽然，姑可少留以辅成其治乎？曰：可也。而尹之不留，岂无意哉！盖深有望于太甲故也。《记》曰："君子不尽人之忠，不竭人之欢，当其勇去，不俟于既厌。"使太甲知留不能，欲报不得，坚其相信之诚，推是心以守吾言，则宁敢忽耶？

或曰："若是，则近于要君矣。"曰：非也。希富贵以固权，不可也。要君使听其言，所益在君，而君身不预，不亦可乎？虽然，伯夷之避周，而异于伊尹之进，盖武王已有太公之佐故也。公旦之负孺子，而未若伊尹之甚，盖成王幼而无失故也。毕公弼亮四世，不同伊尹之去，盖毕公无震主之权故也。志虽不同，同归于道。为伊尹者，岂不尤难其事耶？

愚故曰："为臣至于伊尹，则进退之节尽矣。"

（《全宋文》[①]卷三一二一）

【注释】

伊尹：己姓，伊氏，名挚，一说为空桑（今河南省杞县葛岗镇空桑村）人，二说为有莘国（今陕西省渭南市合阳县）人，还有说法称其出生于伊水。史籍记载其生于洛阳伊川，商朝开国元勋，杰出的政治家、思想家。伊尹聪

---

① 曾枣庄，刘琳. 全宋文（第一四五册）[M]. 上海：上海辞书出版社，合肥：安徽教育出版社，2006: 122-123.

明颖慧，勤学上进，耕作于有莘国。经过成汤三聘之后，担任右相，联合仲虺辅佐商汤打败夏桀。商朝建立后，伊用"以鼎调羹""调和五味"的理论治理天下。历事成汤、外丙、仲壬、太甲、沃丁五代君主，尊号"阿衡"，辅政五十余年，为商朝兴盛富强，立下汗马功劳。

去亳而适夏：《尚书·胤征》载："伊尹去亳适夏，既丑有夏，复归于亳。"伊尹离开亳到夏，不久就厌恶了夏桀，重新回到亳。

介节：意思是刚直不随流俗的节操。

复政厥辟：语出《尚书·咸有一德》："伊尹既复政厥辟，还政太甲。将告归，乃陈戒于德。"据孔颖达《尚书正义》曰："自太甲居桐，而伊尹秉政。太甲既归于亳，伊尹还政其君，将欲告老归其私邑，乃陈言戒王于德，以一德戒王也。"伊尹做了汤王长孙太甲的师保后，太甲不遵守商汤的大政方针，伊尹便将太甲安置在成汤墓葬之地桐宫，并著《伊训》《肆命》《徂后》等训词，教育他如何为政、为人等。太甲守桐宫三年，追思成汤的功业，"处仁迁义"，逐渐认识了自己的过错，悔过反善，伊尹适时将王权交还给他。太甲复位后"勤政修德"，继承成汤之政，果然使商朝重现清明的政治。于是伊尹又作《太甲》三篇，《咸有一德》一篇褒扬太甲。太甲终成有为之君，被其后代尊称为"太宗"。《史记》称"诸侯咸归殷，百姓以宁"。

"《记》曰"句：君子不可要求朋友违背意愿、强作欢乐来迎合自己，不可要求朋友无保留地奉献忠诚。当他勇敢地离开的时候，不会等到已经厌倦。出自《礼记·曲礼上》："君子不尽人之欢，不竭人之忠，以全交也。"

惟尹躬先见于西邑：出自《尚书·商书·太甲上》，原文为"惟尹躬先见于西邑夏，自周有终。"意思是，我伊尹亲身先见到西方夏邑的君主，用忠信取得成就，辅相大臣也取得成就。

伯夷之避周：伯夷，商朝末年孤竹国君的儿子。他和弟弟叔齐，在周武王灭商以后，不愿吃周朝的粮食，一同饿死在首阳山。见《史记·伯夷列传》。

公旦之负孺子：周公，姓姬名旦，是周文王姬昌第四子，周武王姬发的弟弟，曾两次辅佐周武王东伐纣王，并制作礼乐。因其采邑在周，爵为上公，故称周公。周公是西周初期杰出的政治家、军事家、思想家、教育家。

毕公弼亮四世：毕公，本名姬高，是周文王姬昌的第十五个儿子，受封毕地，故又称毕公高。曾辅弼周成王、周康王等四代君王。

11. 辨夔论

【导读】

本文先介绍舜以后"禹、垂、益、伯夷"逊位和"弃、契、皋陶及龙"皆禀命无所辞的情况并分析其中的原因。作者认为，夔不辞让并非"叹美己功而自矜"，而是"归美乎君，明己之掌者末焉"，"凤来兽舞"是"天地万物大和之应"，音乐的教化，是由舜的德的恩泽普及而来的。

【正文】

《书》载舜任人之事，颇详其理，窃尝览之。至命禹及垂、益，洎伯夷，率有逊也；至弃、契、皋陶及龙，则皆禀命而无所辞。夫禹之所以逊者，盖宅百揆、熙帝载，乃禅位之事，岂可率一身而负荷哉！此圣人重举之难也。至于垂、益、伯夷，乃修明厥职、伐己绐能，此贤者之常戒也，岂可不逊避乎？

彼弃、契、皋陶，处职治民久矣，功业素著，不逊而居之宜焉。而龙亦始授以职，弗逊而后处者，朝之群臣举而位之悉矣，龙居其末，不得其人而逊焉。何则？命夔典乐教胄子，夔不始以逊，复奏扬而言曰："於！予击石拊石，百兽率舞。"何叹美己功而自矜乎？

曰：非也。兹大其事而不敢居之，所以归美乎君，明己之掌者末焉而已矣。夫君之德隆于上，民之情化于下，上下一诚，则谐乐感于心而形诸声。声和之发，则天地之和应矣。圣人因为之器，以播大其声而一民心也。以至于凤来兽舞者，岂非天地万物大和之应乎？若是言，则乐之化，由舜德被而致矣，而夔之供职备官，又何逊之有乎？

故予所谓归美者以此。

（《全宋文》[①]卷三一二二）

【注释】

夔：中国神话传说中的一条腿的怪物。出自《山海经·大荒经》。相传为尧、舜时代的国家乐官。商代及西周时期传说中一种近似龙的动物，形象多为无角，一足、口张开、尾上卷。

[①] 曹枣庄，刘琳. 全宋文（第一四五册）[M]. 上海：上海辞书出版社，合肥：安徽教育出版社，2006: 124-125.

宅百揆，熙帝载：百揆，总领国政。我国商周以前之官名，最早见于《尚书》。后世多引喻为丞相、相国等总揽朝政的官员，也代指百官及天下各种政务。孔传："使居百揆之官。"帝载，帝王的事业。熙，开拓、光大。《尚书·舜典》："咨四岳：有能奋庸熙帝之载，使宅百官揆，亮采惠畴。"孔传："载，事也。"

《尚书孔传训·舜典第二》帝曰："咨！汝二十有二人。[传]禹、垂、益、伯夷、夔、龙六人新命有职，四岳、十二牧凡二十二人，特敕命之。"

重举：重视举荐。

修明厥职：发扬光大他们的职责。

伐己绐能：伐，夸耀。绐，古同"诒"，欺骗；欺诈。此处义同"伐"，有夸耀的意思。与"伐功矜能"同义，意思是夸耀自己的功劳和才能。

"命夔典乐教胄子"数句：出自《尚书·尧典》，全句如下：帝曰："夔！命汝典乐，教胄子……"夔曰："於！予击石拊石，百兽率舞。"大意是：帝舜说："夔，任命你掌管音乐事务，负责教导年轻人……"夔说："呜呼！我愿意敲击石磬，使扮演百兽的舞队随着音乐的旋转起舞。"典乐，掌管朝廷音乐事务的官员。胄子，指帝王或贵族的长子。奏扬而言，奏言，指向皇帝陈述。击石拊石，敲打石磬。百兽率舞：音乐和谐之声感动群兽相率起舞，形容天下太平。

处职：担任职务，即执政。

12. 仲尼日月论

【导读】

本文论证孔子的思想高度犹如日月不可诋毁。文章以圣人与"单见寡闻之士"对比为开端，引出议论话题。接着从日月于人的重要性推出自己的观点，从圣人的"抉释蒙瞀，开迪群昧""善贷曲成，泛应无穷""仰之弥高，钻之弥坚""关百圣而不惭，蔽天地而不耻""穷于商周，阨于陈蔡""众言殽乱，杨、墨塞路"等穷通困达的几个方面与各种日月之象类比，再以"丘陵之高可逾也，日月则不可逾也"类推出"他人之贤可逾也，仲尼则不可逾也"，从而证明自己的观点。

最后，作者认为，仲尼的道是独一无二的，拿宫墙之高、天之高，甚至子贡拿日月的光辉比喻他，都只是大略，都不能完全表现仲尼的圣贤境界。

【正文】

天下之道，至于圣人无余蕴矣，故其妙足以尽精微，其大足以极高明。盖精微有以尽，则神而不可去也；高明有以极，则远而不可及也。呜呼！神而不可去，远而不可及，固非单见寡闻之士所得而切议也。武叔毁仲尼，而子贡以谓仲尼日月也。请试论之。

夫日昱乎昼而有光，月昱乎夜而有明，三年不目日者视必盲，三年不目月者睛必蒙，以日月而譬诸圣人，不亦可乎？且日月之运，赫赫乎群目之用也；圣人之道，浑浑乎群心之用也。由是推之，其意差可见矣。今夫有目有趾者待日月而后成，蔀屋幽室者待日月而后显，圣人之抉释蒙瞀，开迪群昧也似之。取明火者必资于日，取明水者必资于月，圣人之善贷曲成，泛应无穷也似之。仰之弥高，钻之弥坚，则有似乎日月中天而不可仰视也。关百圣而不惭，蔽天地而不耻，则有似乎日月常久运行而不息也。穷于商周，阨于陈蔡，其犹日月之有亏乎？然道以将之，则终不能以损其行。众言殽乱，杨、墨塞路，其犹日月之有蚀乎？然辞而辟之，则终不能以蔽其明。此其所以出类拔萃，自生民以来未之有也。虽然，圣人固非饰智以惊愚，修身以明污，昭昭然若揭日月而行也，亦曰垂光示人，返照归宿而已。噫！丘陵之高可逾也，日月则不可逾也；他人之贤可逾也，仲尼则不可逾也。圣如尧舜而犹以为贤，贤如颜子而尚苦其卓，彼区区之诸子、诪诪之众说，试举而论于仲尼之前，岂不犹爝火之微，众星之小乎？其为光也亦难矣。奈何无识之士，多见其不知量，乃或劣诸子贡，又且从而毁。此《传》所谓"行高于人，众必非之者"欤？宜乎子贡辞而辟之，然后廓如也。

然则仲尼之道一也，或譬之宫墙，或譬之以天，而此又譬之以日月。盖宫墙未离乎器，天与日月未离乎象，子贡之言亦止言其粗而已，乌足以尽圣人耶？

（《全宋文》[①]卷三一二二）

---

① 曾枣庄，刘琳. 全宋文（第一四五册）[M]. 上海：上海辞书出版社，合肥：安徽教育出版社，2006：125-126.

【注释】

余蕴：蕴藏于中而未全部显现。

"武叔毁仲尼"句：见《论语·子张》："叔孙武叔毁仲尼。子贡曰：'无以为也！仲尼不可毁也。他人之贤者，丘陵也，犹可逾也；仲尼，日月也，无得而逾焉。人虽欲自绝，其何伤于日月乎？多见其不知量也。'"意思是，叔孙武叔诋毁孔子。子贡说："这样做没有用啊！仲尼是不能毁谤的。别的贤者，就像是丘陵，还能超越过去；仲尼，就像是日月，无法超越过去啊。"

日昱、月昱：本为太阳照耀、月亮照耀，这里指太阳、月亮。昱，照耀。

蔀屋：意思是草席盖顶之屋。泛指贫家幽暗简陋之屋。

善贷曲成：即善贷且成，善于施恩于万物，才能无所不成。善贷，善于施予、善于宽假。出自《道德经》第四十一章："夫唯道，善贷且成。"

明火、明水：古代祭祀或占卜时，以凸透镜映日聚光点燃的火。明水：古代祭祀所用的净水。出自《周礼·秋官·司烜氏》："司烜氏掌以夫遂取明火于日，以鉴取明水于月。"

穷于商周，阨于陈蔡：指孔子在商、周后裔居住的地方和在陈、蔡之间遭遇困境。语出《庄子·杂篇·让王》："孔子穷于陈蔡之间……子路、子贡相与言曰：'夫子再逐于鲁，削迹于卫，伐树于宋，穷于商周，围于陈蔡。杀夫子者无罪，藉夫子者无禁。弦歌鼓琴，未尝绝音，君子之无耻也若此乎？'"孔子在陈、蔡之间遭受困厄……子路和子贡相互谈论："先生两次被赶出鲁国，在卫国遭受铲削足迹的污辱，在宋国受到砍掉大树的羞辱，在商、周后裔居住的地方弄得走投无路，如今在陈、蔡之间又陷入如此困厄的境地，图谋杀害先生的没有治罪，凌辱先生的没有禁阻，可是先生还不停地弹琴吟唱，不曾中断过乐声，君子不懂得羞辱竟达到这样的地步吗？"

杨、墨塞路：杨墨思想当道。杨、墨，战国时期杨朱与墨翟的学说。杨朱主张"为我"，墨翟主张"兼爱"，是战国时期与儒家对立的两个重要学派。《孟子·滕文公下》："吾为此惧，闲先圣之道，距杨墨，放淫辞，邪说者不得作。"汉扬雄《法言·吾子》："古者杨墨塞路，孟子辞而辟之，廓如也。"宋陈亮《与应仲实书》："近世张给事学佛有见……其为人心之害，何止于战国之杨墨也!"清赵翼《瓯北诗话·韩昌黎诗》:"昌黎以道自任,因孟子距杨墨,故终身亦辟佛老。"

爝火:小火。

仲尼之道一也:仲尼的道是独一无二的。

器:指具体事物或名物制度。

乌:同"恶",何,哪里。

13. 司马迁论

【导读】

本文是一篇大胆评价司马迁及其《史记》的论文。先叙述著书立说的普遍现象:写书的人,略古而详今,是正常现象。见多识广,知识渊博而著述,比那些不做调查了解就写成所谓完整故事的文章好。

主体部分,先肯定司马迁的《史记》略三代而详秦汉是应该的。接着评述司马迁著《史记》的过程、《史记》的内容及其得失。最后用"采放遗逸,总括绪余,文质而不俚,其论辩而不华"对《史记》给予高度评价。并以唐代张辅对司马迁的肯定和孔子作《春秋》略古而详今为佐证,照应开头,结束全文。

【正文】

古今异情,而千世之传难以考,故远举者常失于迂诞而不经;治乱殊世,而当时之变得以揆,故近取者每怪其简脱疏牾而不能周也。论著之士,虽以记录为功,而精裁铨释,足以标准于后,信以传信,疑以传疑,径取科摘,务存梗概而已。三五之代,不得而详,其文阔陋,备体固缺,不几于太略欤?所书之事,得一二于十百,无足怪也。所闻异辞,所见异辞,捃摭而备录,牢笼而博采,参较异同,类聚区分而编次绅绎,宜其囊括而无遗。故秦汉而下,条贯有伦,历然可观,不几于太详欤?耳目所接,则锱铢无爽,无足怪也。比不知而作成于阙文,整齐故事,则不若博物洽闻之为愈欤?

司马迁之书,略推三代而每详秦汉,班固尝言之矣,可得而论也。以区区之秦,散从解约,以束攘雄诸侯,具信威于天下,敛手而事者,常恐其后,游说之士凭轼而西向，图一统之业不为易矣。矜武任力，以暴虐始祸，二世而亡，推而言之者，宜详于此也。以戍卒散亡之众，徒手奋呼，群起而亡秦。高祖拨乱诛暴，仗义约法，股肱萧、曹，腹心良、平，爪牙信、布，驾驭英雄，用三杰以屈群策。八年之间，锋镝之所交，权智之所用，郦生骋纵横之辩，陆贾述存亡之语，娄敬建万世之安，叔孙新一时之制。兴王之迹，原始要终，业巨而事丛矣，推而言之者，宜详于此也。秦并海内，识其详者《战国策》；汉定天下，识其详者《楚汉春秋》。

至于高祖，知马上得之而不可以治也，著秦之所以失，见吾之所以得者《新语》。汉之为汉，且七十载，故老流俗尚能言之，讨论遗编，放失旧闻，笔削所采，网罗贯穿，宜无脱略之累。与夫驰骋古今上下数千载，勤苦而仅得者，功相万也。贾谊之徒借秦喻汉，可谓详悉，辍毫洒牍，无所施其能，则概举而发明者无几，乘传车，探禹穴，复何为哉？著不可之典，垂将来之法，隐显必该，洪纤靡失。若雁行鱼贯，举一而可寻，固非凌驾前作而直取胸臆也。明统业于帝纪，叙勋庸于世家，标智能于列传，谨岁月于年表，谱谍之损益，详于本末；形势之强弱，详其得失。大而《礼乐》《律历》，详于沿革，小而《平准》《河渠》，详于利害；《天官》详于推文而考应，《封禅》详于储福而荐成。国体世务，具备于方册之中。包举大端，特振于宏纲；委曲细事，不遗于纤芥。以不羁之才，少露锋颖，而好奇多爱，致疑于取舍之间，则秦汉之事，言每详焉可也。文、景已前，随世衰掇，简不及漏，可得而详；太初之后，阙而不录，善恶汨汨，有所未尽。书景之失，讥武之过，不少假借，使后世或谓武帝不诛马迁，得传谤书于后，然本纪卒至湮没而不行。不可得而详又如此也。

然鲁之二生，商之四皓，有可书之实，杂见他传，遽多残缺。谓尝从征伐、详知楚汉之事者周继尔，考其始终，曾无少闻所可详者，或疑于略也。佞幸之细，刺客之靡，犹屑屑焉道其所长。而沐猴之讥，腐儒之骂，弹筑之歌，留侯之若妇人女子，项羽之重瞳，取不为益，去不为损，与夫郦生之见高祖，刊落未尽，烦芜相因，所可略者，又疑于烦也。立言记事，斟酌是非，以权舆作者而因浅仍俗，不可胜数。以迁之博极群书，才称良史，而尚尔耶？

然采放遗逸，总括绪余，考其文质而不俚，揆其论辩而不华。张辅尝谓其以五十万言书三千年事，以为固不如迁，又不知舍秦汉而观，则所存固其略也。切谓孔圣之书，昭、襄而降，载其行事，每详于宣、成之前，谓随闻见而成传，自宜如此；至定、哀之间多微辞，则虽其详且不可得。马迁所以详近而言者，舍秦汉将安书乎？

（《全宋文》[①]卷三一二二）

【注释】

迁诞不经：迂阔荒诞，不合事理。

揆：度，揣测，揆度。

简脱疏牾：简略脱漏，粗疏而不顺人情。

三五之代：三皇五帝时代。语出唐代刘知几《史通·内篇·二体》："三、五之代，书有典、坟，悠哉邈矣，不可得详。自唐、虞以下迄于周，是为《古文尚书》。然世犹淳质，文从简略，求诸备体，固已阙如。"

捃摭而备录：捃摭，采取，采集。指搜罗材料以打击别人。详细采集和记录。

牢笼而博采：这里指广泛而全面地采集史料。牢笼，关住鸟兽的器具，比喻束缚、控制人的事物。

绅绎：引出端绪，整理出头绪，引申为阐述。

博物洽闻：见多识广，知识渊博。出自《汉书·司马迁传》。

股肱萧、曹，腹心良、平，爪牙信、布：以萧何、曹参为股肱之臣，以张良、陈平为心腹；以韩信、黥布为爪牙。《汉书·叙传》第七十："股肱萧、曹，社稷是经，爪牙信、布，腹心良、平，龚行天罚，赫赫明明。"

三杰：指汉代的张良、韩信、萧何三位杰出人物。

郦生：郦食其，陈留郡雍丘县高阳乡（今河南省杞县高阳镇）人。秦末楚汉时期儒生，又被称作"郦生"，是中国历史上的说客。

陆贾：汉初楚国人，西汉思想家、政治家、外交家。《汉书·郦陆朱刘叔孙传》第十三："以客从高祖定天下，名有口辩，居左右，常使诸侯。"

娄敬：西汉初齐国卢（今山东省济南市长清区）人。原为齐戍卒，因力

---

① 曾枣庄，刘琳. 全宋文（第一四五册）[M]. 上海：上海辞书出版社，合肥：安徽教育出版社，2006：126-128.

陈都城不宜建洛阳而应在关中，赐姓刘，拜为郎中，号奉春君。

叔孙：叔孙通，别名叔孙何，秦朝薛县（今山东省滕州市官桥镇）人，汉家儒宗。叔孙通先后事秦、楚、项羽和刘邦。汉王拜其为博士，号稷嗣君。汉高祖九年，为太子太傅。惠帝即位后，使制定宗庙仪法及其他多种仪法。

《楚汉春秋》：西汉陆贾撰。记刘邦、项羽初起以及汉惠帝至文帝时事。《汉书·艺文志》著录九篇，《隋书·经籍志》作九卷，《旧唐书·经籍志》作二十卷，《新唐书·艺文志》亦作九卷。唐以后散佚。

《新语》：西汉时期陆贾的著名政论散文集。主张"行仁义，法先圣"，礼法结合，同时强调人主必须无为。

故老流俗：元老、旧臣和社会上流传的故事。

贾谊之徒借秦喻汉：指贾谊的《过秦论》。

放失旧闻：散失的文献。失：通"佚"，散失。

乘传车，探禹穴：乘坐驿站的专车，探访禹穴。指实地考察。禹穴，洞穴名，在浙江绍兴的会稽山上，传说夏禹死葬于此。史学家司马迁南游访古，曾"上会稽，探禹穴"。

"大而《礼乐》《律历》"数句：指《史记》的《礼》《乐》《律》《历》《天官》《封禅》《河渠》《平准》八书，其内容是关于对古代社会的经济、政治、文化各个方面的专题记载和论述。

鲁之二生，商之四皓：《史记·刘敬叔孙通列传》载：汉初叔孙通为刘邦定朝仪，使征鲁地诸生三十余人，有二生不肯行，谓叔孙通所为不合于古。叔孙通笑其为真鄙儒。后用鲁二生指保持儒家节操，不与时俗同流合污的代表人物。亦指迂腐不知时变者。商山四皓，秦朝末年四位博士：东园公唐秉、夏黄公崔广、绮里季吴实、甪里先生周术。分别职掌：一曰通古今；二曰辨然否；三曰典教职。因不满秦始皇的焚书坑儒暴行而隐居于商山。后人用"商山四皓"来泛指有名望的隐士。《史记·留侯世家》中记载了四位隐士的名号与事迹。

沐猴之讥：语出《史记·项羽本纪》："人言楚人沐猴而冠耳，果然。"

腐儒之骂：事见《史记·黥布列传》："上折随何之功，谓何为腐儒，为天下安用腐儒。"随何，汉初人，曾任谒者。楚汉战争中，奉刘邦命赴淮南，说淮南王英布归汉。后为护军中尉。

弹筑之歌：高渐离击筑。事见《史记·荆轲刺秦王》。

留侯之若妇人女子：语出《史记·留侯世家》："余以为其人，计魁梧奇伟，至见其图，状貌如妇人女子。"

刊落：删除文字。

烦芜：繁杂。

"张辅"句：《晋书·张辅传》："辅尝论班固、司马迁云：迁之著述，辞约而事举，叙三千年事唯五十万言；班固叙二百年事乃八十万言，烦省不同，不如迁一也。"

14. 钟会论

【导读】

这是一篇典型的策论。文章开篇提出中心论点："予于钟会伐蜀之事，见文王之善用人也"。

主体部分提出剧毒的乌头、堇蝎遇神医可以治"濒死危殆"之人，乌头、堇蝎比喻钟会，神医喻文王。作者认为，钟会的才能和变诈尽在掌握中，而没有听信西曹官属邵悌等人之言，并分析了灭蜀的原因，以刘邦、韩信与文王、钟会类比作结。本文主要有三点值得关注：

其一，以刘邦与韩信的关系类比司马昭与钟会的关系，十分新颖。

其二，较为客观地赞美了司马昭的战略眼光和战术谋划，以及他在伐蜀大业中展现出的坚定决心与决绝手段。

其三，文中称姜维"寇盗我边疆，虏刘我民人"，从一个侧面展现出北宋文人站在北方政权的立场上，以魏为"我方"，以蜀为"他人"的称谓，是一种北宋文人常见的现象。

另外，本文在《全宋文》中分别被置于李新和王庠之下，据河北经贸大学马兴祥、徐利华考证，李新《跨鳌集》到明代出现了新的版本。《永乐大典》

可能依据错置的版本，将属王庠的《钟会论》错误地置于李新名下，而清代四库馆臣在辑录李新《跨鳌集》时延续了《永乐大典》的错误。《全宋文》编者在辑录李新文章时，又延续了四库馆臣的错误。倾向于按同名或同主题的文章辑录的宋刻本《新刊国朝二百家名贤文粹》署为"贤节先生"（即王庠）是可靠的。

【正文】

予于钟会伐蜀之事，见文王之善用人也。盖会之为人，有俊迈之机，有经营指顾之略，而其诡谲变诈，亦足以荧惑愚众，倾败国家而险危大人。然文王委之以西略，付之以十万之众，而曾不为疑者，知其足以任之，而度其足以制之也。

今夫乌头、堇蝎，药之至毒，而足以绝人之喉而溃其五内也。然良医用之以为药材，而能治之于滨死危殆之际者，其故何哉？以谓病之在颜色者可告而治也，在凑理者可养而除去也，而至于腹心之疾，膏肓之患，则告之为不及，养之为不足，而非此不可以攻之矣。然物之为毒，其力足以杀人，而亦足以治人，非能知其畏恶反忌而有以制之，则是速其死而已，可以人之性命而尝试其术哉！当会之将西也，西曹官属固以为疑而密启于王矣。王卒遣之，而为之一笑，盖会之才略与其变诈，文王固已知之，而拳握之中、心术之内，规模措置，有以逆之矣。为会计者，将何以致其毒哉！盖当是时，以刘禅之庸而保区区之蜀，谨其边疆，固其守御，抚其民人，薄其税敛，以偏强岁月之间，为已甚矣。而姜维用之以孔明当日之术，今年出陇西，明年出骆谷，又明年出狄道，驱其羸亡之余，起其困惫之卒，以寇盗我边疆，虏刘我民人者未尝虚日。则蜀之疲弊固可知也。举天下之全力，而乘其凋丧之余，不啻如反掌然也。而当时之臣犹以为畏，岂足与共事哉！盖以其江汉之阻深，数十年之为寇，而豫怯其形也。人心豫怯，则智勇俱困，智勇俱困，则适为敌擒而已。此文王所以独遣钟会欤？故官兵一下，而剑阁失守，剑阁失守，而邓艾之徒足以捣其空虚而冲其腹心矣。使文王听邵悌之言而惑议者之过计，则蜀无得而可取也，会无得而可为也。乌头、堇蝎力足以生人者，亦不足以为药材矣。

初，夏侯霸之降蜀，谓蜀人曰："司马公自作其门耳，有钟士季者管朝政，吴蜀之忧也。"及会之有异图，先欲去艾以绝其手足，然文王答书以出其不意，而会亦震惧矣。其本谋则非会不足以定蜀，而非文王有不足以用会矣。

愚故曰：予于钟会伐蜀之事，见文王之善用人也。知其足以任之，而度其足以制之矣。汉王之东，非韩信不足以毙楚也；云梦之役，非汉王不足以制信也。他日问其所长，曰："陛下不善将兵，而善将将，此信之所以为擒也。"呜呼！岂非钟会伐蜀之事哉！

（《全宋文》①卷三一二二）

【注释】

钟会（225—264）：字士季。颍川长社（今河南省长葛市东北）人。魏晋之际的谋臣、将领，文学家、玄学家、军事家、书法家。景元三年（262），司马昭欲灭蜀，钟会被任为镇西将军，都督关中诸军事；次年，主将姜维归降钟会，钟会进位司徒，进封县侯，食邑万户。钟会忌邓艾功名，诬告邓艾有反状。咸熙元年（264），邓艾被收捕，钟会独统平蜀军，威震西土，乃有谋反之意，欲倚姜维割据蜀地，部将发动兵变，被乱兵所杀，时年40岁。

文王：司马昭（211—265），字子上。为晋宣帝司马懿与宣穆皇后张春华次子、晋景帝司马师之弟、晋武帝司马炎之父。景元四年（263），分兵遣钟会、邓艾、诸葛绪三路灭亡蜀汉。咸熙二年（265）病逝，司马炎建立晋朝后，追尊司马昭为文帝，庙号太祖。

俊迈：秀美出众、英俊豪迈。

机：机变。

经营：有筹划、谋划、计划、规划、组织、治理、管理等含义。

指顾：指挥。手指目视，指点顾盼。

诡谲变诈：谲：欺诈；诡谲：怪异。形容人的性情怪异多变。

荧惑愚众：迷惑愚昧的大众。

大人：指主人，这里指君主。

西略：指派遣钟会、邓艾、诸葛绪三路灭亡蜀汉之事。

---

① 曾枣庄，刘琳. 全宋文（第一四五册）[M]. 上海：上海辞书出版社，合肥：安徽教育出版社，2006：129-130.

乌头：毛茛科植物，母根叫乌头，为镇静剂，治风痹、风湿神经痛。侧根（子根）叫附子，有回阳、逐冷、祛风湿的作用。主产于四川、陕西。

堇蝎：紫堇，又称断肠草、毒蝎子，它全株有毒，但是又有极高的营养价值

畏恶反忌：中药学术语。相畏指药物之间的互相抑制作用，药物毒性或副作用能被另一种药物消减；相恶指两种药物合用，一种药物与另一药物相作用而致原有功效降低，甚至丧失药效；相反指两种中药不能一起使用，如果两者合用则可能使其中一种药物丧失疗效或产生相反作用；从《本草品汇精要》的用法看，忌指服药食忌，即服药时忌食某种食物。

西曹：官署名，为公府诸曹之一。东汉时，丞相、三公等府置西曹，辟有掾、属（掾为正，属为副），主府史署用。三国魏、蜀，丞相、大将军府亦置。故此处的西曹官属指大将军府的下属。

豫怯：事先胆怯。

虔刘：劫掠，杀戮。此语原文出自《三国志·魏书·钟会传》裴注。世语曰：夏侯霸奔蜀，蜀朝问"司马公如何德"？霸曰："自当作家门。""京师俊士"？曰："有钟士季，其人管朝政，吴、蜀之忧也。"《汉晋春秋》曰：初，夏侯霸降蜀，姜维问之曰："司马懿既得彼政，当复有征伐之志不？"霸曰："彼方营立家门，未遑外事。有钟士季者，其人虽少，终为吴、蜀之忧，然非非常之人亦不能用也。"后十五年而会果灭蜀。

据《三国志·魏书·钟会传》，司马昭的回信为："恐邓艾或不就征，今遣中护军贾充将步骑万人径入斜谷，屯乐城，吾自将十万屯长安，相见在近。"

汉王之东：指刘邦向东讨伐（项羽）。之：往，到……去。

云梦之役：即伪游云梦，指刘邦假称出巡云梦泽，而实为袭捕韩信。《史记·高祖本纪》："十二月，人有上变事告楚王信谋反，上问左右，左右争欲击之。用陈平计，乃伪游云梦，会诸侯于陈，楚王信迎，即因执之。"

陛下不善将兵：出自《史记·淮阴侯列传》：上常从容与信言诸将能否，各有差。上问曰："如我能将几何？"信曰："陛下不过能将十万。"上曰："于君何如？"曰："臣多多而益善耳。"上笑曰："多多益善，何为我禽？"信曰："陛下不能将兵，而善将将，此乃信之所以为陛下禽也。"

15. 述学

【导读】

本文如王庠的多数策论一样，采用"引论——本论——结论"的经典结构形式。文章短小精悍，语言干净利落。

开篇以风雷于天地、圣哲于大道的作用类比，推出能扶教的圣哲古今难得，而孟轲就是这样难得之圣哲。

本论部分叙述《孟子》的产生背景。大道不行、邪说充塞、纷乱的战国时期，万章、公孙丑等孟轲弟子将其游历问答、质疑之言记录下来，于是出现了训导扶教、名垂后世的《孟子》。并用"《易》之道，微隐精密"和"《易》者，道之本也；仁义者，道之用也"阐明《孟子》以仁义为核心而不谈《易》的原因，同时也阐明了《易》与《孟子》的关系。

结论部分，以"能知其用，则是达其本，而不述其文……默而行之内，所以存己之难"照应开头圣哲难得，收束全文。

【正文】

天地否，风雷能鼓其化则亨；大道塞，圣哲能扶其教则通。夫扶教之难，古今所以艰其人。艰其人者谓何？以其特立独行于乱世也。故吾于孟轲氏得之矣。

方时战国汹汹，四方诸侯皆务以强国足兵为尚，机权诈谋日炽以竞，杨墨邪说复惑于时。因慨然虑尧、舜、禹、汤、文武、周公之道一旦而扫荡，是使天下诈慝贪薄而不反矣。遂聘诸邦，意以斯教变斯民。而梁惠、齐宣、滕文之君不图于霸治，则必以绝物利己为问者甚众，犹顺谕诱导，广之以仁义，引之以《诗》《书》《礼》及《春秋》之义者，何哉？斯汲汲欲引以当道，遽致其志也。噫！时君莫我悟，邪说充塞，万章、公孙之徒记其历游问答，洎闲居质疑之言，以为矩训，其言垂于后久矣。服业者靡不覃精研思以究其道，至于大《易》之奥，舍而不言，斯其旨有渊蕴欤？

夫《易》之道，微隐精密，与天地并也。天地运化而无声，万物由之而生。大《易》斡用而无形，庶事由之而成。历之三圣而始光显其旨，岂非以道隐而义秘哉？故孟氏不言者，以谓彼时诸国之君昏昧蔽惑，尚不能晓治国之术，以至譬物指事，力与言仁义之道，察察如鉴，犹不能略辨其说，况与谈斯义欤？吾所以惟适变近情以措术，欲辅成其教，而于《易》不言者，为其弗能达其本而明是非也。凡人性焉而修之，行焉而笃之，动静云为，不须臾而离于道者，皆《易》也，故《易》曰："立天之道曰阴与阳，立地之道曰柔与刚，立人之道曰仁与义。"吁！以轲之大贤率性如是，笃行如是，而辅教立言不舍仁义，而弗谈《易》也，岂不能明之欤？况《易》者道之本也，仁义者道之用也。能知其用，则是达其本，而不述其文，又何累哉？盖默而行之内，所以存己之难也；言而发之外，所以示人之易也。万变而一贯，岂其惑欤？故作《述学》。

（《全宋文》①卷三一二二）

【注释】

述学：论学说。

艰其人：难以找到适当的人选。

杨墨邪说：杨朱与墨翟的学说，战国时期与儒家对立的两个重要学派，故蔑称邪说。见《仲尼日月论》注。

诈慝贪薄：奸诈、邪恶、贪婪、刻薄。

绝物利己：断绝人事交往。

君莫我悟：即"君莫悟我"，国君不理解我。

万章、公孙：孟轲的两个得意弟子，跟师父一起完成《孟子》。公孙，即公孙丑。

矩训：即规训，规诫教训。规矩，圆规和曲尺，引申为规则，法度。

覃精研思：即研精覃思，精心研究，深入思考。覃，深入。

渊蕴：渊博深奥。

微隐精密：博大精深，精确严密。

斡用：运用。

庶事：指各种政务政事的意思。

三圣：指中国古代的三位著名思想家和文化名人孔子、老子和墨子。

适变近情：适应变化，近乎人情。

存己：充实内在的力量，坚定自我的信念。

示人：让人知道、让人看见。

---

① 曾枣庄，刘琳. 全宋文（第一四五册）[M]. 上海：上海辞书出版社，合肥：安徽教育出版社，2006: 130-131.

16. 述行

【导读】

《论语·述而》:"子以四教:文、行、忠、信。"即文献、品行、忠诚、信实。孔子从四个方面教育学生,本文论述其中之一——行,即德行、品行。

文章以道、气、形的概念及气形与道的关系开篇,指出三者的区别在于"诚"的不同。主体部分说孔子能够将夏、商、周三代圣贤的道融会贯通,把文、行、忠、信四教统一于一体,成就圣人之德,写成文章来教化人,形成裁断用来治国理政。而"颜渊、闵子得其行,未得其所以行",服儒者连颜、闵都不如,应当知道圣人四科的宗旨,并"内勉于行而外富于文",这样才能变得伟大。

【正文】

夫动于天地之间皆道也,圣人气于道者也,贤者形于道也。始终往来,与物无穷,气之谓也;多寡盈虚,各质其体,小大咸归其域,形之谓也。是无他,明诚之异也。

夫尧、舜、禹、汤、文、武、周公之道,孔子会而成之也。其为性不勉而中,不思而得,默知乎生矣,五常其心焉,为教其迹焉,此圣人之所以莫能得而及也。奚为而然?盖其术也有四,而以统之一也。夫能淳其天彝而全之,悦安乎孝悌,弥纶乎中和,仰而不愧于古,验而能准于世,洋洋乎与神明兼而不衰,此圣人之德也。然后发而文之为言,足以训于人也;裁而行之为政,足以宜于事也。

游而博之,极而辨之,谓之文学,足以商其能也。是四术者错维而旁行,交于中而作于外,皆本乎道之粹也。若夫幽明应与之变,今古淳浇之教,存身善民刚柔穷达之用,皆斡旋而出于兹矣。此圣之所莫得而及也。至于贤者则勉而后中,思而后得,矗矗焉虑一日而失之,或有所利,或有所勉,强习之以至此。上中之各异,其分不能偕,其通之称也,信乎!道德仁义,圣能万变以适其和,贤者止周其身,其博于外盖寡矣。扬雄曰:"圣人之道若天,圣人多变,而颜渊、闵子得其行,未得其所以行。"其是之谓乎?

呜呼!后之服儒者,岂率有颜、闵之性哉?然未常笃行深道求之内出,徒费言饰文而求之外也。夫岂知圣人四科之旨欤?果能内勉于行而外富于文,则伟矣。

故作《述行》。

（《全宋文》①卷三一二二）

【注释】

述行：论德行。

"不勉而中"句：《中庸》："诚者，不勉而中，不思而得：从容中道，圣人也。诚之者，择善而固执之者也。"天生真诚的人，不用勉强就能做到，不用思考就能拥有，自然而然地符合上天的原则，这样的人是圣人。努力做到真诚，就要选择美好的目标执着追求。

默知：意思是默会的知识，又称"缄默的知识"，又称"内隐的知识"。相对于显性知识而言，它是一种只可意会不可言传的知识，是一种经常使用却又不能通过语言文字符号予以清晰表达或直接传递的知识。

五常：仁义礼智信为儒家"五常"，孔子提出"仁、义、礼"，孟子延伸为"仁、义、礼、智"，董仲舒扩充为"仁、义、礼、智、信"，后称"五常"。

天彝：天理，天常。

悦安：愉悦安宁。

弥纶：综括、贯通。

中和：意思是相对的事物互相抵消，失去各自的性质。出自《论语·雍也》。参见《礼记·中庸》："中也者，天下之大本也；和也者，天下之达道也。"

错维：指不同的角度。

淳浇：指风俗的淳厚与浇薄。

存身善民：使身体得以保存，使百姓变得友善。

刚柔穷达：阳刚阴柔，困顿显达。

斡旋：运转。

亹亹：勤勉不倦的样子。

服儒：穿儒服。

闵子骞：名损，字子骞，尊称闵子。鲁国范（今河南省范县）人。孔门七十二贤之一，孔门十哲之一。以孝闻名，二十四孝故事"单衣顺亲"源自闵子。

圣人四科之旨：《论语·述而》："子以四教：文、行、忠、信。"孔子教

---

① 曾枣庄，刘琳. 全宋文（第一四五册）[M]. 上海：上海辞书出版社，合肥：安徽教育出版社，2006：132.

育学生有四项内容：文献、品行、忠诚、信实。

17. 制行论

【导读】

本文论证"制行"，即如何在"道"相同的情况下处理好"出处语默"的问题。文章从圣贤与常人在制行方面的同与不同入笔。本论把孔子推得很高，说他"出处语默，无一不可"，接着就颜回与孟子的"出处语默"风格"如愚""好辩"进行比较和分析，结论是孔、孟、颜三子皆本于"道"而"行"的不同在于"因时"，即顺应时机。

【正文】

自古圣贤之制行，或出或处，或默或语，未始不异而亦未尝异。其所以异者，见于应时之迹；其未尝异者，本于道而已。

孔子于出处语默，无一不可，学于孔子者皆本于一道。其或异者，亦幸异焉耳。观乎孔子可仕则仕，可止则止，或为木铎，或为说铃，□不答，或欲无言，其体道以应时，出处语默，曷执于一哉！颜子之步趋言辩与之同，孟子之所愿则学孔子，颜、孟之道无不同矣。然孔子称颜渊则曰"如愚"，公都子称孟子则曰"好辩"，其语默不同如此，何哉？颜子则不愿仕，孟子则千里而见王，其出处不同如此，何哉？且颜、孟之道本实一致，大抵颜子务于因时以守道之常，孟子务于行道以适时之变。彼其如愚，愚于道也，彼其不愿仕，方且在陋巷而不改其乐，非其务因时以守道者欤？彼其好辩，辩于时也，彼其千里而见王，终于为卿于齐，岂非务行道以适时之变而然欤？虽夫子言道而回亦言道，固未尝一于默也，有为邦之问，与夫孔子之言曰"用之则行，舍之则藏，惟我与尔有是夫"，则颜何尝不欲仕乎？其出处语默，疑异于孟子，乃所以为同欤！孟子曰："予岂好辩哉！"实未尝辩也。与夫不见诸侯，则孟子何尝急于仕乎？其出处疑异于颜子，乃所以为同欤？

然孔、颜、孟之不同者，在于因时，语其为道，则一而已矣。

（《全宋文》①卷三一二二）

---

① 曾枣庄，刘琳. 全宋文（第一四五册）[M]. 上海：上海辞书出版社，合肥：安徽教育出版社，2006：133.

【注释】

制行：指规定道德和行为准则。出自《礼记·表记》。

木铎：以木为舌的大铜铃。古代宣布政教法令时，巡行振鸣以引起众人注意。比喻宣扬教化的人。《论语·八佾》："天下之无道也，久矣，天将以夫子为木铎。"

说铃：指琐屑的言论。汉扬雄《法言·吾子》："好书而不要诸仲尼，书肆也；好说而不见诸仲尼，说铃也。"

公都子：都姓始祖，战国时期齐国人，孟子学生。

18. 礼义论（上）

【导读】

本文开篇以"天下之治无他道，贵适时济民之急也"引出《礼记·礼运》，阐明了礼义的要旨，切入论题。

本论部分采用总分结构，先提出"施尚乎博而患乎小，则广其化也；断取其宜而防其不宜，则立之法也；体贵别而患其同，则束以制也"作为其中心论点，以下分别阐述。

结论，以概括仁义礼的相互关系和作用照应引论"贵适时济民之急"作结。

本文论证层次清晰，但术语繁多，表述深奥，理解难度较大。

【正文】

天下之治无他道，贵适时济民之急也。历世所利于济民者，五常其本乎。何则？《礼运》之篇，独明礼义之旨，因究其奥，从而为之说。

夫仁主于施，义主于断，礼形于体。施尚乎博而患乎小，则广其化也；断取其宜而防其不宜，则立之法也；体贵别而患其同，则束以制也。是则基止乎仁，而礼义为之用焉。古之明王能厚其本者，未有舍其用而措之，兹所以为治之要也。

大凡天地默斡二气，涵育动植，故日月临照，星宿运移，风雨动润，春夏生养，遍周乎覆载间，而洪纤动植亡凶夭卵殈之患，诚化之至矣。然阳不独运其化，假阴以成之，故雷霆之震发、雪霜之肃杀、秋冬之敛藏、寒暑之推移，而岁功成矣。其于覆载之间，小大之类始而遂其终焉，有而还于无焉，天地仁义之理备矣。且仁之所行，有所本也，其礼之行，孰将本欤？盖太一之初，混然全其质也，天地既判，尊卑异其体也，布列于鬼神，而高下小大之类，各得其分矣。圣人观天地之变，极其理而以博其用，故仁广其爱而物遂其化，天地同其和矣。动以制变，断然示天下之义，天地同其宜矣。审法立制，壹齐乎天下之礼，域以定分而理安其体，天地同其节矣。

然则，父子、昆弟、夫妇、君臣、长幼、朋友、宾客之纪，衣服饮食之利，喜怒哀乐之感，兹人道之至也。夫三者之用，皆所以养而始终之，然后适诸皇极。然而四海之众繁且伙，非恕己欲而行事，则虑其不达也，故亲于亲、子于子，非独己也，天下之谓矣。货不患于畜而患不济于人，力不患其施而患不出其身，举是一二推之千万而行，则斯达矣。故曰"尚乎博而患其小"，是以人道之立也，贵亲乎仁矣。

然众得其施，下得其惠，不可使纵欲，遂好而无所止，故成之以宜也。使之和而别于恭，爱而著于畏，暴天凌衊之患去矣。苟欲者纵而不返，贪者求而不止，狎乱颓溺者极而不率，则广断之用而刑以威之，然后宜得其所谓宜也。故曰"防其不宜，则立法焉"。是以人道之立也，相须乎义矣。

前所云人道之至者，统乎十义七情言之，兹惟人之□乎。治得其别，顺之所兴；治失其序，乱之所基也。圣人以是徇其性，因其理，法天地，为君臣，以主而治之，极其疏密隆杀之辨□，使孝悌忠信之本笃乎内，等降防约之礼节乎外。是故饮食有小大之度，居处有高下之别，爵禄授而不僭，赋敛取而不过，朝会尊而不傲，宴飨亲而不亵，祭祀恭而不懈，兵甲威而不虐，昏娅贵嗣而夺淫，葬埋以经而节哀。其为教则斯至矣，故曰"体贵别而患其同，则束以制焉"，以是人道之立也，相别乎礼矣。

故始于仁而义处以行焉，发于义而礼隆以成焉，是皆相须其述。而义之用，济民之急者，是以圣人独言而功著之也，然三者故曰"贵适时济民之急"也。

（《全宋文》[1]卷三一二二）

【注释】

《礼运》:《礼记》中的一篇，《礼记》是古代一部重要的礼乐典章制度书

---

[1] 曾枣庄，刘琳. 全宋文（第一四五册）[M]. 上海：上海辞书出版社，合肥：安徽教育出版社，2006: 134-135.

籍。大约是战国末年或秦汉之际儒家学者托名孔子答问的著作。

五常：仁义礼智信。见《述行》注。

覆载：本指天地。语出《礼记·中庸》："天之所覆，地之所载。"后比喻范围广大无所不包或恩泽普遍。《庄子·天道》："覆载天地刻雕众形而不为巧，此之谓天乐。"

凶夭卵蘖：指动植物在生命初期遭遇灭亡。凶夭，死丧夭亡。

太一：又称天一、太乙、北辰，为北极星，靠近北天极，在天穹上几乎不动，众星（包括北斗七星）均绕其旋转。"太一"为天之中心，有群星拱卫的天文现象，故古人尊其为天帝。又指宇宙万物的本原、本体，天地未分前的混沌之气。

壹齐：齐一，划一。

三者之用：（前述）纲纪、便利、感官对于仁义、礼的运用。

皇极：帝王统治天下的准则，即所谓大中至正之道。

和而别于恭，爱而著于畏：谦和而有别于恭顺，敬爱而显出敬畏。

暴天凌裹：暴殄天物，欺凌轻慢。

狎乱颓溺：过分溺爱。

昏娅：婚姻。昏同"婚"。

十义七情：十义，指夫慈、子孝、夫和、妇从、兄友、弟恭、朋谊、友信、君敬、臣忠等十种美德；七情，指喜、怒、哀、惧、爱、恶、欲等七种情绪。

疏密隆杀：关系亲疏，地位尊卑。

孝悌忠信：指孝顺父母，尊敬兄长，忠于君主，取信于朋友。

等降防约：同等与低下，界限与拘束。

19. 礼义论（下）

【导读】

本文承接《礼义论（上）》，继续围绕《礼记·礼运》展开议论，从"适时之用"各异入题。主体先讲尧舜大同景象，孔子仍然不满于尧舜的原因。第三段反面立意，与第二段形成对比，以下按照时间顺序叙述历代都需要礼义教化。接下来阐述孔子说"礼本不可复"和"仁道不可复"的含义和意义。最后，希望人君能够谨慎地施行仁政，并在体制上实行礼，达到礼义的境界。

【正文】

夫适时之用，所以异者，有教化万变之殊，而趋乎一致矣。

当尧舜之时，大道之行，于天下为公，厥民之性淳朴而质，得其施而自足，争利欲之心不萌矣，是之谓大同。然孔子言"尧舜其犹病诸"者，非谓至圣之性淳民之时而不能行，盖以患后世之变、民欲之繁，行施之道鲜矣，亦以激后之人君戮力而为也。

及大道既隐，天下为家，或得之厚，或行之薄，是为治之难矣，故孟子曰："尧舜性之，三王身之。"且圣人之性一也，岂有异乎？盖时与民之殊也。二帝之世，民性渐漓，故躬亲而行，尚有厚薄之异也。然性之既汩，欲之既繁，是以节民欲而急时用者，莫若礼焉。礼之为教，则于家于国，岂斯须而去哉！实谓体别于外而有所节矣。故曰"礼义以为纪，诚急于用"也。夫形于用，非为之制度，孰将节于外哉？是以三代之际，或损或益，皆以驱民欲而防其侈也。民欲愈纵，则广断之用、隆刑之为，以剔其强梗。贪纵者因刑而后革，则以政而正焉。

洎周室衰，礼失刑滥，政亡不复，上乱其纪，下绝其纽，君臣僭逼，无所别焉，以至乎灭天常、乱天伦，咸有焉。故《春秋》二百四十二年之间，凡国事之善恶、家治之得失，圣师则从礼经而褒贬之，诚谓礼节于外，尚不能遵而行，况语之仁乎？

下及后世，虽变革不一，惟汉与唐有济民救时之治，随世上下而更为制度也。然而或损或益，厥仪无所定，朝兴而夕革之者众矣。孰可复礼之本欤？孰可语仁之道欤？

或曰："子之谓礼本不可复，是教人多诈乎？仁道不可复，是教君不施乎？"答曰：礼本之所复，在乎饮食约而不丰，居处俭而不隆。宾军节其所费，则思敛民之难；嘉吉省其所用，则思取民之不易。至于释老之宫足以损其华，民庶之居足以去其僭。为之防使严而不逾，为之法使威而不犯，则臣无僭逼，其制中而自守也。民无得触逾其法，和而自安也，和顺之理得不格哉？其本可渐而致矣。本既可致，则和声无所不兴。然而导和声以一天下者，故乐从而兴也，岂不可复哉？仁道可以复者，虽大道之世与今无异矣。亦在乎薄租赋、平邦税、均力役、省赏罚。设兵备，无使患至而鬫民；禁异货，无使费重而加赋。异货禁，则民奢息而羡财；赋敛薄，则费用足而家给。斯亦兴仁之渐也，非所谓一惠一宥之谓矣。其道亦可因而致也。

故曰：仁至乎施，无节于外，为功也远矣。礼至乎体，有制于外，为功也速矣。君人者能谨而行诸，则斯得焉。

（《全宋文》①卷三一二二）

【注释】

大道之行，于天下为公：当大道行于天下的时候，天下是属于公众的。出自《礼记·礼运》："大道之行也，天下为公。"

淳朴而质：淳朴而诚信。

大道既隐，天下为家：如今大道已经消失不见，天下成为私家的。

尧舜性之，三王身之：尧舜爱民，是出于本性；夏禹、商汤、周武三王爱民，是身体力行。原文是："尧舜，性之也；汤武，身之也；五霸，假之也。久假而不归，恶知其非有也。"（《孟子·尽心上》)《谷梁传·隐公八年》："盟诅不及三王。"范宁注："三王，谓夏、殷、周也。夏后有钧台之享，商汤有景亳之命，周武有盟津之会。"

二帝之世，民性渐漓：尧舜之时，百姓的本性渐渐乖离。二帝，承前，指尧舜。漓，漓滑，浮薄狡诈。

性之既汩，欲之既繁：本性已经扰乱，欲望已经变多。汩，扰乱。

节民欲而急时用者，莫若礼：节制百姓的欲望和应急需要，不如用礼。

宾军："礼有五经"，指礼有"吉、凶、宾、军、嘉"五种。"吉礼"，就是祭祀之礼；"凶礼"，指丧礼、荒礼等；"宾礼"，指诸侯与周天子，以及诸侯之间的朝觐会同之礼；"军礼"就是与军事活动密切相关的礼仪；"嘉礼"就是在喜庆欢会活动中的礼仪。

和声：和谐的声音。

斯须：片刻，一会儿。

礼义以为纪，诚急于用：把礼义作为纲纪，实在是作为应急而用。《礼

① 曾枣庄，刘琳. 全宋文（第一四五册）[M]. 上海：上海辞书出版社，合肥：安徽教育出版社，2006：136-137.

记·礼运》阐明了它的作用:"礼义以为纪,以正君臣,以笃父子,以睦兄弟,以和夫妇,以设制度,以立田里,以贤勇知,以功为己。"

广断之用,隆刑之为,以别其强梗强梗:扩大决断的效用,加重处罚的力度,以除掉那些骄横跋扈的人。强梗,骄横跋扈。《商君书·赏刑》:"彼能战者,践富贵之门,强梗焉,有常刑而不赦。"

刑而后革:因受到刑法而产生变革。

以政而正:为政者用正气使风气变正。《论语·颜渊》:"政者,正也。子帅以正,孰敢不正。"所谓政,就是正的意思。为政者行为端正做出表率,谁敢不正。

下绝其纽:在下断绝了纽带。纽,纽带。

僭逼:亦作"僭偪"。越分胁迫君上。

灭天常、乱天伦:泯灭天道伦常。

鬪民:使民斗。鬪,同"斗"。

20. 听讼论

【导读】

本文从《诗经》源于听讼而察民情入题,主体部分以历史为经和《诗经》内容为纬,用总分法阐明了周朝时代文王、周公和召公的"教化之异",文王"化之所信",召伯"教之所能服"。结尾照应开头,用《诗经》之《茔苣》《甘棠》篇体现《易经》"乾不言所利""坤利牝马之正"概括"教化"的作用。

本文题为《听讼论》,却结合历史,以《诗经》为主要内容进行阐述,间接证明主旨,写法独特。与两篇《礼义论》一样,阅读障碍较大,需仔细琢磨才能理解其中奥妙。

【正文】

厥民之生,智愚朴漓,由性禀然也。古之圣人其虑也深,故为教化,以一其治。治得失于上,民哀乐于下,心所感悟,则发乎情、形诸声,而播诸天下也。以是设官采言,名之曰诗,咸颂美箴诚于君前,庶察民情而一其治也。

当纣之乱，周西伯典治南国以兴其道，故伐崇以诛恶，作礼以移化，分之岐阳而邑之，处二公以翊赞其治，俾统行先公与己之化。《周》《召》之篇，其为道也斯至矣，何则《行露》之什，独言召公听讼乎？究核其治，率由教化之异也。

夫民理之成也，有先后劳逸之节，肃和刚柔之用，此圣人所以不一其致也。方文王之为西伯，商之弊政日以寖久，淫陋薄恶犹近而习焉，故文王刑太姒以作法，齐人道以为教。以周公之圣，笃而奉行之，优柔其民，渐深其情，善谕约达，其动若神，推而措之者深而且大，人不得而及之矣。故令不苛而家自肃，制不烦而欲自节，男女得其正，长幼合其序，民之感也精，而其应也速，前所谓淫陋薄恶之弊，众观其上而耻效之。所为者若是也至，乌有争悖之俗，故以狃于刑狱哉？故《周南》十六篇，宜乎不著听讼之能也。圣人为治也，其不劳而成欤？兹化之所信也。

以召伯之贤，亦奉而笃行之，然其施设之具有不迨乎圣人所为者，必令严制烦欧民而示之信也。推而措之者人有能反之矣，故勉焉而后从，语焉而后明，顽矿之性不齐其易，故民之感也粗而其应也缓，是以邪正同域，美恶同趋，淫陋薄恶，有不耻其为而犯于正者矣。顺逆辨争，由是兴焉，刑辟之用得以服而壹之也，必假威而然后平。故《行露》之诗，言强暴之男侵凌正女，召伯听之正之，以齐不齐之俗，乃变于治焉。此召伯听讼之所以异于周也。贤人之为治，其劳而终于盛欤？兹教之所能服矣。

故曰率由教化之异矣。等而均之，其贤圣少较其功也。当武王既定天下，巡狩以观列国之风，俾各陈其诗，以察其所治，惟六州之俗承二公之风化尤淳，故大师辨而国之。虽天子诸侯远近之异，而皆以为正风，故《周南》十一篇不美其为者，以圣之自然化之所宜，不可从而强称之。《易》曰"乾不言所利，取其化之大焉。"若《苤苢》之美，盖述其内德之懿，淝外声之美也。其《甘棠》之美，召伯勤致暴于和治之所难，故从而美之，以著其劳。《易》曰"坤利牝马之正，取其教之至焉。"体之人道，又孰异乎？

（《全宋文》①卷三一二二）

---

① 曹枣庄，刘琳. 全宋文（第一四五册）[M]. 上海：上海辞书出版社，合肥：安徽教育出版社，2006: 137-139.

【注释】

智愚朴漓：聪明、愚钝、质朴、浅薄。

颂美箴诫：歌颂、赞美、箴言、劝诫。

周西伯典治南国：《毛诗正义》："商王帝乙之初，命其子王季为西伯。至纣，又命文王典治南国江、汉、汝旁之诸侯。"

伐崇以诛恶：《说苑·指武篇》："文王将欲伐崇，先宣言曰：'余闻崇侯虎蔑侮父兄，不敬长老，听狱不中，分财不均。百姓力尽，不得衣食，余将来征之，唯为民。'乃伐崇，令毋杀人，毋坏室，毋填井，毋伐树木，毋动六畜，有不如令者，死无赦。崇人闻之，因请降。"即文王找了崇国无礼的借口，想讨伐它。崇国人听说后，请求归降。

翊赞：辅助。

分之岐阳而邑之：周人自公刘居豳后又传了九世，到了古公亶父（周太王）时（公元前11世纪），姬姓民族因在豳地受到北方戎狄族（相当于汉代的匈奴族）的侵逼，周人欲起奋战，但仁厚的古公，不忍与他族互相残杀，故决定放弃豳地。于是古公率领部族，扶老携幼，越过漆水、沮水，逾梁山折而向西，迁居到岐山之阳的周原。

召公听讼：据史料记载，召公奉命巡行南国，宣传周文王德政，曾经搭个草棚在棠梨树下，问需于民，听讼理政，使百姓各得其所，政通人和，深受人们爱戴。成语"甘棠遗爱"便出于此。《诗经·召南·甘棠》："蔽芾甘棠，勿剪勿伐！召伯所茇。蔽芾甘棠，勿剪勿败！召伯所憩。蔽芾甘棠，勿剪勿拜！召伯所说。"

何则《行露》之什，独言召公听讼乎：为什么《行露》的诗篇，唯独写到召公听讼呢？《诗经·召南·行露》："厌浥行露，岂不夙夜？谓行多露。谁谓雀无角？何以穿我屋？谁谓女无家？何以速我狱？虽速我狱，室家不足！谁谓鼠无牙？何以穿我墉？谁谓女无家？何以速我讼？虽速我讼，亦不女从。"这首诗主题众说纷纭，其中以贞节女子坚决抗拒已有妻室之人逼婚，赞颂其不畏强暴、坚贞不屈的性格为共识。此诗描写诉讼答词，作者将其归为听讼比较勉强。

民理：民众的愿望。

文王刑太姒以作法：文王把正妃太姒塑造成典范来学习。商代末期，洽川莘野村的一位美女叫太姒。嫁给文王后，仰慕长辈之德，效法太姜（周太王正妃）、太任（周王季正妃），旦夕勤劳，以尽妇道。太姒尊号为"文母"，文王理外，文母治内。太姒与姬昌生下十名男丁，自少严谨教诲，从未做过坏事。

狃于刑狱：拘泥于刑罚。

乾不言所利，取其化之大焉：《易经》乾卦不说给予的利益，是取它教化的伟大呀！《易经·乾》："不言所利，大矣哉！大哉乾乎。"

坤利牝马之正：坤卦，它象征大地，有元始之生亨通之利，利于像牝马守持正道。《易经·坤》："元亨，利牝马之贞……"

21. 谏论

【导读】

本文论证进谏。文章从人君具有无上的权力说起，列举各种因素提出"谏之道难"的观点，指出"勿欺"的为谏之道。

本论分谏之难、谏之法、谏之要、谏之论四个层次进行论述。通过反面举例的办法提出不当谏、不宜谏、不足谏、不可谏的四种情形，进一步阐述谏之难。即使可谏，也要"度其君""审其事"。然后正面阐述"导之以意""缓之以说""断之以理"的三谏之法。并以史实例证。"三谏不从，不可则止"。

最后，作者以魏徵、宋璟等著名谏臣的得失为例希望"为君者能去其不平之气，以保全忠臣之身"，"则天下谁忍负吾君"。

【正文】

人君可以富贵其臣，安宁其臣，士之立于朝者，孰不欲此乎？人君可以贫贱其臣，困阨其臣，士之立于朝者，孰不恶此乎？顺指将迎，则其欲毕全，逆意矫拂，则其恶随至。得于其君，而不以事君为容悦，舍所欲而不避所恶焉，可以语谏之道也。谏之道难矣，强其所不为，止其所不能已，去其所爱，取其所憎，逆其所喜，反其所怒，虽父子之亲、执友之敌，有不能堪其言者，况万乘之君哉！必欲使言行计从，乐听无疑，吾惟勿欺而已。其济不济，命也。不为廉昭，使君得以变业而试；不为刘晔，使君得以反意而问。吾能守之以勿欺，何往而不可谏？

虽然，未可与言而言，自绝于君者也。位卑不可以言高，吾将曰：不得其位则不当谏，未信则以为谤己者。将曰：不得于君，则不宜谏，事君数，斯辱矣。吾将曰：小事不足谏，不密则失身。吾将曰：不密不可谏，轻言不能有所待。若刘蕡之任对，而有司不敢以闻，故虽怀济世之谋，无能为也，此之谓不当谏而谏。危言反以激其怒，若杜根之上书而几死于缣囊，故虽有忘生之勇，无所益也。此之谓不宜谏而谏。郑崇之于哀帝也，上笑曰"我识郑尚书履声"，是帝之心固不能平也。其后封傅商、宠董贤，而崇言见疏，反以得罪，徒能争小而不能舍小以论大。此之谓不足谏而谏。盖勋之于灵帝也，上曰"恨见君晚"，是帝之心固知其忠也。然进之之际不避塞硕，竟为所挤，而帝亦不能依，徒以促祸而不能转祸以为福。此之谓不可谏而谏。惟君子先知四者之难，不失于躁，然后可言而言，不失于隐矣。

苟可谏焉，吾将量而后入之愈也。有事上智之君者，有事中才之君者，有事其下者，是则吾君之不同也。使其听我而无嫌，吾将防源救渐之愈也。有谏于未形者，有谏于未遂者，有谏于已然者，是则国事之不一也。

既度其君，复审其事，其进言之要，吾将三谏于君焉。三谏者，圣人之制也。圣人立其制矣，而吾今明其序也。吾明其序而别之曰：初谏谓之导，再谏谓之说，三谏谓之断。吾先导之以意，既不听矣，则当缓之以说，又不听矣，则当断之以理。以此而事君，虽吾君之不同也，未尝不尽三谏焉。以此而究其事，虽国事之不一也，亦未尝不尽三谏焉。初谏而听，则无事于再，再谏弗听，则必至于三，三谏不从，不可则止，事君之义至矣。任坐以仁君而对文侯，故翟璜复召；贾诩思袁、刘父子而答曹公，故魏文得立。此所谓导之以意而挑达之也。京房对元帝而明石显，周举答顺帝而言刘崎，此所谓缓之以说而开导之也。郑绲罢统军之麻，薛广德却楼船之御，此所谓断之以理而正告之也。如是而三谏，君于终不能听，非谏之罪也。

昔之论谏者，曰讽也、顺也、直也、争也、戆也。徒讽而已，不能谕之以意，则其言不明，乌能使之自悟？徒顺而已，不能缓之以说，则其言不尽，乌能使之自思？徒直而已，不能断之以理，则其言不切，乌能使之自改？为臣者不可不知也。若夫争之为戆，则君子无取焉。

呜呼！郑公、宋璟之为臣，得太宗、明皇以事之，当有为时，言无不从，君臣一时，同底太平之治，可以无负矣。然太宗终恶其传稿，明皇竟以为卖直，知其言之忠而用之，恶其人之直而怀之。盖正救其失，怏怏不平之气，虽上智不能免于心，况其下者哉！彼陆贽阴失德宗之意，王章不免成帝之诛，又无足怪也。为君者能去其不平之气，以保全忠臣之身，则天下谁忍负吾君乎？

（《全宋文》[①]卷三一二二）

【注释】

不为廉昭，使君得以变业而试：廉昭，三国时期魏国人，青州乐安郡人，以才能拔擢，颇好言事。《资治通鉴·魏纪·魏纪四》："尚书郎乐安廉昭以才能得幸，昭好抉擿群臣细过以求媚于上……"。

不为刘晔，使君得以反意而问：刘晔（179—234），字子扬，淮南成惠（今安徽省寿县东）人。光武帝刘秀之子阜陵王刘延的后代。年少知名，人称有佐世之才，曹操手下举足轻重的谋士，为曹氏三代重臣。他屡献妙计，对天下形势的发展往往一语中的。三国时期魏国著名的战略家。《资治通鉴》（卷第七十二）："或谓帝曰：'晔不尽忠，善伺上意所趋而合之。陛下试与晔言，皆反意而问之，若皆与所问反者是晔常与圣意合也。每问皆同者，晔之情必无所复逃矣。'帝如言以验之，果得其情，从此疏焉。"

刘蕡（？—848）：字去华，幽州昌平人。唐代宝历三年（827）进士，善作文，耿介嫉恶，大和元年（827）参加"贤良方正"科举考试时，秉笔直书，主张除掉宦官，考官赞赏他的策论，但不敢授以官职。后令狐楚、牛僧孺等镇守地方时，征召为幕僚从事，授秘书郎。终因宦官诬害，贬为柳州司户参军，客死异乡。

若杜根之上书而几死于缣囊：杜根，别名杜伯坚，字伯坚，颍川定陵（今河南省襄城县）人，东汉大臣。性格朴实，喜欢较真。永初元年（107），被推举为孝廉，成为郎中。杜根认为邓太后应还政于安帝，遭太后逮捕，下令

---

① 曾枣庄，刘琳. 全宋文（第一四五册）[M]. 上海：上海辞书出版社，合肥：安徽教育出版社，2006：139-141.

用白袋子装着，在大殿上活活打死，行刑人手下留情才死里逃生。后被任用为尚书郎。

郑崇之于哀帝也，上笑曰"我识郑尚书履声"：郑崇，字子游，本高密大族，世与王家相嫁娶。崇少为郡文学史，官至丞相大车属。弟立与高武侯傅喜同门学，相友善。喜为大司马，荐崇，哀帝擢为尚书仆射。数求见谏争，上初纳用之。每见曳革履，上笑曰："我识郑尚书履声。"后因劝阻孝成皇帝封赏祖母傅太后的堂弟傅商等人和反对哀帝刘欣过度贵宠董贤，而被疏远获罪。

盖勋之于灵帝也，上曰"恨见君晚"：盖勋，字元固，敦煌广至人也。初举孝廉，为汉阳长史，后征拜讨虏校尉。灵帝召见，问："天下何苦而反乱如此？"盖勋回答："幸臣子弟扰之。"而宦者上军校尉蹇硕不知所对。深受灵帝赞赏说："善。恨见君晚，群臣初无是言也。"

任坐以仁君而对文侯，故翟璜复召：任坐，即任座（生卒年不详），战国初期魏国建立者魏文侯的谋士，因一次劝谏过于耿直，惹得魏文侯勃然大怒。而后翟璜巧辩，帮任座解说，魏文侯才礼贤下士，拜任座为上卿。

贾诩思袁、刘父子而答曹公，故魏文得立：贾诩（147—223），字文和，外号"毒士"，古凉州姑臧（今甘肃省武威市凉州区）人。汉末至三国时期军事战略家，曹魏的开国功臣。在曹操继承人的确定上，贾诩以袁绍、刘表为例，暗示曹操不可废长立幼，从而暗助曹丕（即魏文帝）成为世子。贾诩被陈寿评为"算无遗策"，将他与张良、陈平相提并论。

京房对元帝而明石显：京房，本姓李。汉元帝时为郎、魏郡太守。治易学，师从梁人焦延寿，详于灾异，开创了京氏易学，有《京氏易传》存世。石显帮助汉元帝监督百官，是很有成效的。但京房对汉元帝说石显是奸臣，石显憎恶他。京房与张博同谋谤政，下狱被斩。

周举答顺帝而言刘崎：周举，字宣光，汝南郡汝阳县人。周举身材短小，容貌丑陋，但博学多闻，被儒家崇仰，所以洛阳流行这样一句话："五经纵横周宣光。"134年，顺帝采纳周举谏言，司徒刘崎和司空孔扶均被免职。擢升大司农黄尚为司徒，光禄勋、河东郡人王卓为司空。

郑绅罢统军之麻：事见《新唐书·郑绅传》："德宗自兴元还，置六军统军视六尚书，以处功臣，除制用白麻付外。又废宣武军，益左右神策，以监军为中尉。窦文场恃功，阴讽宰相进拟如统军比。绌当作制，奏言：'天子封建，或用宰相，以白麻署制，付中书、门下。今以命中尉，不识陛下特以宠文场邪？遂著为令也？'帝悟，谓文场曰：'武德、贞观时，中人止内侍，诸卫将军同正赐绯者无几。自鱼朝恩以来，无复旧制。朕今用尔不谓无私，若麻制宣告，天下谓尔胁我为之。'文场叩头谢。更命中书作诏，并罢统军用麻矣。"德宗置六军统军时用白麻纸起草诏书，任命监军为中尉时，有人仍想用白麻纸写诏书。经郑绌劝谏，废除了任命统军用白麻纸的规制。

薛广德却楼船之御：薛广德，字长卿，沛郡相（今安徽省濉溪县西北）人。官至御史大夫，位及三公。西汉经学大家，不但博学多识，而且体恤百姓，刚正不阿，敢于直言谏诤，最后悬车荣退。事见《汉书·薛广德传》："上酎祭宗庙，出便门，欲御楼船，广德当乘舆车，免冠顿首曰：'宜从桥。'诏曰：'大夫冠。'广德曰：陛下不听臣，自刭以血污车轮，陛下不得入庙矣。"皇上去祭宗庙打算驾楼船前往，薛广德冒死力谏乘车，最后先导光禄大夫张猛解围。

太宗终恶其传稿，明皇竟以为卖直：魏徵（580—643）字玄成，巨鹿下曲阳（今河北省晋州市）人，唐代名臣，累授左光禄大夫、太子太师，封郑国公。魏徵以敢于直谏闻名，然而他将奏章私下抄录，交给史官褚遂良，以使自己得以录入国史，博取清正名声的行为也令唐太宗不满。宋璟（663—737），邢州南和（今河北省邢台市南和县阎里乡宋台）人。唐代名相，官至尚书右丞相，开府仪同三司，进爵广平郡公。追赠太尉，谥号"文贞"。安史之乱后，唐玄宗评价宋璟："彼卖直以取名耳。"

陆贽阴失德宗之意，王章不免成帝之诛：陆贽因小人诋毁而逐渐遭到德宗冷落。事见《旧唐书·陆贽传》："吴通微兄弟俱在翰林，亦承德宗宠遇，文章才器不迨贽，而能交结权幸，共短贽于上前。而贽为朋党所挤，同职害其能，加以言事激切，动失上之欢心，故久之不为辅相。"王章，字仲卿，西汉泰山郡钜平（今山东省宁阳县磁窑镇北部）人。官至京兆尹。以刚直闻名。因弹劾王凤专权遭报复，死于狱中。事见《汉书·王章传》。

22. 雅州蒙顶茶记

【导读】

王庠的《雅州蒙顶茶记》和王敏的《紫云坪植茗灵园记》是《全宋文》中两篇有关名茶的重要文献。

本文开篇指出雅安蒙顶茶冠绝蜀中乃至天下，但陆羽《茶经》没有提到。主体部分按照时间顺序分别从三方面阐述蒙顶茶不为人知的原因：陆羽生平经历的原因使其没有提到蒙顶茶；陆羽以后众多名人称道蒙顶茶具备《茶经》四上之美，遗憾的是陆羽不是蜀人，也没有听说过蒙顶紫笋茶的神奇故事；三百多年后，本朝蔡君谟把建茶包装成小团茶进贡，蜀茶更加落寞。最后总结感叹蜀地偏远，不易显达，蒙顶茶不为人知只是其中一例而已。

【正文】

自古茶本出巴蜀，晋孙参军楚作歌，尝言之矣。唐陆羽著《茶经》，言当时出茶之郡四十有三，剑南则称彭、绵、蜀、邛、雅、泸、眉、汉。及验于《唐志》，贡茶之郡止十有六，剑南道惟雅安一郡而已。以天下奉一人，固必献其尤者，雅茶之冠蜀，固可知矣。然鸿渐不推高雅品，何哉？切有所疑而质之他书。如范蜀公《东斋记》言雅安蒙顶绝异于他茶谱，李公内翰《图经》、雷史君太简《茶轩录》皆言蒙顶上清峰不特冠蜀中，自最天下。以寡敌众，则众者是，鸿渐之论非矣。

然又尝思之，鸿渐之鉴，非昧于茶也，其失盖亦有自。按鸿渐生于开元二十一年，幼育于竟陵积禅师，天宝中游沧浪邑，后负书火门山，至德初过江，上元初结庐于苕溪之湄。上元辛丑岁，时年二十有九，自作传云有《茶经》三卷，则知《茶经》之作在江、湖间矣。江湖之上，福建非远，尚言未详而往往得之，况蒙山僻在西蜀之隅，则上清绝品，想鸿渐未尝得之也。雅安自肃宗乾元罢贡，而《沔城纪异记》云，代宗大历初，鸿渐自吴兴召至宫中，与积禅师烹茶，是时宫中已无蒙顶矣。然当时岂独鸿渐不得之，如李谪仙、杜子美，困游流落为剑南羁客，无片章只句略誉蒙茶之美，岂非时人以天子委弃无用之物，不精其制造耶？

鸿渐之后四十余年，长庆、大和间，韦齐休佐使云南，过蒙山下，《行记》云"蜀茶尽出于此"。李丞相德裕入蜀，得蒙茶沃于汤研之上，移时尽化，以验其真。白乐天复有《琴茶诗》云："琴里知闻惟绿水，茶中故旧是蒙山。穷通行止常相伴，谁道吾今无往还。"天下茶品多矣，乐天特言蒙山，是知后人叹幽振滞，稍稍升赏得为天下之最，决无疑也。鸿渐《茶经》云："生烂石沃土者上，紫者上，笋者上，叶卷而若薇始抽者上。"第七篇复具言久服得仙之事。今上清所出，皆备有四上之美，又其始生在春冬之交。密云霏雪蔽覆，若有神物护持，故紫笋之英，岁得甚少，此亦秀气所钟，天自珍惜。既末之，不特味甘色白，又其性温暖，久服不令人患冷，非他茶之比。《茶谱》说蒙山遗事，昔有病僧遇一老人，教服上清茶，后得道青城山。此正与鸿渐载《神异记》，陶洪景《杂录》言丹丘子事相类，亦与李太白言荆州玉泉真公服仙人掌事同。但恨鸿渐非蜀人，既不得见其初生四上之美，又不详知病僧得仙之事耳。

自乾元罢贡之后，蒙山不得入禁中，于今三百余年。本朝蔡君谟叹鸿渐不第建安之品，遂以建茶作为龙凤团以进。欧公永叔称建团，宫嫔多缕金花于其上，虽宸恩殊锡亦所稀得。目建茶擅贵，而蜀茶益不振。君谟闽人，未尝游剑外，故亦不知蒙顶紫笋本天下第一。

嗟乎！蜀本西伯道化、文翁德教之国，惟其邈在西南数千里之外，故凡物不能自达而速显于时，韬光晦迹，岂止蒙山茶而已哉！是可叹也。

（《全宋文》[①]卷三一二二）

【注释】

晋孙参军楚作歌：孙楚（220—293），字子荆，西晋太原中都县（今山西省永济市）人。曾任镇东军将军石苞的参军，故称"孙参军"。其作《出歌》云："茱萸出芳树颠，鲤鱼出洛水泉。白盐出河东，美豉出鲁渊。姜、桂、茶绿出巴蜀，椒、橘、木兰出高山。蓼苏出沟渠，精稗出中田。"其中所说："姜、桂、茶绿出巴蜀"，是西晋巴蜀产茶的重要史料。

---

① 曾枣庄，刘琳. 全宋文（第一四五册）[M]. 上海：上海辞书出版社，合肥：安徽教育出版社，2006：141-142.

鸿渐不推高雅品：陆鸿渐，名羽，终生不仕，隐居在苕溪（今浙江省湖州市境内），以擅长品茶著名，著有《茶经》一书，被后人奉为"茶圣""茶神"。这句说陆羽没有推荐雅安贡茶。

范蜀公《东斋记》言雅安蒙顶绝异于他茶谱：范镇（1008—1063），字景仁，成都华阳人。北宋大臣，曾封蜀郡公，故称范蜀公。《宋史》有传。其所作笔记小说《东斋记事》其卷四云："蜀之产茶凡八处，雅州之蒙顶，蜀州之味江，邛州之火井，嘉州之中峰，彭州之堋口，汉州之杨村，绵州之兽目，利州之罗村。然蒙顶为最佳也。"

李公内翰《图经》、雷史君太简《茶轩录》：李公内翰《图经》，疑指李宗谔《图经》。李宗谔（965—1013），字昌武，饶阳（今河北省饶阳县）人。昉子。太宗端拱二年（989）进士（《隆平集》卷四），授校书郎。真宗景德二年（1005）为翰林学士。官工部郎中、右谏议大夫。有文集六十卷、《内外制》四十卷，均佚。《宋史》卷二六五有传。雷史君太简《茶轩录》，雷史君太简，即雷简夫，字太简，北宋同州（今陕西省大荔县）人。宋仁宗康定年间（1040—1041），枢密使杜衍荐其为校书郎，后曾知雅州，其所作《茶轩录》，今不见。

苕溪：太湖流域的重要支流。

韦齐休佐使云南，过蒙山下，《行记》云"蜀茶尽出于此"：韦齐休，唐代进士，累官至员外郎、浙西观察使王璠团练副使。曾从京兆少伊韦审规使云南，著《云南行记》二卷，记其往来道里及其见闻。今佚，仅有残文见于有关文献。

李丞相德裕入蜀，得蒙茶沃于汤研之上，移时尽化，以验其真：明陆廷灿《续茶经》卷下引《华夷花木考》云："蒙顶茶受阳气全，故芳香。唐李德裕入蜀，得蒙饼以沃于汤瓶之上，移时尽化，乃验其真。蒙顶又有五花茶，其片作五出。"

生烂石沃土者上，紫者上，笋者上，叶卷而若薇始抽者上：此句节选于《茶经·一之源》，全句是："其地，上者生烂石，中者生砾壤，下者生黄土。凡艺而不实，植而罕茂，法如种瓜。三岁可采。野者上，园者次。阳崖阴林，紫者上，绿者次；笋者上，牙者次；叶卷上，叶舒次。"

第七篇复具言久服得仙之事：《茶经》共分十篇，第七篇为《七之事》，全面收集了上古至唐代有关茶的历史资料。其中也有饮茶久服得仙之事。

《茶谱》说蒙山遗事：茶谱，指五代毛文锡所著《茶谱》，其书已佚，今有辑佚本。中云："蜀之雅州有蒙山，山有五顶，顶有茶园，其中顶曰上清峰。昔有僧病冷且久，尝遇一老父，谓曰：蒙之中顶茶，常以春分之先后，多构人力，俟雷之发声，并手采摘，以多为贵，三日而止。若获一两，以本处水煎服，即祛宿疾；二两，当眼前无疾；三两，固以换骨；四两，即为地仙。僧因之中顶筑室以候，及期获一两余，服未竟而病瘥。年至八十余，气力不衰。时到城，人观其容，常若三十余，眉发绀绿，后入青城山，不知所终。今四顶茶园不废，唯中顶草木繁茂，重云积雾，蔽亏日月，鸷兽时出，人迹罕到矣。"

鸿渐载《神异记》，陶洪景《杂录》言丹丘子事相类：《茶经·七之事》曾记载《神异记》一则故事，中云："余姚人虞洪，入山采茗，遇一道士，牵三青牛，引洪至瀑布山，曰：'吾丹丘子也。闻子善具饮，常思见惠。山中有大茗，可以相给，祈子他日有瓯牺之余，乞相遗也。'因立奠祀，后常令家人入山，获大茗焉。"陶洪景，又作陶弘景（456—536），南朝齐梁人。精通医学、地理、算学等。著述甚多，其所著《杂录》，又称《名医别录》，今已佚。其中所云丹丘子事，亦载《茶经·七之事》中，云："陶弘景《杂录》：'苦茶轻身换骨，昔丹丘子、黄山君服之。'"

太白言荆州玉泉真公服仙人掌：李白曾作《答族侄僧中孚赠玉泉仙人掌茶》诗，其序云："余闻荆州玉泉寺近清溪诸山，山洞往往有乳窟，窟中多玉泉交流，其中有白蝙蝠，大如鸦。按《仙经》，蝙蝠一名仙鼠，千岁之后，体白如雪，栖则倒悬，盖饮乳水而长生也。其水边处处有茗草罗生，枝叶如碧玉。惟玉泉真公常采而饮之，年八十余岁，颜色如桃李。而此茗清香滑熟，异于他者，所以能还童振枯，扶人寿也。余游金陵，见宗僧中孚，示余茶数十片，拳然重叠，其状如手，号为'仙人掌茶'。盖新出乎玉泉之山，旷古未觌。因持之见遗，兼赠诗，要余答之，遂有此作。后之高僧大隐，知仙人掌茶发乎中孚禅子及青莲居士李白也。"

蔡君谟叹鸿渐不第建安之品：蔡君谟，即宋代蔡襄，他在《茶录》中说："昔陆羽《茶经》不第建安之品。"建茶，因产于福建建溪流域而得名。历史上所属福建建州。其辖区以建茶、建盏、建本、建版、建木闻名于世。建茶以宋代福建建州建安县（今福建省建瓯市）的北苑凤凰山一带为主体的产茶区，其代表的北苑贡茶闻名于世，是中国御贡史最长的茶。

欧公永叔称建团，宫嫔多缕金花于其上：欧阳永叔，即欧阳修，其在《归田录》卷下中云："蔡君谟为福建路转运使，始造小片龙茶以进，其品绝精，谓之小团，凡二十饼重一斤，其价直金二两。然金可有，而茶不可得。每因南郊致斋，中书、枢密院各赐一饼，四人分之，宫人往往缕金花于其上，盖其贵重如此。"

蜀本西伯道化、文翁德教之国：西伯，西方诸侯之长，即周文王。文翁，汉代庐江人，景帝末年，任蜀郡守，于成都市中起官学。招属县子弟入学，入学者免役，成为汉代立学之始。

第七章

义门王氏碑铭考释

1. 宋王长史转念功德碑

孤子男伯珪等奉

亡摭長史從四月玖日請叁拾壹僧就家間轉大藏經壹藏并逐齋僧至貳月拾叁日就墳而設散所

信道以懇逐膺謹具轉念　功德觳目如後

轉大藏經一藏總一千七十六部計四百八十帙共五千四十八卷

轉大乘經五百一十五部計二百三帙計二千一百七十三卷

轉大乘論九十七部共五十帙計五百一十八卷

轉小乘律五百四部共五十五帙計四百四十六卷

轉小乘經二百四十部共四十八帙計六百九十八卷

轉小乘論三十六部共七帙計一千卷

轉賢聖傳集一百八部共五十七帙計五百四十一卷

念解究結真言一萬遍

念往生真言一萬遍

念破地獄真言一萬遍

念女土地真言一萬遍

念佛慈護真言一萬遍

念般若多心經一千卷

右
伯珪等寫念體尊陰陽受生
西域之靈文鑑
父母功

念摩訶般若波羅蜜一萬遍

齋計一千僧

德厚乃地比馬款盡孝思佳勤南陔之雅什擬伸膺奉涓瀆

三界之苦源頓攬幻化又願見存眷屬咸乞

六父長史生界唯真

而天方立矣

靈以嚴潔厮廚特邀緇侶轉一藏之微言就設千僧之妙供圓諧什用膺嚴

六塵之煩慫悟早生空出

父牢當震神祇俱霑勝利帙乞

昭明頂首謹勘

洗

天禧四年□月十三日孤子

伯珪　伯珉

姪男　伯珵　伯珊　伯珹

【释文】

孤子男伯珪等奉

亡□摄长史，从正月九日请三十一僧就家开转大藏经一藏，并逐日斋僧，至二月十三日就坟而设散所。

□□者以凭追鹰，谨具转念功德数目如后：

转大藏经一藏，惣一千七十六部，计四百八十帙，共五千四十八卷。

转大乘经五百一十五部，共二百三帙，计二千一百七十三卷。转大乘律二十六部，共五帙，计一十四卷。

转大乘论九十七部，共五十帙，计五百一十八卷。转小乘经二百四十部，共四十八帙，计六百一十八卷。

转小乘律五十四部，共五十五帙，计四百四十六卷。转小乘论三十六部，共七十二帙，计六百九十八卷。

转贤圣传集一百八部，共五十七帙，计五百四十一卷。念般若多心经一千卷，念佛慈护真言一万遍。

念解冤结真言一万遍，念往生真言一万遍，念破地狱真言一万遍，念安土地真言一万遍，

念摩诃般若波罗蜜一万遍。斋计一千僧。

右 伯珪等窃念体禀阴阳，受生父母，功高而天方并矣，德厚乃地可比焉。

叹尽孝思，唯学南陔之雅，什拟伸鹰。奉，须凭西域之灵文。伯珪是以严洁厅厨，特邀缁侣转一藏之微言，既就设千僧之妙供，圆谐并用，鹰严亡父长史，生界唯异。

洗六尘之烦恼，早悟生空；出三界之苦源，顿抛幻化。又愿见存眷属，咸乞乂宁，当处神祇沾胜利，伏乞证明。历首谨疏。

天禧四年二月十三日

孤子伯珪、伯琠　　侄男伯瑾、伯翊、伯琪

【考释】

这通碑刻是宋天禧四年（1020），王长铣之子王伯珪、王伯琠，侄子王伯瑾、王伯翊、王伯琪为其亡灵做道场的记事碑。碑文可知，道场请了31名僧

人，从正月初九到二月十三，时间长达一个多月，转大乘经、大乘律、大乘论、小乘经、小乘律、小乘论、贤圣传集数量巨大。念般若多心经一千卷，佛慈护真言、解冤结真言、往生真言、破地狱真言、安土地真言、摩诃般若波罗蜜各一万遍，可谓工程浩大。反映出王氏家族在南荣世居到第四代的时候，财产、地位就已经非常显赫了。这通碑刻刻于天禧四年（1020），比宣和三年（1121）《王梦易墓表》早101年，是目前已知最早的义门王氏碑刻，也是荣县已知的早期宋代碑刻，对于研究义门王氏乃至荣县历史文化具有重要参考价值。碑刻现保存于荣县博物馆。

【注释】

大藏经：将一切佛教典籍汇集起来编成的一部全集。又名一切经，略称为藏经或大藏。凡以经、律、论为中心的大规模佛典集成，皆可称为"大藏经"。

大乘经：大乘佛学经典的总称。又称大乘修多罗、菩萨契经、方等经、方广经或大方等经等。相对于小乘经而言。大乘经是随着佛学思想的不断发展陆续出现的。

大乘论：又叫大乘佛学，与小乘论相对应，一般把阐发大乘佛教修习的六度和诸法性空等义理以及注解大乘经的著作，都称为大乘论。大乘论是大乘佛学发展到龙树时代（约2—3世纪）才出现的。

小乘律：佛教小乘戒律书的总称。又称"小乘毗尼""声闻毗尼"或"声闻律藏""声闻调伏藏"等。为修小乘声闻行者应该受持之戒律。

小乘论：小乘佛学所属论书的总称。又称小乘阿毗达磨、小乘阿毗昙等。相对大乘论而言。

贤圣传集：指《贤圣集伽陀一百颂》。西天译经三藏、朝散大夫、试鸿胪少卿、明教大师臣天息灾奉诏译。

2. 大宋故赠通议大夫王公墓表

张商英

王梦易墓表（碑现存于荣县大佛寺内）

《金石苑·王梦易墓表》截图 1

观文殿大学士、通奉大夫、提举西京嵩山崇福宫、清河郡开国公张商英撰。

太中大夫、守尚书左丞兼神霄玉清万寿宫副使、陇西郡开国公李邦彦书。

保和殿学士、银青光禄大夫、提举上清宝箓宫、提举三山河桥、安定郡开国侯孟昌龄①篆盖。

太常博士王潜夫，元丰末非辜失官，元祐丙寅八月十五日，以宣德郎终于南荣私第。终之日，其夫人向氏年三十六。三男子：长曰廱；次曰庠，年

---

① 孟昌龄：《金石苑》中为"王昌龄"，实为刊刻错误，据各版本《荣县志》改为"孟昌龄"。

十六；次曰序，年十四。夫人执二子手泣于柩前，曰：“未亡人不能雪吾夫之横逆，复夫之官，庠、序未有成立，终不葬此柩也。”于是专室静居，命诸孤从贤师学。夫人于钦圣宪肃皇太后为从祖姑。

钦圣闻其守志立节，又怜二子白身，首思官庠，庠以逊序。兄弟力学能文，崇宁初偕贡礼部，不第。庠谓序曰：“吾弗隐，谁侍吾母？子弗仕，孰大吾户？”已而庠以侍母，凡一十一次坚辞聘诏。序两献文，入等。稍迁都水监丞，治塘堤有劳，三岁五迁，至朝奉大夫，遂封赠潜夫朝奉郎。二子泣请于夫人曰：“母之教子志已成，父之官已复而有加矣，庶可葬乎？”夫人许之。既而完窆，而夫人亦殁，遂合祔焉。夫人之懿行孤节，冯澥既志而铭之。又谓“潜夫为前辈，澥不及见而知之，盍求于潜夫同时伟人，纪其详以信天下后世？”

庠、序以书来曰：“唐人铭志，子孙不得柳公权笔，以为不孝。昔者先子获交于吾乡先生无尽公，诗编简牍秘于私家者，俱存也。先子之平生及其诬服抵罪，乡先生固知之矣，苟无一言之赐，则庠、序不孝之罪终天何赎耶？”予叹曰：“尔父之为人，吾与范蜀公、何济川深知之；尔父之得罪，吾与诸人盖尝扼腕。当不幸时，尔未克有知，予与诸人窃叹而无及焉。今庠也，太学定八行全备，为天下第一名，上于朝，又以从官之请，旌为廉逊处士。序也以仕官褒显，累迁大中大夫，擢徽猷阁待制、知三城，又亲赐进士第。夫君子之泽，五世而斩。不质于人，必质于天，二子何必以吾文为孝之尽哉？”勿已，则杨天惠所作《双溪先生传》尽之矣。传曰：

先生名梦易，字潜夫，其先京兆人，□□□德，曾祖蕴舒。方蜀盗引众围州，危甚，蕴舒夜缒出，乞邻救城以完，州人德之。蕴舒生长钧、长锐，当淳化初顺贼扰略过荣，长锐又有完城之仁。长钧生伯琪，赠殿中丞。伯琪与其母□□□□居四十年，雍穆无间语。有三子：长梦禾，仲梦得，先生季也，俱以孝友闻，能世其家法。御史陈谕美之，以“韡鄂”书其亭之颜，荣人号为“义门王氏”，州上其行，乞加旌表。

潜夫皇祐元年及进士第，调绵州法掾。始到，转运使出巴西滞讼数百，牒命理之，皆办。异其才，率同列交荐，迁石照令。邑民喜鬻狱，□卫氏子挟母以欺兄，其兄乃前母之子，狱久不决。潜夫察爱憎均□□使母子如初。有一家三人，夜渔于峡口，为盗并杀，溺其尸而舟在。潜夫悉□濒江民，听其辞色，疑二恶少，械系间所，使人□□伺察之。时纵鼠以出，示若无人，二囚私语曰："姑忍之，行不死矣。"按下人突出就证，囚遂服罪，一县称神明。

前此，苦徭役不平。县占籍户三千，而下户无门番□。潜夫钩得冗民隐避者数百家，劳逸始均。州因命潜夫正卫籍，甲乙有差，率十岁为一周。遇岁饥疫，出私钱十万，设糜潭，储药石，为吏民先，所活甚众，邑人述《惠政录》刻于石。再调□石，复有能名。开封尹傅求荐右军巡判官，数雪冤狱，有异状，增秩一等，除通判果州。潜夫久摄守，大兴泮宫，邻郡皆有来学之士，盛闻四川。州滨涪江，屡啮城郭，潜夫亲□其灾，筑西面堤二里，增府属之楼观，利及于后。

熙宁役书新下，有司不谕德意，潜夫以税定□□，十取三以为式，比一路最轻平。就求普州，得之。值在势者不悦，以事免。造朝，舒国王丞相知其才，将用之，会出□□授兴元南□县，移擢兴州。蜀司运茶入秦，艰于募民，滞留干没，岁以万数。潜夫备奏公私之弊，宜放邮传法置递兵便，仍预言曰："臣今所陈，贻当职怒，或以他事中伤，臣不敢惮。"上可其请，自是岁办边计，郡邑数千里，免抑雇妨农，因以养游手万家，至今赖之。时当职果怒潜夫专达，诬以私役保正，被谪还家。潜夫治归来亭于徙居双溪上，坐客常满，因□客曰："陶渊明从人得酒乃一醉，度一月醉几何？吾乃日有酒以延客，岂不优渊明耶？"

初，荣之盐井，籍民熬输，岁久淡竭，□□□□以偿虚课，祸逮子孙，悉捶挞无完肌，独免有禄之家。明□□郡守李畋患之。公之伯父及殿中公率众闻于州。按法，官户免色役，而不免科配，请以官户均煎，遂纾一方之困。畋既还朝，力言于孙文懿公，孙以序美之，曰："抗意恤民，古君子也。"□□痛疏其弊，章上，不报。厥后有禄者兴讼，将诡法中王氏，殿中公衔冤先逝，亲脱兄于□，兄亦□卒于狱，众切哀痛。

潜夫既成童，伯仲力教登科，虽蠲本户之输，泣曰："吾父为众之公心，□不伸于泉下乎？"屡白州县，不听，则言于使者及省部，又不听，则移书宰执。最后陈公希亮判三司户部勾院，以其书闻，乃还籍没者三百一十五家。

命下之日，乡间感涕。又岁蠲三十余万斤。自是盐赋遂轻，民得苏息，皆潜夫父子终始之德。

《金石苑·王梦易墓表》截图2

潜夫虽不极于荣，今流庆后昆，天定胜人，岂诬也哉！又喜诱掖后进，闻人一善，若出诸己。济贫赈困，尽其诚心，固宜有后也。杨天惠《传》大概如此。亦几以增损矣。

潜夫以庠特恩赠太中大夫。序累遇郊礼，今赠通议大夫。女三人：长适□□朱立，次适中大夫鲜于之武，季适承议郎吕元淳。孙十三人：凤宝、环宝、楚宝、贤宝、儒宝、道宝，早世；芹孙，迪功郎；公孙、桐孙、卿孙，承奉郎；槐孙、庆孙，通仕郎；兴孙，承务郎。曾孙四人：曾慧、曾光、曾□、曾封，尚幼。

《金石苑·王梦易墓表》截图 3

无尽居士表其墓曰：予读《李邕传》，见其以文章直气，为奸邪所恶，诬以重罪，使吏评治，事出吏口，迫令手书，未尝不掩卷流涕而叹曰："安得宽平之人，使之治狱为吏哉！"以李邕之狱例之，则刻木画地，自昔而然，岂矢人不仁，出乎其术，抑蝮、蝎之性，异形而同毒哉！王潜夫，乐易急义人也。身死之后，交游散矣。后二十年，二子卓卓有立。能从冯长源、郑少微、杨天惠求文以显亲之名，又拳拳终不释予。予惟天之报施至微而不可昧。曲于人者，天必直之；殃于人者，天必庆之。潜夫之后，方大而昌，尚何辨哉！尚何辨哉！

宣和五年六月二十一日，男廉逊处士、朝散大夫庠；男正议大夫充徽猷阁待制、知河阳军州事、充陕西河东河北路宣抚使司随军转运使序立石。

（《荣县通志》据《金石苑》《全宋文》[①]卷二二三四等补）

【注释】

民国版《荣县志》注：墓在县东北四里凤皇山孙村。龟址，今立人家隙地。商英出入邪正之间，所谓"有把茅盖顶"，即"能呵佛骂祖者也"。冯澥上书废元祐皇后，皆附势趋风，无忌惮之尤。而庠、序以亲名托之，何哉？杨天惠，潼川人，熙宁三年（1070）进士。郑少微，华阳人，元祐三年（1088）进士。

张商英（1043—1121），字天觉，号无尽居士，蜀州新津县（今四川省成都市新津区）人。宋英宗治平二年（1065）进士。王梦易[皇祐元年（1049）进士]、苏轼[嘉祐二年（1057）进士]之后，黄庭坚[治平四年（1067）进士]之前，起家通川主簿，大观四年（1110），官至尚书右仆射兼中书侍郎。赠少保、太保。谥文忠。

李邦彦（？—1129），原名李彦，字士美，怀州（今河南省沁阳市）人，北宋末年宰相、奸臣。外表俊爽，美风姿，自号"李浪子"，为文敏而工。大观二年（1108），赐进士出身，官至中书舍人。宣和五年（1123），拜尚书左丞，迁少宰，人称"浪子宰相"。

孟昌龄，生卒年不详。曾官都水使者、工部侍郎、兵部尚书、保和殿大学士。

范蜀公：范镇（1007—1088），字景仁，成都华阳人，官至银青光禄大夫，举进士第一，与司马光同年，累封蜀郡公。一生与司马光交情甚笃，反对王安石变法，又与苏轼交游，"乌台诗案"时曾上书救护苏轼。卒赠金紫光禄大夫，谥忠文。

何济川：生平爵里不详，但从张商英、范蜀公等与墓主王梦易的关系看，亦应为四川乡党。有司马光《奉同何济川迎吏未至秋暑方剧呈同舍》《送何济

① 曾枣庄，刘琳. 全宋文（第一〇二册）[M]. 上海：上海辞书出版社，合肥：安徽教育出版社，2006：243-247.

川为庞公使庆阳席上探得冬字》，梅尧臣《送何济川学士知汉州》《次韵和吴冲卿伤何济川》等诗可知其曾任汉州（今四川省广汉市）知州，与司马光、梅尧臣、吴冲卿等友善。

冯长源：冯澥（？—1140），字长源，号雪崖，普州安岳（今四川省安岳县）人，北宋末年南宋初年宰相。未见其著述记载。

郑少微：生卒年不详，字明举，成都人。元祐三年（1088）进士。以文知名。政和中，曾知德阳。晚号木雁居士。《全宋词》存其词二首。墓表所说"从冯长源、郑少微、杨天惠求文"之文自然无从查考。

杨天惠：（1048—1118），名集，字佑甫，又号文伯。北宋四川郪县（今四川省三台县）人，神宗熙宁三年（1070）进士。元符二年（1099）任彰明县令。

知三城：王序曾任三城知府，娶当地女子陈氏为妾。事见王序《宋故陈氏墓志铭》。

韡鄂：光明、丰盛、美丽的样子。

顺贼：李顺及其义军的蔑称，淳化末在青城与王小波起义。

刻木画地：比喻进监狱，受审讯。源见"画地为牢""刻木为吏"。

李畋：字渭卿，号谷子，华阳（今四川省成都市华阳街道）人。太宗淳化三年（992）进士（《宋代蜀文辑存作者考》），授恒宁主簿。仁宗天圣元年（1023）以大理寺丞知泉州惠安县（清乾隆《泉州府志》卷二六），明德中迁知荣州。年九十卒。事见《渑水燕谈录》卷七。有歌诗杂文七十卷，《宋史·艺文志》著录《李畋集》十卷，均佚。

孙文懿公：即孙抃（996—1064），字梦得，号道卿，眉州眉山（今四川省眉山市东坡区）人。宋仁宗天圣八年（1030），考中进士。官至翰林学士、参知政事、户部侍郎。谥文懿。

陈希亮：（1014—1077），字公弼，先祖原为京兆（今陕西省西安市）人，迁居眉州青神（今四川省青神县）。天圣八年（1030）进士，和侄子陈庸、陈谕一同升入进士第，被当时人称"青神三俊"。

王梦易墓表 Wang Mengyi's Tomb
王梦易墓碑　왕몽역묘표

王梦易（？-1086年），字潜夫，荣州人。宋皇佑年间（1049~1053）中进士。后调任绵州法曹（法官），升任青石令。因包拯推荐，授予右军巡判官。屡次为民昭雪冤狱，有政声，升授果州通判。因主张盐税由人民与官户平均负担，而招致上司的忌恨和诬陷，致抱恨而死。此碑立于宋宣和五年（1123），碑高3.9米，宽1.2米，半圆形碑额，赑屃碑座，是荣县尚存最早的墓碑。

Wang Mengyi (?–1086), styled himself Qianfu, is a native of Rongzhou. As a candidate in the highest imperial examination in the Huangyou Period of the Song Dynasty (1049 - 1053), he was appointed judge of Mianzhou and later promoted as Governor of Qingshi. Recommended by Bao Zheng, he was appointed Judge of Tour-inspection of Right Army. He made great performance in his work and was promoted as County Magistrate Assistant. He died in hatred from the grudge and false charge because he declared that the government and the common people share the salt taxes averagely. This stele was built in the fifth year of Xuanhe Period of the Song Dynasty (1123), 3.9 m tall and 1.2m wide. It is of the longest history among the steles found in Rongxian County.

荣县大佛文化旅游区

【考释】

荣县大佛寺《王梦易墓表》简介："此碑立于宋宣和五年（1123），碑高3.9米，宽1.2米，半圆形碑额，赑屃碑座，是荣县尚存最早的墓碑。"《金石苑》注："石高七尺六寸，广三尺八寸，三十五行，行七十字，字径八分，行书。额高一尺六寸，广一尺九寸，四行，行三字，字径四寸五分，篆书。"

《金石苑》后记：右碑在荣县东北四里凤皇山。按《宋史》王梦易附其子《王庠传》。王庠，字周彦，累辞诏聘，赐号廉逊处士。弟序，商彦，以平燕云登法从。

李新《跨鳌集·吊安康郡君词（并序）》："元祐己巳，某识周彦于鱼凫市门。明年春，周彦具书币来致某，欲以文相会，馆某于华莘。安康君与周彦、商彦几以某为兄、子，数旦旦，礼遇有加。是年秋，某以书贡，春解褐衣，通籍士部，今二十三年矣。一饭之恩，某拳拳不忘，况厚于此者。政和癸巳八月庚申，周彦、商彦奉安康君祔朝奉公以葬。"

《跨鳌集》又有《王朝奉诔》："政和三年八月庚申，故朝奉王公葬于荣川凤凰台之原。其子庠序发专书数千言，倍酸苦曰：'吾先君至行动天，仕为小官，敢言不避要势，不究德而死。吾母安康君誓以复爵煎冤报吾先君。庠序受命，日夜祗惕。今皆如训约无负，将诔先君而安康君以疾薨。'又曰：'庠十六而孤，区区立世，正如老母在，今余年何所恋得乎？扃幽堂，藏两玉骨于九泉。葬毕，幸有弟序在，庠即死，求母于地下，岂不遂所欲？'某三覆书，词不忍闻。周彦华痛切之辞也。既误以某为能言者，且辱交几三十年，无所追悼以慰二孝友，乃为诔，疾燔之以告先生。观诔文，知庠序夙以孝闻。宜《山谷老人集》称某有古人之行也。"

据墓志铭，王梦易生年无考，卒于元祐丙寅（1086），时王庠、王序分别为 16 岁、14 岁。葬于政和三年（1113）八月庚申，宣和三年（1121）六月二十一日立墓表碑，卒年与葬年相距 27 年，又过 8 年再立墓表碑，此时王庠王序已分别为 51 岁、49 岁。

3. 王朝奉诔

李　新

　　皇宋政和三年八月庚申，举故朝奉王公先生葬于萦川凤凰台之原。其子庠、序发专使奉书参数千言，言倍酸苦，览者堕泪。有曰："吾先君至行动天，恺乐好贤，仕为小官，敢言，不避要势，位不究德而死。吾母安康君誓志受托，以复爵湔冤，报吾先君。庠、序受命，日夜祗惕，今皆如训约无负。将诔先君，而安康君亦以疾薨化。"又曰："庠十六而孤，区区立世，正为老母在。今余年何所恋得乎？扃幽堂，藏两玉骨于九泉。葬毕，幸有弟序在，庠即死，求母于地下，岂不遂所欲？"某三覆书辞，置之苦席，伏地长恸。吾丧吾母，更六晦朔，居处之容，炯炯在目，咳唾之声如在耳。奉觞豆如平常，而不复见啜饮。呜呼！吾哀无时而已。不忍更闻周彦辈痛切之辞也。既误以某为能言，且辱交几三十年矣，无所追悼以慰二孝友。疾燔之以告先生。辞曰：

　　种德必艺，和气生祥。孝友得封，江山增光。吹埙与篪，撷荃及茝。义声爰集，于王之屋。尔在昔仙居，冰雪面颜。兄弟承之，居曾闵间。先生智明，犹照乘珠。名物应事，老师不如。筮官巴西，一割无留。圜扉靓虚，凄然似秋，凡三字邑，民不厌德。予欲考之，石白不涴，狱市不扰，平反有功。增秩劝能，出于帝聪。嘉陵涨涛，来龁果城。大为之防，今犹利民。建言茶邮，径通囊封。势官不爱，蔑诬凿空。归休双溪，菊有东道。我其渊明，辨之不早。先生质直，务遵正轨。千踬百踣，不溃厥志。呜呼哀哉！视金如土，廼得士心，蒲许二生，振于湮沉。乐府五言，逼李陵祖，遗书简严，自我复古。安康作配，实由戚里。辅佐既贤，亦曰有子。出者有闻，处者达节。如彼机云，独匪其埒。先生之化，骑星上穹。飞行八荒，见之犹龙。或趋鸿蒙，问道忘归。海中神山，抑从安期。厌世溷浊，蜕身而去。举棺疑轻，托灵安所。有功德者，死则不丧。予为诔词，用慰泉壤。呜呼哀哉！

　　（《四库全书》《跨鳌集》卷二十九，又《全宋文》①卷二八九七）

①　曾枣庄，刘琳. 全宋文（第一三四册）[M]. 上海：上海辞书出版社，合肥：安徽教育出版社，2006：180-181.

4. 吊安康郡君词（并序）

李 新

元祐己巳，某识周彦于鱼凫市门，语久意合。明年春，周彦具书币来致某，欲以文相会，馆某于华莩。周彦昆季，才器行实，迈世远甚。友某则屈则辱，安康君与周彦、商彦几以某为兄、子，数旦旦，礼遇有加。是年秋，某以书贡，春解褐衣，通籍士部，今二十三年矣。一饭之恩，某拳拳不忘，况厚于此者。政和癸巳八月庚申，周彦、商彦奉安康君祔朝奉公以葬，行李来告，道远后期。某伏在苫块，不获挽辌、车杂、吹箫、歌士之役，临窀穸一恸而诀，癯毁抱恨，因为楚词以吊。其词曰：

粤吾浮海右以归兮，遴弘夥以宅身。酷疾下流兮，绝顽谲而匪隣。决云迎日兮，徜徉乎中野。凤凰回翔兮，鄙丛棽而莫下。排阊阖兮，吾有待而与俱。世无知兮，昵忠智以为愚。倬安康之五圃兮，植连璧以腾光。亶缇袭之重致兮，犹韫椟而厚藏。追琢成章兮，可礼乎帝鬼。欲赏题而称呼之，必联燕赵与韩魏。蹇昔载司南之车兮，以荆和而骖辔，疑安康而瞩观焉，卒惊异而立志。匹夫怀之者，虽亡辜而弃市。爱珍物之震动兮，不可掩也已。彼银潢之疏派兮，贯轩辕之上流。穷昆仑而适通兮，堕机石于尘沟。探金穴以佚生兮，幸侈足而焉求。监许史之前辙兮，鞭中服以增羞。从夫子以徐骋兮，驾德义以为马。原西南之足乐兮，何必怀此都也。信婷直以上达兮，迺种兰而当户。夫子终蹈危机兮，亦捐甘而攻苦。履世路之多跆兮，悲淬砺之沾纶。俯清流以濯瀚兮，处无争于溪山。既一视而均仁兮，忽忘言夫久假。约白首以同归兮，倏夫子之先谢。炳薰剂以抒诚兮，屹南山而讵移。眠灵巘如有见兮，亦恍惚而聆之。矧有子而堪负兮，将并颖而苄林。竟复好爵于昌明兮，伸愤魄于重阴。事夫子而无怍兮，合下报于九泉。命丰隆扶毂兮，欻追游于列仙。夕觞于瑰宫兮，竚万舞于钧天。瞰震旦之蒙嚣兮，扬泽蓬而百年。念函鼎之烹洁兮，骞尝价于上宾。佩珪母之清鉴兮，恩促母之吁贫。俛哭于水衡兮，揽风木而歔欷。嗟前觞不同兮，迩又绝于地维。竭涕泗而亡已兮，河如带而海暴。倪自今侣王孙兮，与无穷之至悲者也！

（《跨鳌集》卷二十八，又《全宋文》①卷二八九七）

---

① 曾枣庄，刘琳. 全宋文（第一三四册）[M]. 上海：上海辞书出版社，合肥：安徽教育出版社，2006: 178-179.

【注释】

荣川：即荣川，今荣县城区周边，古代均属荣川乡。

华鄂：当为"韡鄂"。《王梦易墓表》载："御史陈谕美之，以'韡鄂'书其亭之颜。""韡鄂"为王氏馆舍。

解褐衣：意思是脱去粗布衣服，喻入仕为官。也做"解褐"。

行李：使者。

苫块："寝苫枕块"的略语。苫，草席；块，土块。古礼，居父母之丧，孝子以草荐为席，土块为枕。亦作"苫条"。

不获挽輇、车杂、吹箫、歌士之役：意为没能亲自出席丧礼。挽輇，扶丧。輇，古代可以卧的车，也用作丧车。车杂，车前杂役。吹箫、歌士，这里指在丧礼上吹奏丧乐、演唱哀歌的人。

窀穸：墓穴。

癯毁：谓瘦瘠不堪，健康状况很差。

5. 宋双溪记

任宗易

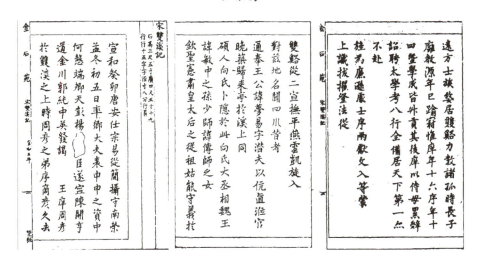

《金石苑·宋双溪记》截图

宣和癸卯，唐安任宗义从简摄守南荣。孟冬初五日，率乡大夫袁申申之、资中何恳端卿、天彭杨□□臣、遂宁陈开亨道、金川郭纯中英发，谒王庠周彦于双溪之上。时周彦之弟序商彦久去双溪，从二宣抚平燕云、凯旋入对。兹地名闻四川。昔者通奉王公讳梦易字潜夫，以优直莅官。晚筑归来亭于溪上，同硕人向氏卜隐于此。向氏，大丞相魏王讳敏中之孙，少师讳传师之女，钦圣宪肃皇后之从祖姑，能守义于远方士族，数居双溪，力教诸孤，时长子麛教源年已蹢冠，惟庠年十六，序年十四，暨学成，皆升贡，后庠以侍母，累辞诏聘，太学考八行全备，居天下第一，然不赴。旌为廉逊处士，序两献文，入等，蒙上识，拔登法从。

民国版《荣县志》按："登法从"以下缺"书学山谷而未成者"。何恳，内江人，大观三年（1109）己丑科贾安宅榜进士。郭纯中，省志中称《山谷集》为大昕子，大昕，则治平四年（1067）丁未科许安世榜进士。而省志有郭允中、郭执中、为崇宁二年（1103）癸未进士，均为华阳人。郭黄中、郭美中、郭勉中、郭由中，均政和进士，成都人，为一时冠族。不知纯中同属否。癸卯者，宣和五年（1123）也。

荣县曾出土此碑，县志称为地仙洞断碑。

附：

同治六年重修讲教洞，曾省三记。略云：荣邑北关外二里许，双溪夹流，上有石阁，即讲教洞。为宋王庠、王序读书处。石壁残碑半段，笔意颇类坡公。乾隆中，乡人塑川主、牛王大石像集其中。同治丙寅，京江国子逵宰是邦，暇日，偕司铎卿苏君、邑绅詹君长坡，谓宜迁各像别所。师东崖先生亦主此议。县尉谈君蕙生捐钱百缗，张玉轩司马、龚哲臣孝廉董其事。

【注释】

任宗易：字从简，蜀州（今四川省崇州市）人。宣和中摄知荣州，建炎初仕至奉直大夫，知昌州。建炎二年（1128）四月大足第 149 号"观如意轮圣观音窟"石刻，右壁题记："奉直大夫知军州事任宗易同恭人杜氏，发心镌造妆銮如意轮圣观自在菩萨一龛，永为一方瞻仰。祈乞□□□□干戈永息。"

《金石苑》注："石高三尺五寸，广四尺五寸，十九行，行十五字，字径寸八分，行书。"

《金石苑》后注："右碑在县北三里双溪，相传王庠王序读书处。庠字周彦，序字商彦，见前王梦易碑。何悫，大观三年己丑贾安宅榜进士。"《宋双溪记》未注明作者，根据内容和《金石苑》注，作者应是任宗易。

法从：跟随皇帝车驾，追随皇帝左右。

6. 宋故宣义郎王卿孙墓志铭

王 序

　　王姓，名卿孙，虞仲，其字也，荣州荣德县人。曾祖伯琪，殿中丞。祖梦易，屡赐光禄大夫。父序，现任徽猷阁直学士、光禄大夫、提举西京嵩山崇福宫。母勾氏，荣德县开国伯硕人。

　　卿孙享年二十四。以崇宁二年六月二十三日酉时，生于成都府新繁县外祖勾氏之第。靖康元年三月二十三日，卒于延安府治宇。靖康二年三月十二日，葬于荣州北郊孙村祖坟之侧。卿孙初用父荫补将仕郎。中以河赏，迁修职郎、从事郎。边赏，改承奉郎、磨勘承事郎。终以该宣和七年十二月二十五日今上登极恩，迁宣义郎。

　　卿孙娶朱氏，无子女。俟弟庆孙、兴孙有子，当为继之。卿孙迁葬日迫，姑以此记其平生大概。继当父序为作墓表。伯，承仕郎、潼川府府学教授庠，纪置坟前。

　　靖康二年三月十二日，父徽猷阁直学士、光禄大夫、提举西京嵩山崇宁宫序书，并立石。

7. 宋故陈氏墓志铭

王　序

宋故陈氏墓志铭碑（此碑为王序真迹，现存荣县博物馆）

文安侯王序撰并书篆

予妾陈氏，名永静。女行十八，三城人。父陈母任，年十七为予之妾。抵今十五载。事予甚谨。助理家政，宴坐终日，诵佛经礼忏法，始终如一，意乐简静，处己谦卑。妻钧夫人去世，二女自夫家归，永静奉之愈恭。每坐位，不敢辄先。凡出轿，不敢越次。与夫人幼女别处一室，日夕共勤女工，冀竭力以毕其嫁，少报夫人之德。偶得疾，至疾革，自开箱箧，择所服首饰、衣被，置寝榻之傍，以俟其终。家累问之有何遗言，答云尽在不言中。止叹不及见予幼女之嫁为恨。徐与家人语，语竟而逝。至逝无一语错误，无乃平生好佛戒杀，重人薄己之效耶？永静无所出，清与莹各生一女，爱如己出。养育诸女童，多有自幼至成人者。辍己之食食之，分己之衣衣之，了无忌嫉，得其欢心。故其亡也，予诸女痛为叹惜，女童辈恸哭不已。

永静生于辛巳七月八日子末，终于壬子四月六日戌初，以是年闰四月十九日葬于城北予乳母罗氏坟侧。予念其奉事日久，有遗行可取，今其葬也，乃为志其墓而铭曰：

顾汝平生，志尚俭素。书汝之行，行虽可观。北山之前，爱兹山水。钦慕真境，日好安靖。已载前志，数实止此。山峰凝碧，为汝幽宅。喜诵佛书，故予取之。今予作铭，岂随流俗。北溪之上，侍予乳母。所乐清净，命名永静。不复再纪，妄议天理。溪流泻白，永安窀穸。

【注释】

三城：古城名，在今陕西省延安市东南。

钧：同勾，姓氏。县志进士碑有勾龙氏，亦作句龙，勾、句、苟或为同一姓氏。

8. 宋故文安郡开国侯王徽学墓志铭

朱 承

宋故文安郡开国侯王公（王序）墓铭碑拓片

左朝请大夫、直秘阁、提举江州太平观朱承撰。左中□大夫、□□□□刑狱公事郭伦书。右通奉大夫□集英殿□□□、提举江州太平观、遵义郡开国侯程唐篆额。

公讳序，字商彦，姓王氏。其先京兆人，六世祖知珏，唐广明时差知荣州和义县，因家焉。孙蕴舒，沉勇有智略。贼围郡城，夜缒乞师，救至，郡以全。公之高大父也。曾大父、大父皆不仕。而考宣教公始擢进士科，竟不遇。妣向夫人为钦圣太后从祖姑，故用恩补公假承务郎，调果州司法参军。

崇宁初，与兄庠皆乡荐□□□□□□□□。庠谓："弟不仕，无以光门户。"乃出，授云安令。未赴，改除监东惠民局。用举者改宣教郎。都水使吴玠治塘堤。辟公僚属。故事，塘泊以限戎马。后黄河北流，绝御河，泥沙淤塞，遂成平壤。公补治之，三年悉复，虏不敢犯。擢都水丞，五迁朝请□□□□□□，除开封府司户□□□，改仪曹□□，以辨治称。遂累进中奉大夫，迁左司□□□□□。□年，除直秘阁、知河阳。陛辞，请敕法吏慎刑。又以祖宗约束宜类为防河一书，赐濒河州县。上用其言。

河阳于京西尤瘠，秋冬之交，多移郡赋以饷郑州、滑州。公请留自赡，百姓赖之。盐法严密，乃募人耕卤地，薄其赋入，岁及万亩有奇，由是民不犯禁。御书褒美，赐进士出身，进职待制，遂再任。居六岁，朝廷兴师取西燕，命公为随军转运使。未几，改河□□□□□□。还朝，召对称旨，赐金鱼，以徽猷阁直学士充京兆府路安抚使，兼知京兆府。上书言纪律刑赏、器械军政甚悉，诏公募补陕西兵额。居二岁，移帅鄜延路，壁垒一新，以工计者凡二十三万。故靖康初，鄜延虽当敌冲，而被兵最后。

宣和七年，夏使贺生辰，闻与女真谋内寇，公请阴备之。明年，女真犯阙，夏果以兵助之，攻西鄙。公夙夜指授，分兵守险，市粟几二十万石，取户□□。匹以济师。旋女真分掠河东，郡县邻鄜延，公严守大河，坚壁清野以待之，虏竟不敢犯，寇而物故者无虑数十万。又遣□□。太原守蒲坂，入援京师者亦三万，计所余仅数千，皆疲老不堪役者。公应变制宜，讫无废事。又焚伪栏汉军，驱遁夏人。

建炎三年，诏除银青光禄大夫，徽猷阁直学士□□。公以主上蒙尘，非可偷安闾里，即日就道。次成都，属丞相张公用武臣，诏以马祐昌代。言者遂劾公辞难，褫职，宫观如故。公既归，乃阁藏前后所赐御书，纶名湛恩，焜耀蜀道。治第舍池馆，日与宾客以诗酒自娱。

后七年，乞致仕。及疾，呼子孙具纸笔，区处家事甚悉。遂卒，年六十有四。绍兴六年十月六日也。娶勾氏，累封永宁郡夫人。男三：长卿孙，右宣义郎、陕西路铸钱公司干办公事。次庆孙，右从事郎、阆州知录事。夫人与二子皆先公卒。季兴孙，荣州在城监税。女五：长适左朝散郎、成都府路钤辖司干办公事杨舟；次适右从事郎、广安军新明县张昱；次适将仕郎钩蒙。二季在室。孙五人：曾劢、曾京、曾延、曾胄、曾崇。卿孙绝世，遗命以庆孙、兴孙次子继之。公官至左银青光禄大夫，职徽猷阁直学士，爵文安郡开国侯，食邑千四百户。遇郊恩七，而以四命授侄芹孙、公孙、桐孙及侄孙觉，故其孙皆末命也。

公少与当世文人游，喜为歌诗，尤善长短句，虽老不衰。宣教公卒，时年十四，闻夫人苦语，已能感泣。与兄庠同学，尤相友爱。庠尝贷官钱以赡亲族，岁久负多。公在河阳，寄白金器数百斤以偿之。及归，兄弟相从。已而别筑东城，割腴田为寿，先公数月卒。公亲视含敛。病笃，犹以营办兄事语兴孙。而族亲贫不胜丧者，亦皆为助葬之。

绍圣间，豫章黄公鲁直谪夔道，以诗稿见，黄公谓"去古人不远"。晏叔原为鸿胪卿，擅乐府名，与公讲句法，故歌词清丽。诗赋杂著千余首，《雅歌前后集》两卷。以绍兴八年十月葬公之丧于荣德县荣川凤皇原。其子兴孙以状请铭。

予与商彦姻娅，谨次其平生大概而为之铭曰：

少能力学，高荐礼闱。长摅远业，自结主知。人所难能，公则勇为。人所畏者，公不诡随。和睦兄弟，如吹埙篪。训励将士，如制熊罴。才兼文武，用无不宜。宠蒙御笔，建阁藏之。赐名湛恩，焜耀一时。垂裕后昆，具存典彝。有子遵守，传无穷基。

（道光版《荣县志》卷一四，据《全宋文》①卷四一九六等补）

【注释】

民国版《荣县志》按："右商彦墓，初不知所在，惟一巨冢上穿。牧羊者陷羊穿中，下取之，云耽耽也。民国五年，熙与先后县令侯君、廖君督石工浚补之，隧中得是碑，并瓦俑，余胔朽化。同时兴孙、卿孙碑，亦次第得旁地。遂移商彦碑置文庙乡贤祠，谋树栏保存横溪阁，而墓前别书爵氏表焉，已琢石矣。十二年皆军事，致废不理。侯稍平当终成之云。戊辰五月，赵熙记。"

郊恩：皇帝因郊祀礼成之后，对皇室、臣民所加的恩泽。

晏叔原：晏几道（1038—1110），字叔原，号小山，抚州临川文港乡（今属江西省南昌市进贤县）人，北宋著名词人。

---

① 曾枣庄，刘琳. 全宋文（第一九○册）[M]. 上海：上海辞书出版社，合肥：安徽教育出版社，2006: 307-310.

9. 宋故忠南太守王公奉直志铭

王敦诗

宋故忠南太守王公奉直志铭

宗弟朝请郎、潼川路府转运判官敦诗。

故忠州守奉直王公卒之二年，卜葬有日。其孤曾崇以长宁使君赵伯总之状来求铭。按状，王氏，长安人。唐末有知珏者，为荣州和义令。秩满，始家于荣。国朝乾德中，县废入威远。当五代丧乱之余，所在寇攘蜂起，贼缚城，甚急。和义之孙蕴舒，素以义侠自任，夜缒城出，乞师，救至，以为功，君子以是知其后必大，已而其子果有爵秩。至其孙曾，仕益通显，施及今未艾。

公讳兴孙，字陈仲，即蕴舒之四世孙也。曾祖伯琪，大夫。妣张氏，累赠普宁郡夫人。祖梦易，故任左朝奉郎、太常博士，累赠特进。妣陈氏，累赠新平郡夫人；向氏，累赠安康郡夫人。父序，故任左银青光禄学士、文安郡开国侯，赠金紫光禄大夫。妣勾氏，累赠河南郡夫人。生三子：公于次为季。幼以父任授承务郎，生而贵富，能谦谨自下□官。时二兄前卒，公以文安退居，旁无兼侍，不忍去膝下，乞换荣州税官以便养，得请。未几，文安即逝。执丧如礼，服未阕□未赴。会太保刘光世尝为文安所知，荐其智略可用，后果以元勋跻显位。乃访求文安后人，且闻公贤，遣人以书迎致，荐于朝，改差四川都大提举茶马司干办公事。时提举茶马贾思诚以严束吏，趣办取名，事多委公。公以宽厚佐之，不苟而事集。会茶司愿护送以行，贾以付公，公乃以逊同僚。任满，辟汉州绵竹县丞。官为茶设，有所谓"牙侩市利钱"，园户或因此至破产。公一切宽之，人皆欢悦。使者至，暴悍尤甚，在处起狱。有司畏其风旨，趋合傅成，按者无得免，亦以市利钱事捃公。穷治久之，无所得。他日，公趋行在所，使者适移镇，当孔道，慊前劾不遂，乃尽索行李，毛吹发数，以匿税闻。奏未达而公至，会使者卒，或携以要公，能寝其奏。公曰：吾于□而为欺，宁得罪。奏入，镌秩一等。期年，复故官，调普州监税。

时郡佐及城下县令俱缺，太守并委摄焉。郡民冯兄弟争讼盐井，积十数年不决。公阅视，即为平之，皆感服而去。他日，因驵侩纳赢求售，实冀以谢，公斥弗纳，去为临邛县丞。县灌溉资水利，皆丞掌之。异时诉不均，讼者常□节使，远近俱获其利。迄去，无一诉者。临邛旧有铁官泉监，废久，有旨复置，当创屋数百楹。郡檄公为营度，不逾月而就，官不知劳，民不被扰。郡廪岁入浩穰，巨室多倚势输恶滥。委公受之，一裁以法，输者不□运使王公之望行部廉，问得其实，喜公不畏强御，论荐之。任满，再除茶马司幕属，市马宕昌。时马不至累月，公以计钩致之。即得良马五□常年，或谓公宜白司长增其额，他日可冀赏。公曰："今岁适多，后若不继，必有受其咎者，怨将谁归？"会朝廷亦委宣司市马，高其值以来之。而茶司事力不逮，马不时得，使者委公诣宣抚新安吴王□陈利害。既见，辨析明了。且曰："异时茶司以马□，孰若安坐而取给于茶司？且无强市之名，而使茶司得以逭责，拜王之德无穷矣。"王□其言，从之。

调嘉州犍为知县。县控边，夷人数侵扰，□□□□安辑。公之术，禁民无得辄入夷界耕樵，以绝侵渔之弊。内练戍兵，期可用；外示恩信，待以不疑。于是得汉人之在夷界者冯阿秦等二十余人，□□□□□为建屋庐，给以官田，假牛畜，资其衣食，复为乐业之民。自是夷人亦响化，无复抄掠之患。县介于嘉、叙之间，疆界阔远，户□繁伙，而簿不置，则均□□□□主簿。诸台奏请，从之。未几，通判潼川军府事，部刺史以才列荐，未报。任满，就注通判眉州，继除知忠州。至即罢遣兵吏下县之扰。谨期会暇，崇学劝讲，士子彬彬向风。俄以疾终于州之正寝。实淳熙五年六月六日。享年六十有九。

自承务郎积十四迁至奉直大夫。娶成都刘氏□钧之女，继娶怀安李氏礼部郎中群之女，皆封宜人。六子：曾崇，儒林郎、泸州军节度判官；曾嵩，迪功郎；曾旦、曾肇、曾猷、曾点。曾肇尝与乡贡，与曾嵩皆前卒。□□□以适承议郎、知长宁军赵伯总，次适从义郎、主管台州崇道观赵绣之，次适免解进士曹汝舟，次适吕荣仁、张忤，余尚幼。孙男五人，孙女十四人。公矢□见心，不为城府，所言他日皆可复。与人交，久而益亲。卒之日，识与不识莫不嗟惜。仲兄早死，诸孤幼。有利之者，取去抚育，而书画器用，多为持归，教养过于己子。访其散失，举以归之，且曰："吾子虽众，不患其不立。"即以文安致仕恩荐之。尝诏曾崇曰："吾家仕宦，自唐至今，累累不绝。天若省文书，惟诚可以格天，吾持是心以莅官，一毫不欺，庶潜感于冥冥之中，终身行之，以答天贶。"

在犍为，见邑人虽乡学，而登第者绝少。乃以赡学余资□□□□市田为教养之备，乐育作成，自是掇科第者相属。县有遗骸，暴露田野，公舍金造冢收瘗。见义必为，盖出天性。前室刘，有嫂田一顷。他日，其兄□□□□□□其券，仲姊嫁张昱，生二子，相继皆亡，惟孙藐然。姊尝委置田于荣，人无知者。暨其孙长，即呼以授之。不愿得田，则倍归其直。仕宦得俸不积，曰："此先世余俸。"先有浮图祠，近祖茔，岁久圮坏，公乃建屋百楹居其徒，又割腴田以充伊蒲之供。置义田以济贫乏。内外亲党之孤无以立者，必尽力□□□家，寻亦卖种为本，故于世利淡然，不以婴心。尝有贷其白金者，岁久不归，亦置不问。识者益知其泽之远也。曾崇等将以淳熙七年十月十五日葬于荣德县凤皇山之原。前一年，属敦诗为撰次本末，纳诸幽堂。敦诗辞以疾。逾年又遗书再三勤恳，敦诗以宗盟之义，谨铭曰：

百围之本，起于拱把。培养既成，摩云蔽野。和义之后，有功不言。至其孙曾，实大厥门。太常之孙，文安之子。袭庆承休，亦克是似。吏二千石，位不克志。心则休休，俯仰无愧，遗训具在，子孙其承。迈种不已，如川之增。凤凰之原，既安既固。伐石镌辞，用纳诸墓。

（《金石苑》）

【注释】

忠南：即忠州（今重庆市忠县）。唐玄宗天宝元年（742），曾改忠州为南宾郡，故有忠南之称。

王敦诗：字志夫，眉州眉山人，生卒年月不详。宋高宗绍兴间进士，仕履不详。著有《书林韵会》二十八卷，今佚。《宋代蜀文辑存》录其文一篇。《四川通志·选举》有载。

伊蒲：素食供品。泛指素食。

乾德：北宋太祖赵匡胤的年号（963—968），共计6年。乾德五年（967），和义县并入威远县。

10. 王典（兴）孙墓表

马 骐

宋王典孙墓表

石高七尺五寸廣三尺九寸十九行

行五十一字字徑七八分不等行書

故知忠州王公奉真墓表

中奉大夫充右文殿修撰知潼川軍府事兼管內勸農使提轄本

府界分諸鋪遞角兼提舉潼川府果渠州懷安廣安軍兵馬巡檢

盜賊公事廣都縣開國男食邑三百戶賜紫金魚袋馬騏譔

朝請大夫潼川府路提點刑獄公事兼提舉常平等事

賜紫金魚袋黃然書丹

朝散大夫守尚書右司郎中杜□□篆額

前忠州使君奉直王公之不幸其孤嘗崇儒林持公之埗趙伯

金石苑　宋王典孙墓表　淳熙七年十月　荣县

《金石苑·王典孙墓表》（淳熙七年十月）

　　中奉大夫、充右文殿修撰、知铜川军府事兼管内劝农使、提辖本府界分诸铺递角，兼提举潼川府果、渠州、怀安、广安军兵马巡检盗贼公事、广都县开国男、食邑三百户、赐紫金鱼袋马骐撰。

　　朝请大夫、潼川府路提点刑狱公事、兼提举常平等事、赐紫金鱼袋黄然书丹。

朝散大夫、守尚书右司郎中杜民表篆额

前忠州使君奉直王公之不幸。其孤曾崇持公壻赵伯总承议所书爵里素行，履践之状，并自述其余来言曰："以是请铭于运使王公志夫矣，愿为其表焉。"既视其铭，则本状遗录，灿然备具，不可以有加矣。骐复之曰："父无其美而称之，是诬也；有而不知，不明也；知而不传，不仁也。三者既无愧矣。"夫铭者，古人纳诸幽表者列于道。近世多省略皆植于墓之外，则有重复之赘，非所以质之幽明，华而不实者也。且古者表铭各用所宜，近世并列有故，亦鲜矣。曾崇之言曰："曾崇之家数世皆有铭有表，不然，无以继先君之志矣。"骐亡以训，则私自念于奉直公有姻连，又尝联关决之政，于潼最久。公之家法人物，素所欣慕，敢掇其绪，陈其概以塞命焉。窃谓公平生过人者有三：

一曰"守家法"。国朝党祸之作，于苏、黄尤酷，公之先正，家联戚里，宜杜党人之迹矣。乃与山谷为师友，有山谷窜锁之诗笔，奉直公刊诸石而宝传之。《山谷集》中载所《答周彦书》论东坡之不幸，并论作诗之法度，又有及于其兄周彦"佳士"，壻于东坡之兄，学有渊源者。观其时而得其人，传所谓豪杰之士，虽无文王犹兴者，其是乎。

二曰"诚平生之言，无一字不可复"。人非尧舜，安能每事尽善？有数之者，对之以一默，虽孩提之童，婢仆之贱，皆用此律。是以间遭横逆，而竟至大卿，领二千石。子孙满地，与天地同出一精明者乎！

三曰"廉"。重义而轻利，于其亲族所当周急，不问少多，惟视其急之之日，索之其干，俾相当而已。常见其集宾僚甚众，其羊豕之类，皆自其乡来，取于列肆者，一听市司之。公奉送其属，多用其力田之客，不专任黔徒，虽其家之力可以及此。

夫钻李核而售者何人哉！以此三长立其德，持其世，遗其子孙。年几七十，公之行此，一世无愧哉！骐之书此，犹及其葬时详志夫所列，不复重出云。

公讳兴孙，字陈仲，大观庚寅七月初六日生，淳熙戊戌六月初六日薨于忠州州治之正寝。越二年，庚子十月十三日，葬于荣州凤皇山高城原。

【注释】

《金石苑》注：石高七尺五寸，广三尺九寸。十九行，行五十一字，字径七八分不等。行书。

马骐：生平爵里不详，与王兴孙潼川府同事并有姻戚，曾序吕陶《净德集》。

《金石苑》注：右碑在荣州东北四里凤凰山。撰碑为马骐，字德骏，广都人。见前《重修学宫泮池记》。书丹者黄然，豫章人，隆兴中官右朝请郎知台州，时已晋阶至朝请大夫矣。赵伯㧾，按宋宗室世袭表，太祖四子，次燕王德昭，伯㧾乃燕王房五世孙，朝议大夫子颙之子也。碑有《山谷集》中所答周彦书之语。按，山谷有答周彦书，谓其有古人之行，后复与周彦书者三，而答周彦书全集中未见。岂佚而不传耶？周彦、商彦见前《王梦易墓表》，王曾点，荣州人，淳熙中进士。

民国版《荣县志》按：旧志："兴孙"作"典孙"，"陈仲"作"陈常"。葬作"十月十三日"。今从《墓志》改。

钻李核而售：见"钻核卖李"，先钻李核，然后出卖，免得别人得到良种。形容极端自私。

第八章

义门王氏的相关诗文

义门王氏家族，尤其是王梦易与王庠、王序父子，一直是世人景仰的对象。北宋，摄知荣州的任宗易亲率友人登临横溪阁，拜谒王庠，留下《宋双溪记》；南宋，陆游摄知荣州仅仅 70 天，数次莅临横溪阁并赋诗词三首。千百年来，许多文人留下歌咏、赞颂义门王氏的大量诗文，今谨辑录于后。

● 文 同

文同（1018—1079），北宋画家，字与可，四川盐亭县人。历官邛州、洋州等地知州。元丰初出知湖州，未到任而死，人称"文湖州"。

王氏北溪

石龟州北群峰起，一去距城无十里。
烟岚秀气护岩峝，松菊清香泛溪水。
轻裘肥马正荣耀，春韭秋菘任凋毁。
待将底物勒移文，谷口浓云白如纸。

（民国版《荣县志》卷十三）

● 李 新

李新（1062—？），字元应，号跨鳌先生，仙井（今四川省仁寿县）人。神宗元丰七年（1084）入太学，时年 23 岁。哲宗元祐五年（1090）进士，官南郑县丞。元符三年（1100），在南郑应诏上万言书，夺官贬遂州。徽宗崇宁元年（1102），入党籍。大观元年（1107）遇赦，摄梓州司法参军。宣和五年（1123），为茂州通判。高宗绍兴八年（1138），应其子时雨请，追赠一官（《宋会要辑稿》仪制一一之一二）。有《跨鳌集》五十卷，已佚。清四库馆臣据《永乐大典》辑为三十卷（其中诗十一卷）。李新还有《荣德夫人挽词》："旧池龟去必巢莲，龙隧愁看锦水边。肯与玉人俱远宦，自怜王母已高年。松窗弦诵亲曹叔，秋月家风起郑玄。仙客立朝何所恨，自缘退有可耕田。"

喜孙伯远王周彦远访

晚闻佳客过烟城，抛橄归来扫榻尘。

连骑莫忧原叔病，食鲑谁谓庾郎贫。

定因残雪寻穿覆，聊觅江梅遗故人。

重与论文在何日，自应乘兴一相亲。

（《四库全书·跨鳌集》卷八）

● 陆 游

陆游（1125—1210），字务观，号放翁，越州山阴（今浙江省绍兴市）人。南宋时期文学家、史学家、爱国诗人。淳熙元年（1174）冬摄政荣州 70 天写诗词 32 首。

1. 晚登横溪阁（二首）

其一

楼鼓声中日又斜，凭高愈觉在天涯。

空桑客土生秋草，野渡虚舟集晚鸦。

瘴雾不开连六诏，俚歌相答带三巴。

故乡可望应添泪，莫恨云山万叠遮。

其二

荦确坡头筇竹枝，西临村路立多时。

卖蔬市近还家早，煮井人忙下麦迟。

病客情怀常怯酒，山城光景尽供诗。

晚来试问愁多少，只许高楼横笛吹。

2. 沁园春·三荣横溪阁小宴

粉破梅梢，绿动萱丛，春意已深。渐珠帘低卷，筇枝微步，冰开跃鲤，林暖鸣禽。荔子扶疏，竹枝哀怨，浊酒一尊和泪斟。凭栏久，叹山川冉冉，岁月骎骎。

当时岂料如今，漫一事无成霜鬓侵。看故人强半，沙堤黄合，鱼悬带玉，貂映蝉金。许国虽坚，朝天无路，万里凄凉谁寄音？东风里，有灞桥烟柳，知我归心。

● 度 正

度正（1166—1235），字周卿，号性善，合州巴川（今重庆市铜梁区）人。少从朱熹学。宋光宗绍熙元年（1190）进士，为益昌学官。宋宁宗嘉定三年（1210），知华阳县，嘉定五年（1212）通判嘉定军，九年（1216）权知怀安军，后迁知重庆府。历任国子监丞、太常少卿，官至礼部侍郎，兼同修国史、实录院同修撰。有《性善堂集》《性善堂后集》《周子年谱》《夷白斋诗话》，均已佚。《四库全书》馆臣据《永乐大典》辑出《性善堂稿》十五卷。

奉送三荣王子文游益昌

廉逊先生袖手间，徽猷学士屡开藩。
行藏有道俱奇绝，谁似清名萃一门。

自修盟好讳言兵，竞喜丰年贺太平。
养得狐狸解猖獗，健儿还胜老儒生。

料得人人喜自新，尔民元是汉人民。
君王仁对于天下，元帅慈祥也似春。

徽学诸孙亦俊游，舌端造化挽洪流。

慨然投笔从裘马，要学班超万里侯。

（《性善堂稿》卷四）

• 高予文

高予文，宋人，生卒年不详。

讲教洞

一派分流溪水双，摩空松竹拥修冈。

眼明心快看不足，收入昼图时卷张。

一官羁绊混黄埃，壮抱雄怀久未开。

我若有山如此好，挂冠即日赋归来。

（乾隆版《荣县志》卷四）

• 胡 直

胡直（1517—1585），字正甫，号庐山，江西泰和人。明嘉靖三十五年进士。授刑部主事，官至福建按察使。少时专治古文，后从欧阳德及罗洪先学，以王守仁为宗。有《胡子衡齐》《衡庐精舍藏稿》。

书王庠《经说》

昔王庠以《经说》寄苏轼，谓："二帝三王之臣皆志于道，唯其自得之难，故守之至坚。自孔孟作六经，斯道有一定之论，士之所养，反不逮古，乃知后世见六经之易，忽之不行也。"轼以为名言。予以为孔孟作"六经"，归于一定，非孔孟故为定也，性至一也。然孔孟大要在知本反约，而后儒注疏乃至逐末骛博，腷臆杜撰，往往强孔孟之言以就己意，盖骋其射覆之见，着为画一之论。《大学》亲民，《易系》穷理，皆孔子之训也。其在书曰，百姓不亲，五品不逊，此"亲民"之旨也。今必改曰"新民"，新民虽亦通，而不知其与《大学》本旨有间也。其在《系》曰"和顺于道德而理于义，穷理尽性以至于命"，此其本文相属也。今必训曰穷至事物之理，舍理于义之本文，而增赘事物于其间，而不知与《系辞》本旨弥远。是则孔孟虽定而后儒不以为定，何殇孔孟哉。夫孔孟在知本反约，故常定于一。而其万之不齐，不必定也。后儒逐末骛博，故常取其万者而定之，不独万之难齐，而终失其一也。噫，孰知其愈趋于末、愈骛于博而愈悖而驰也。暇日偶读庠之言，感而书之。

（《衡庐精舍藏稿》卷十八）

【注释】

逐末骛博：比喻不抓根本环节，而追求博大精深。

膈臆杜撰：凭主观臆想编造。膈臆，因愤怒或哀伤而情绪郁结。

射覆之见：猜测揣度的见解。射覆，古代雅士日常生活中的一种高超而有趣的猜测游戏。

易系：即《周易·系辞》，又名《系辞传》。相传文王、周公作辞，系于卦爻之下，后孔子作《系辞传》，通论一经的大体。

百姓不亲，五品不逊：百姓之间视为仇人，互不亲近，提倡尊老爱幼也不会顺利。出自《尚书·舜典》。五品：即五伦，指君臣、父子、夫妇、长幼、朋友五种人伦关系。

和顺于道德而理于义，穷理尽性以至于命：和协顺成纯美的道德而正确治理天下，于是能够穷究物理人性以至于通晓玄奥的自然命运。出自《周易·说卦传》。

● 赵　远

赵远，清代江西人。叙州通判。

荣中八景·双溪书阁

耸云山下绕双溪，王氏书堂有旧碑。
为爱濯缨仍濯足，尤堪闻礼又闻诗。

山光水色年年在，月白风清事事宜。
见说太平兴治化，文风振起属明时。

● 黄大本

黄大本，浙江嘉兴人，进士，清乾隆时任荣县知县。

双溪书阁

潜夫削籍数偏奇，二子成名赖姆仪。
欲避尘嚣先择地，思传诗礼更延师。
猿啼鹤唳真清绝，柏翠松苍好护持。
讲教洞临溪水碧，自来天道总无欺。

● 龚 巽

龚巽，清嘉庆年间荣县知县。

冶官杂诗（其五）

洞门烟水石粼粼，绛幔传经此涧滨。
一孝一忠名盖代，向夫人并仉夫人。

【注释】

绛幔传经：称誉妇女有才学，可为人师表。出自《晋书·列女传·韦逞母宋氏传》："太常韦逞母宋氏世学家女，传其父业，得《周官》音义，今年八十，视听无阙，自非此母无可以传授后生。"

● 刘应蕃

刘应蕃，元和（今江苏省苏州市）人，清中期曾为候补州同。

1. 题新筑此君轩仍次山谷元韵

涪翁小住戎州年，逸兴往往归林泉。

荣州道士识琴趣，独对此君时鼓弦。

竭来寄诗非报命，两心相印波中镜。

纸窗潇洒千竿风，斗室幽沉一声磬。

蔓草已荒古庙门，羽衣莫继旧王君。

疏畦仍自围青嶂，过客空登眺白云。

高阳明府规其旧，更为广厦拔俊秀。

湘江森森乡思遥，嶰谷冷冷清影瘦。

山头犹照宋时月，人事变迁不堪说。

今日经营拓是椽，后忘补葺谁为传。

2. 凤鸣山馆吉祥草花发特茂，诗以志之

忽惊瑶草苗，擎出小玲珑。

冷傲凝霜月，香生秀菊风。

十年艰遇合，万里感穷通。

邂逅相逢处，乡园忆旧丛。

• 许　源

　　许源，湘潭举人，敕授文林郎、知四川嘉定府荣县事。嘉庆十七年（1812）主持撰修《荣县志》。民国版《荣县志》载："此君轩，在凤鸣山，旧志称'凤鸣朝阳'者。宋嘉祐寺僧祖元建其堂曰'霜钟堂'。黄山谷过戎州，数题此君轩诗，后并祠山谷，久废。清知县许源以意度地，于文昌宫构数椽，榜曰'此君轩'。祖元为王周彦从兄，荣州与苏、黄有连，皆因王氏之秀也。寺有井，清时以卜科第。浚之得沙石，知与河心平。"

重建此君轩记

　　一日不可无，试问主人安在？此中何所有，惟余明月长来。浣薇庚鲁直之诗，曳屐溯元公之迹，摹旧题于古碣。鸿印虽存，仰芳躅于高人。凤鸣已杳，

荒苔满径。瓦片飘零，斜阳半墙。篁阴消瘦，每关心问讯，益览古以低徊。

余也家本潇湘，才惭丁卯。一行作吏，未能栽潘县之花；三弄临风，敢谓识柯亭之竹。惟是琅琅漱玉，窃比虚心；矗矗干霄，堪师直节。况乃名贤寄迹，胜景堪追。岂可令烟草荒凉，风泉凄冷。窜鼪鼯而长啸，祕鸾凤以无声也乎。爰集同人，共襄斯举。轩成十笏，预排玉笋之班；门封千竿，恍入筼筜之谷。为此君重开生面，平安之信依然：向古人频爇心香，风雅之林斯在。

嘉庆十三年四月。

● 杨岳东

杨岳东，字晓岩，一字愚山，山东宁海人，嘉庆戊辰（十三年，1808）进士。历官合州知州。道光三年（1823），署荣县。六月，修王庠墓。著《羲经精言》三卷。有"东坡仙人也，海外文更奇"等诗句。

培修宋廉逊处士王庠碑

（道光）三年六月，居民告余曰："宋处士古墓为地主侵耕，且甚。"因偕其乡绅士往观之。平峦长坡荒草一丘，徘徊无所徵，有于墓前掘得残碑。野人已凿而圜之。惟"廉逊处士"数字朗然独存。或请易以新石。余曰："不若砌其圜而方其外，以表于墓存古迹也。"兹岁莫春，将去是邑，爰以三十二韵纪其事。勒石学府，使昔贤碑墓不至湮没于蔓野。邑之人士览者亦有所振发焉。

　　昔读坡公集，海外文更奇。策论气习尽，天放才不羁。
　　中有笺几幅，妙论千古师。读书数次过，应敌八面宜。
　　此语为谁发，万里寄亲知。因慕王庠名，言访王庠碑。
　　苔藓有石穴，荆棘无野祠。如何买山者，耕田侵墓基。
　　其后齧溪涧，其下浸塘池。田父或怆感，荐绅难言之。
　　残碣沉稻水，掘得水中坻。毁方圆如磨，沙泥极洗治。
　　独有廉逊字，秀劲盘蛟螭。藉此一片石，考信无复疑。

遂使柳下垄，樵采戒蛮蛊。岂非潜呵护，精灵俨在兹。

生前有知己，范吕多荐辞。廷坚及舜民，素心相与期。

誓日先志酒，忧国言行危。大节森青史，徽举谈笑麾。

官阶逊其弟，田里义不辞。惜哉世论刻，而云晚节衰。

弟贵起宅第，兄避舍茅茨。是为于陵子，矫节奚若斯。

郁郁松树坡，华表禾田欹。俗呼王庠塘，咫尺冢相离。

昆季殊荣隐，殁后共名驰。生死相依赖，千秋岂一时。

贵盛易零落，才士声独施。世无苏长公，湮没良足悲。

论交元祐党，问奇怀天涯。风气真不朽，云壑发长思。

● 王培荀

　　王培荀（1783—1859），字景叔，号雪峤，山东济南举人，中国清朝官吏、学者、文人。道光年间任荣县知县。在荣县期间编修《荣县志》，著有《听雨楼随笔》《乡园忆旧录》《寓蜀草》《管见举隅》。

旭阳怀古二首

其一

东坡一字抵琼琚，推奖王郎美有余。

毕竟读书千载重，公卿没世姓名虚。

自注：王庠读书有声，东坡致书甚推重。

其二

黄公墨迹委泥沙，胜地依然属道家。

幸有此君轩畔竹，月明墙影动龙蛇。

自注：黄山谷为道人王元公题此君轩诗久亡，今于文昌宫后复建小轩，道士主之。

● 李醇信

李醇信，曾为荣县教谕。

1. 此君轩怀古

五陵佳气萃山城，突起高冈号凤鸣。

种竹元公曾不俗，题诗山谷倍多情。

琴收玉轸凌空响，井涌龙泉彻底清。

今日名轩重结构，此君依旧荫三荣。

2. 讲教洞怀古

荣州王氏有两贤，昆季才名冠旭川。

商彦更官宣抚使，光大门闾父憾湔。

进推所自良不偶，夫人焘后勤且专。

洞开讲教敞如厂，黄卷青灯年复年。

吾闻柳韩与欧郑，凡熊画薪意殷拳。

古来英哲成大器，往往造就由庭萱。

向氏夫人继其后，质之两媛何愧焉？

子既兴宗夫亦显，不独劲节昭彤编。

君不见，横溪阁归来亭，宣和陈迹散风烟。

惟余耸云山下石，谽谺如故千载传。

● 曾省三

曾省三，字佑卿，荣县人。曾任吉安知府。

重修讲教洞记

荣邑北关外二里许，双溪夹流，上有石阁，即讲教洞，为宋王庠、王序读书处。石壁残碑半段，笔意类坡公。乾隆中叶，乡人塑川主、牛王、大士像杂其中。岁时祭窦，浸不知所以。讲教，名洞之义，而文人墨客亦罕有过而凭吊焉者。徒使名贤古迹，芜没于荒烟蔓草、去马来牛中，甚可叹也。

岁丙寅，京江国子达邑侯适宰是邦，百废具举，暇日偕司铎鲁卿、苏君，徘徊斯洞，恻然久之。邑绅詹君长坡谓宜迁各像别所，补莳竹树，以成雅观。吾师东崖先生亦主此议。县尉谈君蕙生捐钱百缗，张玉轩司马、龚哲臣孝廉董其事。既成，属省记之。

民国《荣县志》按：《邑志》张商英为《王潜夫表》云："潜夫以非罪免官，卒于里。夫人向氏停枢在堂，执二子手，泣曰：'汝曹不能有所成，以白父冤，复父官，誓不葬此枢也。'于是贞静专秘，择名师教授二子。庠就试八行全备，为天下第一。谓弟序曰：'吾弗隐，谁奉吾母；汝弗仕，谁光前志？'诏旌庠为廉逊处士，序以异材，官徽猷阁学士，赠潜夫奉直大夫。二子泣请于母，曰：'今复父官，有加矣！可葬乎？'夫人诺之。未几，亦卒！遂祔葬夫。

向氏，真能教子，庠、序真能克家。洞之传也宜也。人谁无子，亦谁不望子之显荣。顾以慈爱之心，隐忍骄纵如树木然，听其自倾自折，自荣自枯，而扶持培养之力，罕有闻焉。子弟虽美质，何由作其气而督其往也。使向氏当日鉴潜夫之得罪，谓书不必读，又或谓家贫不能具修脯，虽读，但期识字而已，何必择师？

再不然，朝暮护养，不绝王氏后，亦必无议其非者。顾乃专一迫切如越王勾践之卧薪尝胆，如楚人之破釜沉舟，期于事之必济。使千载下，叹想母仪于颜仉陶欧外，别深响往，故观于向氏，而天下之为人母者，可以劝矣。

庠能为孝子，序能为忠臣。所以讲教，诚不外此。顾庠、序就学时，一年十六，一年十四耳。讲焉而不知，教焉而不从。此为之母，为之师者，所无可如何也。而乃循途践迹，日迈月征，成就卓卓如是观，于庠、序而天下之为人子者，可以劝矣。今者升平如旧，胜迹更新，游斯洞者，听溪声之清绝，览山色之苍然，慨念前徽，咸思学步，其可忘贤士大夫表彰文献之功欤？

● 刘德煜

刘德煜，南充人。荣县教谕。

双溪书阁

谁家书阁近双溪，王氏高风旧品题。
讲教洞开尘世外，耸云山镇日华西。
千年碧水香波涌，一带青峰野鸟嗁。
诗礼堂中遗迹在，那堪烟雨怅凄迷。

【说明】

以上诗文除注明出处外均源自《荣县旧志通编·艺文》。

● 赵　熙

赵熙（1867—1948），字尧生、号香宋，荣县宋家坝（今双溪湖湖心处）人。蜀中五老七贤之一，世称"晚清第一词人"。他"工诗，善书，间亦作画。诗篇援笔立就，风调冠绝一时。偶撰戏词，传播妇孺之口"。光绪十八年（1892）进士及第，官至翰林院国史馆编修、江西道监察御史。其书法被称"荣县赵字"，今为市级非遗。赵熙是荣县乃至巴蜀历史上罕见的大儒，一生作诗词4000余首，但他的诗词对同住城北的义门王氏的关注还是在50岁左右退隐荣县以后的事。赵熙对横溪阁、地仙洞、凤凰原、王序塘等义门王氏遗址遗迹，均给予了高度关注，并为重建横溪阁题联赋诗，今据《赵熙集》录其诗文。

1. 此君轩五首

其一
宋代地传嘉祐寺，元师手辟此君轩。
题诗有幸逢山谷，好古何人到许源。

其二

城北城西一带山，树梢重叠入晴栏。

清风不满王猷舍，绿玉从栽竹数竿。

其三

老树非松强号松，功成罗汉有真容。

此身合作遗民看，曾听霜钟堂上钟。

其四

试院全规改学堂，人间随事有沧桑。

十年掌故三朝记，尊酒花前说故乡。

其五

菊花香里醉荣州，老我精华误白头。

喜为诸君传韵事，此君轩记甲寅秋。

赵熙书法《此君轩诗》五首

【注释】

《赵熙集》【案】此君轩在荣县凤鸣山顶城中最高处，宋王周彦从兄僧祖元所建，黄庭坚《山谷内集》有《寄题荣州祖元大师此君轩》诗。清嘉庆中，知县许源重建此轩，时县人方议修复，香宋为撰《此君轩记》又赋《壶中天》并载本集。

2. 题王虞仲碑十首

一坏埋石出人间，处士英灵见一斑。
隔岁十三丁未外，国闻乡故凤凰山。

天赐神君表义门，白头徒步遍荒村。
从今了得忠州石，兄是兴孙弟典孙。

一代山原是北郊，当年门巷异今朝。
元明两劫沧桑改，汴水东流梦宋朝。

徽猷作字晚能精，惜少东坡湖海情。
见数崇宁生外氏，新繁应是句涛甥。

初拜新恩忽告终，四山杜宇哭春风。
细思死是元年福，免见青城送两宫。

岁月匆匆纪靖康，金人乘势立邦昌。
白头处士伤心极，一代乾坤此帝王。

一瞑延安子舍违，明年立石父应归。
全家干净荣州土，多少累臣落叶飞。

西蜀文章只两苏，不知冯赵意何如？
一碑付与阿翁去，北宋今成绝笔书。

王颙如何缺志文，教源庄叔姓名湮。
幸留一传孤芳在，有宋荣州第一人。

南渡孱王号中兴，中原文献久无徵。

横溪阁主何年化，万古青城麦满塍。

【注释】

《赵熙集》【案】：廉逊处士墓，道光三年宁海杨岳东修后，今九十四年矣，侯君桐初乃修之。其土视杨有加，是碑遂发现，盖处士之灵实相之也。使早出土，则牧童敲火牛砺角矣。桐初澧州人，官蜀近二十年，未尝不快于君子，在荣威惠尤著，因题宣义碑并识。

《赵熙集》【案】王卿孙，字虞仲，宋廉逊处士（应为徽猷阁直学士，处士乃王庠谥号）王序长子，序字商彦，为王庠（字周彦）之弟，事见《宋史·王庠传》。民国四、五年间，荣县东北凤凰山先后出土王商彦、王卿孙及王兴孙墓碑，据载：兴孙终宣义郎，靖康元年三月卒，次年三月葬于凤凰山。兴孙为卿孙季弟，终忠州太守，王敦诗撰碑文，而荣县旧志载马骐所撰《王典孙墓表》，其爵里生卒，悉与兴孙碑文同，"典孙"实即"兴孙"之讹。此诗第二首言"兄是兴孙弟典孙"，以为二人，殆以当时《王兴孙墓碑》尚未出土也。庄叔、教源为王庠异母兄，早卒。教源名龐，见《地仙洞断碑》。诸碑及墓表并载《荣县志·金石》。

3. 横溪阁

石如星者七，门对隔溪深。

北宋此一士，高崖定百寻。

宦情消党论，山翠徇诗心。

不信当时宅，梅花亦陆沉。

【注释】

星者七：北斗七星。

陆沉：指隐逸之士。这里比喻埋没，不为人知。

4. 由双溪至凤凰原

得地兼村郭，花时步屧徐。

齐民谙要术，古洞少奇书。

便访高人墓，还巾下泽车。

春塘群鸭泛，王序旧时居。

【注释】

步屟：指行走；漫步；脚步声或指脚步。

下泽车：一种适宜在沼泽地上行驶的短毂轻便车。

5. 横溪（其一）

石龟山不藉名高，旧地苏娘纺落毛。

硗确无人寻石刻，清明随俗采蘩蒿。

穿沙水不胜鱼艇，附郭山宜驻马曹。

坂谷与人添故事，乡人都是九方皋。

【注释】

苏娘：王庠妻子，王庠为苏轼侄婿。

硗确：此指多石而坚硬的路。

蘩蒿：白蒿。古代曾用作祭品。白蒿除了可以食用，还有着一定的药用

价值，有清热解毒的功效。

马曹：管马的官署。多用以指闲散的官职或卑微的小官。

九方皋：春秋时人，善相马。见《列子·说符》。后比喻善于发掘良才的人。

6. 横溪（其二）

沙濑潺潺草径芜，小堂宴客不抽租。

矜吟越客捞虾渚，合写查塘泛鸭图。

7. 横溪阁（其一）

昔贤读书处，一去近千年。

绿竹缘堤外，双溪绕郭流。

国华称宋代，山色重荣州。

试检王庠传，齐名苏子楼。

8. 横溪阁（其二）

开年浑未省江皋，一雨猩红醉野桃。

乱世不知谁贼首，青山尤喜爱吾曹。

道旁野店愁鸡犬，花外春田响桔槔。

小阁岂无书可读，上窥姚姒下庄骚。

【注释】

吾曹：我辈；我们。出自《韩非子·外储说右上》。

桔槔：俗称"吊杆""称杆"，古代汉族农用工具。在一根竖立的架子上加上一根细长的杠杆，当中是支点，末端悬挂一个重物，前段悬挂水桶。一起一落，汲水可以省力。

姚姒：虞舜与夏禹的合称。

庄骚：指战国庄子的《庄子》和屈原《离骚》的总称。

9. 地仙洞

何地王家宅，荒陂百草春。

落花寻古洞，诸郡少传人。

国故从谁问，溪光阅世新。

义门天所相，山度自贞醇。

【注释】

《赵熙集》【案】地仙洞在荣县城北双溪上，俗称讲教洞，为宋王庠读书处。"地仙洞"为黄山谷命名。

贞醇：纯正厚道。

10. 地仙洞断碑

半段宣和石，花开棠棣春。

乡风愁见吏，胡骑昔生尘。

老不逾初志，官惟怠要人。

前津领歌旨，差喜见同真。

【注释】

《赵熙集》【案】碑宋宣和癸卯（1123）所立，记王庠事，清乾隆中发现，文载《荣县志》。

棠棣春：暮春。棠棣，花名，俗称棣棠。花黄色，春末开。

11. 横溪阁（其三）

秋水溶溶养翠痕，意连周彦石龟村。
几家隔竹通樵路，一雨流花到县门。
即事多欣聊出郭，怀人无佛亦称尊。
山茨一带幽篁里，花发山中胜陆浑。

【注释】

陆浑：春秋陆浑戎居今河南嵩县东北一带。汉在此置陆浑县。五代时并入伊阳县。汉又有陆浑关，即在县境。今陆浑旅游风景区以陆浑水库为中心，包括二程故里、伊尹故里、姜公庙等景点，是洛阳市十佳旅游景区之一。

12. 壶中天·此君轩

清风万个，占一城高处，宋时僧屋。解借此君名此地，便卜此僧非俗。茗砌延秋，风廊响月，苔色琴弦绿。涪翁往矣，禅房香剩花木。

有弟时到轩中（周彦），虚心直节，合抱琅玕宿。自列党人碑上状，成就一家清福。绝代欧苏，片时章蔡，断送神宗录。翠云三亩，荣州第一修竹。

【注释】

《赵熙集》【案】此词由香宋手书刻石，并著《此君轩记》。石刻原题作《此君轩怀元师》，跋云："祖元大师，王周彦从兄也。此其鼓琴之所。丙辰春，赵熙记。"

13. 绛都春·花朝，双溪看桃花

明霞照涧，向春水弄妆，镜中人面。细雨乍晴，高阁横溪香风远。瑶池仙子芳华宴。醉琼脂，仙源红蒨。禊潭佳地，王家洞壑，宋朝坊院。

天暖。花朝正午，浓艳处，燕子莺儿俱懒。绣陌劝耕，芳树催人春光半。年年心上玄都观，翠苔路，崔徽愁看。更堪前度龙华，绛河泪浣（壬子上海看花龙华寺，正国变后）。

14. 吉了犯·拜王周彦墓

二月又棠梨作花，殡宫春晓。萧萧墓道，王家地，乱红谁扫。多年未就，寒食东风微君庙。访遗事，宣和失载签求稿，共苏黄几人吊。

天予令君，种树扶碑，钦公风谊少。（廖芷才大令方修茔境）绿水照绣陌，计同穴、人偕老。定化鹤，归华表。凤凰原，年年啼谢豹。指宋室青山，四下孤坟抱。古香生劲草。

【注释】

《赵熙集》【案】王庠字周彦，其母为哲宗皇太后从祖姑，太后欲授庠以官，庠以让弟，坚辞聘诏，侍母以处士终。《宋史》有传。墓在县东北凤凰原孙村。杜鹃，亦称谢豹，见《老学庵笔记》。

15. 吉了犯·横溪阁

万古认高人旧居，翠溪双抱。春山不老。桃花外、又生芳草。家连戚里，将母辞官荣州道。任奸党成碑，一付苏娘笑。地仙楼，畅游钓。

樽酒纵谈，宋到邦昌，天公真醉了。学士此共读，念王室，忧心捣。舍痛哭，如何好？过三朝交流仍半岛。借素阁鱼陂，社事乡农醮。墓边来大鸟。

【注释】

《赵熙集》【案】横溪阁在城北石龟山下，宋王庠、王序读书处。庠为苏轼兄婿，时元祐党禁甚严，自陈与苏、黄交亲，不应诏命。阁久废，清光绪末粗构数楹，仍榜横溪阁。香宋题联云："北宋古书阁，东坡同党人。"

16. 金人捧露盘·王文安公墓瓦俑，以宋绍兴八年葬，去今七百六十二年出土

古人坟，今人屋，后人耕。如梦里、此梦谁醒。宋陶留像，凤皇原穴土花腥。同时旧侣，杜鹃啼，翁仲无声。

绍兴年，徽猷阁，南渡恨，大官铭。过三朝、重见三荣。问今何世，春山无地种冬青。虫沙万劫，血痕斑、红过鱼灯。

【注释】

《赵熙集》【案】王序字商彦，官至徽猷阁直学士，以绍兴六年卒。墓在荣县东郊凤皇原，1916 年于墓道中得朱承撰《宋故文安郡开国侯王徽学墓志铭》及瓦俑。文载《荣县志》。

17. 梅子黄时雨·横溪阁，用玉田韵

烟柳双溪，展残卷半窗，丛话渔隐。逗夜雨朝晴，四乡簑影。沙上飞禽知我意，劝延山翠疗诗病。画中景。微欠浣花，花外渔艇。

琴引。相思成兴。问凄凉犯里，哀韵谁听（休庵纪乱词最工）？愿老唱农歌，秧塍千顷。无恙临邛应早到（圣传），自眉州下江程近。归心紧。野田鹭鸶飞暝。

【注释】

休庵：姓邓名鸿荃，字雨人，清观察使，工词。

18. 买陂塘·《香宋图》资中萧慈笔

怪东风，万山吹绿，一团干净无土。哀哀寡妇诛求尽，老去低头臣甫。朝复暮。听啄尽、空林大觜饥乌怒。高人自古。不信战云中，岩栖有福，能做自家主。

横溪阁，三里城边烟渡。王家旧读书处。水中曾照苏娘影，花外一窗红雨。翻画谱。赖好我萧郎，安顿卢鸿住。生涯未苦，借一角柴扉，一条野约，

一塴墨梅树。

【注释】

《赵熙集》【案】图画宋坝祖宅，远处有横溪阁影。王周彦妻为东坡兄女，故称苏娘。萧慈，字佛意，资中人，赵熙弟子。

卢鸿：字浩然，隐居嵩山。博学，善八分书，工诗，兼画山水树石。于元初，玄宗备礼征再三，不至。此处以卢鸿比王庠。

19. 三株媚·地仙洞

春香寻洞址。叹空山无人，落花流水。半截苔瘢，剩断碑犹叙，义门王氏。草色红心，知染尽桓麈双泪。不负生平，清鲠家风，白蟫身世。

谁送徽钦如此。想白发伤心，靖康遗事。旧集无传，只挂名丁部，艺文重志。落叶归根，岩上称黄涪翁字。忍信阳秋身后，元修《宋史》。

【注释】

《赵熙集》【案】石龟山半讲教洞，王庠、王序读书于此，黄山谷题曰地仙洞。石壁有宣和断碑，叙王氏父子事。

20. 此君轩记

《此君轩记》[民国 3 年（1914）甲寅]

荣之城跨五山焉，而凤鸣为镇，旧云山多竹，有凤来集，故名。据欧史所识，盖当王蜀时矣。宋建嘉祐寺，寺僧祖元，高人王周彦兄也。善琴，能抚东坡《醉翁操》，居寺之霜钟堂，辟轩曰此君。黄山谷三题诗，先后载集。清祀文昌，为试士之所。嘉庆中县令许源稍葺之，晚清改学堂。而山无一竹，有罗汉松轮囷合抱，殆数百年物，国变后幸不毁。

甲寅秋，知事萧君云浦、县士马君义宣、蓝君策勳、严君章森、廖君肇修、张君养源醵金以规其旧。

传曰：世之治也，言刑善也。诸君于八百年后，发思古之幽情，保兹嘉树，有宋文采风流永矣。以爱古者爱今，而相和相睦，仁者有事焉，故记之以谂观者。

【注释】

《醉翁操》：琴曲，属"正宫"。沈遵创作，苏轼填词。（见《东坡乐府》卷二）

黄山谷三题诗：黄庭坚（1045—1105），字鲁直，号山谷道人，晚号涪翁，洪州分宁（今江西省九江市修水县）人，北宋著名文学家、书法家，江西诗派开山之祖。其谪居戎州期间，三题诗：即《寄题荣州祖元大师此君轩》《戏用题元上人此君轩诗韵奉答周彦公起予之作，病眼空花，句不及律，书不成字》《元师自荣州来，追送余于泸之江安绵水驿，因复用旧所赋此君轩诗韵赠之，并简元师从弟周彦公》。

轮囷：硕大貌。

醵：凑钱，集资。

"传曰：世之治也，言刑善也"句：《左传》说，当时世太平的时候，说的是取法于善。出自《左传·襄公十三年》。

谂：规谏，劝告。《左传·闵公二年》："昔辛伯谂周桓公云：'内宠并后，外宠二政，嬖子配嫡，大都耦国，乱之本也。'"

21. 宋横溪阁碑

1915（民国4年　乙卯）

荣县城北三里，一山黝然，受名笔云，双溪沄沄，爱汇其麓。有宋王氏，葺阁读书，阁以溪称，历元明而废。晚清戴君，志辉前哲，规阁之旧，以地为李钧培所有，请输多亩，遂诹乡故，来督予文。

维王君名庠，字曰周彦，厥谥贤节，高世之行，炳焉宋史。弟序殷彦，附载庠传。义门世绩，罔俟周稽，戈戈谀闻，任诸志乘。独非乎元托克托称王庠志高，而晚节颇衰。言之不衷，谊当是正。按传：庠父梦易，登皇祐第，摄兴州，直道见挤。镌三秩，卒。庠誓复父官，制科自奋，则仕者，义也。元祐中，吕陶之荐，推宋邦杰先就，让也，非隐也。自崇宁上书，论时政得失，下第径归，屡不应诏。自陈绐元祐党禁，时苏子瞻谪海外，黄鲁直谪黔南，岁馈药物，风义懔然。盖忧国之深，非避世之矫。庠母向氏，钦圣宪肃后之姑也，史称后贤。宣仁之亚，其欲官庠，采自朝论，恩不滥于向族，庠岂倚乎外家？庠既以官逊序，宣和间至徽猷阁直学士，钦圣之殁已久，序实积官，岂云恩倖？庠尚可仕，依序何伤？必责其屏绝同气，隐操乃章，比迹于陵，义将谁怼？盖由宋史及元，是非屡紊，罔存论古之识，遂摭群小之诬。荣在宋为大州，领防御使，而所部无闻人。庠受学程遵诲，一代名臣如范纯仁、任伯雨诸公，交□国华，腾书得士。州之庙学崇成，特礼贤能，教士民以孝，鲁直所叹。功在乡邦，非止作婿苏门，克传易学。祭社之典，髦士攸宜。

戴君拓地有年，鸠资建学，踵事弗衰。莳之花竹，将使地仙之胜，浚如潫水之长。余邻是溪，世所游钓，渚青沙白，平畴远风，一绿稻畦，色如鹦鹉。古塔若笋，远瞰于林闉；翠笔为峰，上蟠乎霄汉。窃以谓晴天水落，沙路生焉，傥凭雨崖，卧虹成堰，则樵苏远哉，秀绝中皋，空明一陂，泛秋尤胜。其王氏人士如庄叔、教源者，旁刺它书，刊之乐石，庶希风前秀，文献有征。

嗟乎，处士声消，靖康已祸；高人宅老，陆游生哀。时变则悠悠无穷，石濑则泠泠传响。斯阁也，其将并嘉州苏子之楼，而不入咸淳临安之志也乎！

【注释】

兴州：今陕西省略阳县。

沄沄：形容波涛汹涌。

爰：于是。

志辉：立志光辉。

诹：商量，咨询。

高世：高于世俗的品行。

戋戋谡闻：少；细微。小有声名。

22. 横溪阁记

余赁居北城宋荣王府，而世居则宋坝乡宅也。去城五里而强出，自北门沿溪而行，流水之声既息，而余宅近矣。溪皆山路也，业煤者充之，人牛戢戢然，殆如蚁队，而横溪阁适当五里溪道之中。

阁，宋建也。宋陆放翁刺荣州，登斯阁有怀乡之思，褰裳题诗而去。讫今无片瓦之存，好事者莫详其址。余曰："其山半之讲教洞欤。洞当耸云山之阴，而溪横其下，潺潺之音近寂而远闻，阁莫于此宜。古今人情不相远，宁去幽胜而别寻耶？"

春秋朝夕，登阁而遐观，慨然想天下之故，使万物皆尽于休明，然后退老苍山，渔钓于溪石上，则阁幸矣。而今非其时也。

洞为王周彦先生读书处，当别为之记，兹记横溪阁。

【注释】

此文未收入《赵熙集》。由赵熙传人提供。写作时间应与《宋横溪阁碑》同时。

主要参考书目

[1] 《荣县志》［民国 17 年（1928）版］.

[2] 《宋史》［（元）脱脱撰. 中华书局，2000］.

[3] 《全宋文》（曾枣庄、刘琳主编，上海辞书出版社，安徽教育出版社，2006）.

[4] 《金石苑》［（清）刘喜海撰，清道光三巴子古志］.

[5] 《荣县旧志通编》（刘平中撰，四川大学出版社，2020）.

[6] 《山谷集》《山谷别集》《山谷外集》［（清）《钦定四库全书荟要》电子影印版］.

[7] 《山谷诗集注》［（宋）黄庭坚著，（宋）任渊、史容、史季温注，黄实华点校，上海古籍出版社，2005］.

[8] 《跨鳌集》［（宋）李新著，（清）四库全书］.

[9] 《苏东坡全集》［（宋）苏轼著. 北京燕山出版社，2009］.

[10] 《赵熙集》［（清）赵熙著，王仲镛主编，浙江古籍出版社，2014］.

[11] 《苏轼年谱》（孔凡礼撰，中华书局，1998）.

[12] 《苏轼全集校注》（张光烈、马德富、周裕锴主编，河北人民出版社，2010）.

[13] 《黄庭坚年谱新编》（郑永晓著，社会科学文献出版社，1997）.

[14] 《北宋三槐王氏家族研究》（李贵录著，齐鲁书社，2004）.

附录 义门王氏大事年表

天禧四年（1020）二月十三日，王长锐子王伯珪、王伯琪，侄男王伯瑾、王伯翔、王伯琪立《宋王长史转念功德碑》。

皇祐元年（1049），王梦易进士及第。

嘉祐二年（1057），苏轼进士及第。

治平四年（1067），黄庭坚进士及第。

元祐元年（1086）八月十五日，王梦易卒于南荣（荣县）私第。夫人向氏36岁。王庠16岁，王序14岁。

元符二年至建中靖国元年（1099—1101），黄庭坚先后三题祖元大师此君轩。

政和三年（1113）八月庚申，王梦易葬于荣川乡凤凰原。同年，向氏卒，与王梦易合葬。

杨天惠作《双溪先生传》，张商英撰《王梦易墓表》。

宣和五年（1123）六月，《王梦易墓表》立石。

同年，唐安任宗易从简摄守南荣。孟冬初五日，率袁申之、何憝、杨□臣、陈开、郭纯中，谒王庠于双溪之上。作《宋双溪记》。

靖康元年（1126）三月二十三日，王卿孙卒于延安府治宇。

建炎三年（1129），王序诏除银青光禄大夫、徽猷阁直学士。

绍兴二年壬子（1132年）四月六日，王序妾陈永静卒。

绍兴六年（1136），王庠卒，享年66岁。

同年十月六日，王序卒，享年64岁。

绍兴八年（1138）十月，王序葬于荣德县荣川乡凤凰原。

淳熙元年（1174），王庠受赐谥号"贤节"。

淳熙元年（1174），陆游摄政荣州，作《晚登横溪阁》（二首），《新园春·三人行横溪阁小宴》等诗词。

淳熙五年（1178）六月初六日，王兴孙卒于忠州州治之正寝。

淳熙七年（1180）十月十五日，王兴孙葬于荣德县荣川乡凤凰原。

嘉庆十三年（1808），县令许源重建此君轩，作《重建此君轩记》。

同治六年（1867），重修讲教洞，曾省三题"宋王庠王序读书处"，作《重修讲教洞记》。

清光绪末，重建横溪阁。赵熙题联："北宋古书阁，东坡同党人。""大宋小宋，大苏小苏，一朝难弟难兄，此地有二王合传；古文今文，古体今体，独占好山好水，何人更高阁藏书。"

民国5年（1916），凤凰原发现王序墓，得朱承撰《宋故文安郡开国侯王徽学墓志铭》及瓦俑。

1985年，《王梦易墓表》从王序塘村凤凰原移置于荣县大佛寺内。

后记

　　《苏轼黄庭坚与荣州义门王氏》终于与读者见面了。荣县政协 2023 年初提出以苏轼、黄庭坚与荣州义门王氏为研究对象出一本文史资料之后，组织赴眉山东坡区和江西修水、鄱阳等地进行了该课题的考证，荣县城北城东至今仍有双溪书阁、讲教洞、蒙泉、望儿山、王序塘等与义门王氏相关的遗址遗迹，遂启动该书的正式编纂工作。

　　荣县是宋代荣州的州治所在，是荣州的政治、经济、文化中心，所以义门王氏是属于荣州的，也是属于今天荣县的。只不过，当时称和义县或荣德县。从义门王氏始祖王知珏晚唐入荣，到有记载的第九代王子文，荣县都称和义县或荣德县，南宋陆游摄政荣州时，也叫和义县，其《自唐安徙家来和义出城迎之马上作》一诗可为佐证。明洪武九年（1376）降荣州为荣县，县名一直沿用至今。

　　义门王氏是宋代荣州一大望族。始祖王知珏受命任和义县令，任满后举家定居于此。王知珏在任上是一个七品芝麻官。根据《宋王长史转念功德碑》，到第四代王长锐，义门王氏家族就开始显山露水了。有"完城之仁"的王长锐做过摄长史，大致相当于五品官，去世后，请了 31 个僧人做道场，时间长达一个多月。其碑文不仅反映出北宋荣州礼佛之风盛行，更说明义门王氏家族的经济实力非同一般。

　　义门王氏的巅峰时期是王梦易和其子王庠、王序时期，即从皇祐元年（1049）王梦易中进士，到王序绍兴六年（1136）去世，前后百年左右的时间。这段时间义门王氏在荣州占尽了天时地利。王梦易不仅高中进士，还迎娶了北宋知名宰相向敏中的孙女，而向敏中曾孙女又是神宗皇后，义门王氏算是攀上了皇亲。这在荣州历史上似乎没有第二家。可惜在其子王庠、王序尚未成年时，王梦易就撒手而去，留下向氏独自抚养王庠、王序兄弟读书成才，这就是荣州城北蒙泉、讲教洞、望儿山的来历。历跨英、神、哲、徽宗四代皇帝的太皇太后向氏，对叔祖姑所嫁的义门王氏的后代王庠、王序关爱有加。王梦易去世后，一直呵护着他们兄弟俩，待他们成人后，力荐他们出来做官。

王庠、王序兄弟因种种原因未中进士，王庠就试八行全备，为天下第一。兄弟俩的才华，为苏轼、苏辙、范纯仁、吕陶、黄庭坚、张舜民等人所赏识。王庠"吾弗隐，谁侍吾母？子弗仕，孰大吾户"的一席话，佐证他们兄弟俩分工明确，一个在家奉养母亲尽孝，一个出仕为官尽忠，二人都在自己的位置上圆满完成使命。

王庠被旌表为"廉逊处士"，谥号"贤节"，留有《雅州蒙顶茶记》等书信策论二十余篇于世，成为研究宋代荣州乃至蜀南政治经济文化的宝贵遗产；王序官至从二品银青光禄大夫、徽猷阁直学士。兄弟联袂，忠孝两全。这种于国尽忠、于家尽孝，"穷则独善其身、达则兼济天下"的儒家文化传承，对荣县历史文化的影响十分深远。

荣州地处荣威穹窿地貌，传为玄嚣封地，荣公封国。千百年来，优秀文化传统薪火相传，名人辈出。明代胡子昭追随其师方孝孺，靖难死节；清代赵熙官至翰林学士、江西道监察御史，归隐荣县，课徒授业，以"诗词书画戏五绝闻名于世"，世称蜀中"五老七贤"之一、"晚清第一词人"；延安"五老"之一，被毛泽东评价为"一辈子做好事"的吴玉章，成为开国典礼在天安门城楼上离毛泽东最近的人，任中国人民大学校长……这些典型人杰，几乎都受到了荣县这一皇天后土生长出的传统文化的熏陶。而这种文化渊源之一，就出自荣州义门王氏。

一眼蒙泉为感恩，望儿思子留山名。

讲教洞天穷古今，双溪书阁藏经纶。

溯源追根，就是希望这些优秀的传统文化得以代代相传，生生不息，泽被后世。荣县地方文化延绵千载，底蕴深厚；文史文脉源远流长，魅力无限。

"忠厚传家久，诗书继世长。"荣县有诸多文化宝藏，需要本土乃至来自各方的有志有力者坚守深耕，坚持不懈地去挖掘、整理、展示、传承。鉴于作者笔力有限，对"苏轼黄庭坚与荣州义门王氏"这一历史文化课题的理解和阐述，肯定肤浅而多有不足。在此，诚请读者给予批评指正。

钟学惠

2024 年 11 月 8 日